Spielpraxis

Ulrich Baer

Spielpraxis

Eine Einführung in die Spielpädagogik

Kallmeyersche Verlagsbuchhandlung

Ganz herzlich möchte ich mich bedanken bei Jürgen Abresch, Dr. Jürgen W. Kleindiek, Helmut Magel, Gunda Müller und Prof. Dr. Werner Thole für ihre Text- und Bildbeiträge.

Gewidmet ist dieses Buch Alexander Rolland, für seine vielen phantastischen Ideen und seine Freundschaft.

Die Deutsche Bibliothek – CIP-Einheitsaufnahme

Baer, Ulrich:
Spielpraxis: eine Einführung in die Spielpädagogik / Ulrich Baer. – Seelze-Velber: Kallmeyer, 1995
(Edition: Gruppe & Spiel)
ISBN 3-7800-5800-6

Impressum
Ulrich Baer, Spielpraxis. Eine Einführung in die Spielpädagogik

5. Auflage 2003

Druck: Hahn-Druckerei, Hannover. Printed in Germany
ISBN 3-7800-5800-6

Inhalt

Einleitung, oder:

Was ist mir an der Spielpädagogik so wichtig?

Als ich zehn war, wollte ich Polizist werden. Wie mein Vater. Auf Spaziergängen mit meinen Eltern bin ich oft fünfzig Meter vorgerannt, habe dort auf sie gewartet, und dann sollten sie mich etwas fragen. Ich habe höflich und zuvorkommend Auskunft gegeben. Solch ein Polizist wollte ich werden.
Mit zwanzig wollte ich dann Journalist oder Pädagoge werden. Auf jeden Fall etwas, womit man die Welt verändern konnte. Das war 1965 und es war in Berlin. Drei Reihen hinter Rudi Dutschke bin ich gelaufen, habe an der Kritischen Universität Berlin, der Alternativgründung der Studenten mitgearbeitet.
Erzähle ich das heutzutage – abends, nach drei Whisky-Cola? Nein, der Traum von damals ist ja durchaus auf seine realen Füße gestellt worden: Irgendwann Anfang der siebziger Jahre habe ich das Spiel als pädagogische Methode für Jugendliche und Erwachsene entdeckt. Planspiele für Lehrerstudenten und Selbsterfahrungsspiele für junge Homosexuelle, Spielaktionen im Dortmunder Norden und erste Versuche mit einer Spielkartei auf Lochkarten, durch die man zur Selektion Stricknadeln pikte – es kommt mir vor, als würde ich von Vorkriegstagen erzählen.
Und doch – ich habe zwei Dinge damals durchs Ausprobieren begriffen: Spiel ist nicht bloß zur Unterhaltung gut, ist nicht nur Zeitvertreib, sondern man kann damit etwas Nützliches anfangen – nützlich für einen selbst, für die Gesellschaft. Wie eine Spielwiese, um Erfahrungen machen zu können, die man irgendwann im Leben gut gebrauchen kann. Damit einem etwas einfällt, was einem ohne das Spiel nicht im Traum eingefallen wäre. Und das zweite: Spiel bedeutet Freude, „kindlichen" Spaß, sich verlieren können, sich in eine ganz eigene, nur von mir bestimmte Welt begeben können – und das mit Haut und Haaren. Und trotzdem wissen, daß es „nur" meine Spielwelt ist. Spiel wird dann so unglaublich produktiv, wenn es nicht nur der Flucht dient, sondern in ständiger Wechselbeziehung zur „erwachsenen" Wirklichkeit steht: im Spiel den Traum wachhalten, im Spiel die Möglichkeiten ausmalen und erproben.

Zur Sprachform in diesem Spielpädagogik-Buch:
Bei der Beschreibung von Spielprozessen klingt es sehr holprig, wenn stets die weibliche und die männliche Sprachform gewählt wird: „... die/der Spielleiter/in deckt ihr/sein Fragekärtchen auf und ..." Beim Wort „Spielpädagogen" wird es noch schwieriger. Wir haben uns in diesem Buch bemüht, möglichst beide Sprachformen zu berücksichtigen, aber in verschiedenen Fällen ließ sich die Entscheidung für eine Form nicht umgehen, damit Ihre Leselust und unser Bemühen um Verständlichkeit nicht zu sehr strapaziert werden. Gemeint sind in jedem Fall immer weibliche und männliche Spielpädagogen, Spielleitungen, spielende Menschen.

Wenn Sie über neue Spielideen und die Aktualisierung meiner spiel- und kulturpädagogischen Konzepte informiert werden wollen, dann sollten Sie regelmäßig die Zeitschrift „gruppe & spiel" lesen.

Ich will meinen Teil zur Verbesserung unserer Gesellschaft beitragen (Berufswunsch Journalist oder Pädagoge spricht da ja Bände ...) und habe das Spiel gefunden:
Im Spiel kokettiert die Wirklichkeit mit ihren unerfüllten Sehnsüchten. Wenn ich in pädagogischen Situationen spiele, dann wird der unerträgliche Ernst mit Ulk aufgeweicht und handhabbar gemacht – und Phantasie und Metaphorik des Spiels machen mein Leben reicher, lebendiger und fröhlicher. Und das hilft Kindern (darum spielen sie!), und es hilft mir.
Das könnte das wichtigste Ziel für Spielpädagogen sein: Spiel so zu fördern, daß es für Kinder, Jugendliche und Erwachsene ein produktives kulturelles Mittel ist – zu ihrem Wohl und zum Wohl der Gesellschaft. Dazu braucht es Pädagogen, die zum Spiel anregen, beitragen, mitspielen, selber spielen und Spielmöglichkeiten freischaufeln in unserer Kultur, in der so viel kommerzialisiert und verplant wird.
Dazu brauchen Spielpädagogen Sensibilität für die Gruppe und jeden einzelnen, Spaß und Heiterkeit, kluge Ideen und witzige Einfälle. Spielpädagogen retten für Kinder und Jugendliche das Abenteuer. Und jedes Abenteuer beginnt im Kopf.

Ich wünsche allen Leserinnen und Lesern solche Abenteuer. Viel Spaß dabei.

Ulrich Baer, im August 1995

Was ist Spielpädagogik überhaupt?

1

- Allgemeine Spielpädagogik
- Spiel und Gesellschaft
- Aufgaben von Spielpädagogen
- Spielförderung

Spielpädagogik ist als selbständiges Spezialgebiet der Pädagogik gerade vielleicht 25 Jahre alt. Aber schon immer und in allen Kulturen gab es Spiel. Und Menschen, die anderen, meist jüngeren, beigebracht haben, wie man spielt. Und spätestens seit der Reformpädagogik der Weimarer Zeit gibt es eine Erziehung, die Spiel als wichtiges Erziehungsmittel methodisch einsetzt.
Damit haben wir bereits die zwei wichtigsten Anwendungsgebiete der Spielpädagogik genannt:
1. Die Erziehung zum Spielen – also die Motivation dazu und die pädagogische Beeinflussung der Spieltätigkeit von Kindern, Jugendlichen und Erwachsenen;
2. Die Erziehung mit und durch Spiel – also die Anwendung der Methode Spiel in organisierten Lernprozessen in Schule, Jugendarbeit, Familienerziehung, Weiterbildung.
Im einen Fall ist das Ziel, daß mehr und besser gespielt wird, und im anderen Fall ist das Ziel, daß besser gelernt wird (mit Hilfe von Spielen).

Die Erziehung zum Spielen

Die Erziehung mit und durch Spiel

Pädagogische Förderung von Spiel
Beschäftigen wir uns zunächst mit der Erziehung zum Spiel: Der Pädagoge möchte, daß überhaupt oder mehr oder besser gespielt wird, also z. B. phantasievoller oder selbstbestimmter. Spiel wird also von ihm oder der Institution, in der er arbeitet, als wertvolle Tätigkeit angesehen, die gefördert werden soll.
Warum ist Spiel eine wertvolle Tätigkeit? Spiel ist für Kinder die ihnen angemessene Art und Weise, sich ihre Umwelt handhabbar und begreifbar zu machen. Spiel ist eine wesentliche Form der Sozialisation. Dies vor allem für Kinder. Spiel ist eine symbolische Abbildung und Verfremdung der Realität: um in dieser Spielwelt neue Erfahrungen machen zu können, um die Wirklichkeit vereinfacht und interpretiert nachzuleben und um vor der Wirklichkeit in eine unterhaltsamere Welt des scheinbar zweckfreien Zeitvertreibs zu fliehen (dies besonders für Jugendliche und Erwachsene).
Spiel ist eine symbolische Abbildung und eine Verfremdung der Realität zur Sozialisation und Unterhaltung.
Zwei Beispiele für diesen Bereich der Spielpädagogik:

Zur Aufgabe dieser Randspalte:
Gehen Sie mit diesem Buch so kreativ um, wie Spiel in seiner schönsten Form sich entwickeln kann.
Nutzen Sie die Randspalte für eigene Notizen, Spielideen und Fragestellungen.
Wichtige Merksätze, nützliche Auflistungen, einige Grafiken und Fotos, Adressen und Praxistips haben wir in die Randspalte eingefügt: Weiterführende Anregungen, die den Text nicht ständig unterbrechen, aber doch hilfreich begleiten sollen.

Beispiel Kindergarten

In einem Kindergarten fällt es den Kindern schwer, die vorhandenen Materialien und Spiele abzuwandeln, es fällt ihnen schwer, sich etwas Neues auszudenken. Hier könnte die spielpädagogisch ausgebildete Erzieherin Spielideen vorschlagen, die besonders die Eigeninitiative und Kreativität der Kinder herausfordern und mit den Kindern sich immer neue Funktionen in einem Spiel für ein und dasselbe Alltagsmaterial auszudenken.

Beispiel Schulumwelt

Das zweite Beispiel:
Eine Gruppe von Eltern ärgert sich über die einfallslosen Spielgeräte auf dem Spielplatz der Wohnsiedlung. Sie starten eine Initiative, um von der Stadt bessere Geräte oder vielleicht sogar einen Abenteuerspielplatz eingerichtet zu bekommen. Dazu machen sie auch Vorschläge, wie man gute Spielgeräte aus alten Autoreifen, billigem Sackleinen und dicken Tauen herstellen kann.

Erziehung mit Spielen

Nun zum zweiten Anwendungsbereich der Spielpädagogik, nämlich der Erziehung mit Hilfe des Spiels, also die Anwendung spielerischer Mittel in organisierten und institutionalisierten Lernprozessen der Schule, der außerschulischen Bildung und auch der Erwachsenenbildung!

Das Spiel beansprucht den ganzen Menschen. Beim Spiel ist man „mit Haut und Haaren" dabei.

Viele Pädagogen meinen, daß das Lernen nur mit dem Kopf z. B. beim Rechnen oder mit dem Körper z. B. im Sportunterricht oder nur mit dem Gefühl z. B. in der Musikerziehung eine sehr einseitige Sache ist. Das Spiel aber beansprucht den ganzen Menschen. Beim Spiel ist man „mit Haut und Haaren" dabei. Das Spiel bildet die Wirklichkeit vereinfacht oder verändert ab. Die allseitige Beanspruchung und die Abbildung der Wirklichkeit sind zwei entscheidende Vorzüge der Methode Spiel. Deshalb ist das Spiel ja auch die vom Kind bevorzugte Lern- und Übungsform! Diese Erkenntnisse kann man sich nun als Pädagoge oder Pädagogin zunutze machen und mit dem Einsatz von Spiel als Lernmethode das Lernen von Kindern, Jugendlichen und Erwachsenen natürlicher und befriedigender gestalten.

Beispiel Schulunterricht

Hierzu wieder zwei Beispiele:
Eine Schulklasse spielt mit ihrem Lehrer die Situation der Stadt im Mittelalter nach: was man so zu essen hatte, welche Berufe es gab, welche Schwierigkeiten usw. Das Interesse der Schüler an der historischen Entwicklung und ihre Einsicht in den Alltag der damaligen Zeit wird erleichtert und verbessert.

Beispiel Behindertenaktion

Das zweite Beispiel:
Eine Gruppe Behinderter veranstaltet eine Mitspielaktion, bei der die beteiligten Zuschauer sich in die Lage und die Schwierigkeiten von Behinderten eindenken sollen, ja, es auch mal ausprobieren, wie es ist, wenn man an einen Rollstuhl gefesselt, in einem Telefonhäuschen telefonieren will.
Mitspielaktionen oder Vorführtheater oder Lernspiele oder Gruppenregelspiele – die Spieler können Erfahrungen machen, die sie sonst nicht oder nicht so machen können. Mit Spiel wird gelernt, aber nicht nur über den Kopf.
Der Pädagoge sorgt dafür, daß es die richtigen oder die mit der Gruppe vereinbarten Erfahrungen sind.
Spiel liegt dabei auf einer mittleren Abstraktionsebene: es ist keine direkte Wirklichkeitserfahrung, es ist aber erheblich konkreter als die Vermittlung von Erfahrungen durch Bücher oder Vorträge. Beim Selbsterproben lernt der Mensch im Durchschnitt viermal so viel wie nur beim Zuhören.
Das Spiel ist sicherlich nicht das einzige Mittel in der Erziehung, es hat auch seine Nachteile: die Vermittlung von Erfahrungen ist zeitaufwendiger und umständlicher. Als ganz hervorragendes Mittel hat sich Spiel in Prozessen herausgestellt, in denen man sich viel Zeit lassen muß und kann: in der Selbsterfahrung und in der Therapie. Der Heilpädagoge oder Therapeut setzt Spiele als Mittel zur Erreichung der therapeutischen Ziele ein.

Beispiel Therapie

Weil Spiel eine Tätigkeit ist, die subjektiv nicht mit bestimmten Zielen verbunden wird, das Spiel selbst zwar eine Wirkung, aber keine Ziele beinhaltet deshalb kommt das Ziel immer von außen: vom Pädagogen, von der spielenden Gruppe, von der Institution, von der Gesellschaft. Die Spielpädagogik selbst ist nur eine Methodenlehre. Daher kann man mit Spiel auch fortschrittlich oder rückschrittlich, Menschliches oder Unmenschliches lernen. Wir kommen noch darauf zurück.
Wir haben bislang immer von Erziehern oder Lehrern oder Pädagogen, aber nicht von Spielpädagogen gesprochen. Die gibt es auch (noch) nicht. Außer: eine Handvoll Mitarbeiter in Spielberatungsstellen und Spielmobilen. Diejenigen, für die Spiel eine pädagogische Methode ist, eine von mehreren Methoden, die arbeiten eben nur ab und zu spielpädagogisch, und in diesen Momenten könnten wir sie Spielpädagogen nennen. Ein neuer Beruf ist das aber nicht. Spielpädagogik ist also nur ein Anwendungsbereich in verschiedenen pädagogischen Berufen, die jedoch eines gemeinsam haben: sie wollen nicht nur Wissen oder Informationen vermitteln, sondern soziales Lernen ermöglichen, Verhalten verändern, Erfahrungen machen lassen.

Praxistip:
Um in einer Ausbildungsgruppe über Spielpädagogische Konzepte diskutieren zu können, nutze ich gerne die folgenden Provokationsstatements:

A

Spielpädagogik ist nur eine kurzfristige „Modeerscheinung", die bald wieder in Vergessenheit gerät.

B

Spiel ist bei Erwachsenen nur eine Flucht aus der Realität.

C

Spielen ist für viele eine Art von Sucht, aus der sie sich nicht befreien können.

D

Spielen ist zweckfrei und kann daher nicht mit Pädagogik in Zusammenhang gebracht werden.

E

Spiel ist nur dann sinnvoll, wenn es auch als Therapie eingesetzt werden kann.

F

Spiel wird oft nur mit Kindern in Zusammenhang gebracht.
Und das ist auch richtig so.

G

Spielen heißt lebendig sein.
Wer nicht spielt, geht am Leben vorbei.

Spielpädagogisch arbeiten – was hat man zu tun?

1. Bedingungen für mehr und besseres Spiel herstellen, z. B. durch Beratung, Ausbildung, Fortbildung oder Kulturpolitik.
2. Spiele analysieren und ihre Wirkung einschätzen, insbesondere, um die richtige Auswahl von Spielen treffen zu können.
3. Spiele in Gruppen einsetzen oder anregen, die den äußeren Bedingungen, dem Ziel, dem Inhalt und nicht zuletzt auch der Gruppe angemessen sind.

Wir haben nun die ganze Zeit vom Spiel und vom Spielen gesprochen, als wäre völlig klar, was damit gemeint ist. Uns ist Spiel eine sehr geläufige Sache, weil wir alle als Kinder gespielt haben und vielleicht es heute als Erwachsene in anderer Form und Funktion immer noch tun. Wir wissen auch ziemlich genau, wann es sich um Spiel handelt und wann etwas Ernst ist. Viele Wissenschaftler haben sich an Spieldefinitionen versucht, sie kommen alle zu unterschiedlichen Beschreibungen.

In folgenden Merkmalen stimmen sie aber überein. Es sind die folgenreichsten für Pädagogen und deshalb wollen wir uns diese drei Merkmale genauer anschauen:

1. Der Spielprozeß bildet eine zweite, erdachte Realität, die sich von den Ernstsituationen des Lebens unterscheidet vor allem darin, daß die Folgen von Handlungen nicht wirklich passieren, sondern für die Zeit des Spielens nur angenommen werden. Man ist nicht wirklich tot, sondern markiert nur, indem man umfällt.

Diese sekundäre Realität ist zwar frei erfunden, aber so ganz frei wiederum doch nicht: was gespielt wird und wie gespielt wird, welche Einfälle vorkommen und welche nicht, das hängt in erster Linie von der kulturellen und damit der gesellschaftlichen Situation der Spieler ab, in zweiter Linie von den momentanen Befindlichkeiten und Situationen und schließlich auch von ihrer Phantasie und Kreativität.

Wichtige pädagogische Fragen schließen sich hier an:

- Welche Realität bilden die Kinder im Spiel ab?
- Wieviel Kreativität kommt ins Spiel?
- Wie überwinde ich als fortschrittlicher Pädagoge die pure unveränderte Abbildung der Gesellschaft im Spiel?

Ein zweites bedeutendes Merkmal des Spiels:

Spiel ist überwiegend ein Prozeß und wird um des Prozesses willen gemacht. Nicht das Ergebnis, nicht irgendein Produkt oder Profit, sondern der Ablauf der Handlung, die Tätigkeit selbst ist interessant.

Dennoch sind diese Handlungen, die wir Spiel nennen, objektiv betrachtet kein Selbstzweck (wie viele Spieltheoretiker glauben, weil sie Spiel idealistisch interpretieren). Das Spiel erfüllt eine Funktion, eine Aufgabe. Beispiele: Spiel vermittelt Bestätigung durch Gewinnen oder durch Erfolg bei manueller Geschicklichkeit. Oder es verschafft uns Abwechslung gegenüber einer frustrierenden oder langweiligen Arbeit, einem spannungslosen Alltag, einseitigen Anforderungen in der Schule. Oder Spiel befriedigt unsere Neugier, wenn wir im Spiel neue Erfahrungen mit uns, mit Material oder mit anderen Menschen machen können. Vom Spiel und von der Art des Spielens hängt es ab, welche Aufgaben es erfüllt.

Zum Spiel gehört unbedingt der Spaß, oft der Spaß in der Gruppe – also die Geselligkeit und die individuelle Freude. Manchmal ist es Freude an überraschenden Entwicklungen, manchmal die Freude am Erfolg, und manchmal ist es Schadenfreude!

Und das ist nun eine recht zweischneidige Sache, sie beinhaltet nämlich die Gefahr des Mißbrauchs! Mit den so lustigen fröhlichen Spielen kann der graue Alltag erträglicher oder sogar überhaupt erst ertragbar gemacht werden.

Fußballspiel und Spielhallen als Ersatz für Action und Spannung im wirklichen Leben. Abenteuerspielplätze als Ersatz für die Rücksichtnahme auf kindliche Bedürfnisse in der Umweltgestaltung. Monopoly als Ersatz für den Erfolg bei der Arbeit.

Fußballspiel und Spielhallen als Ersatz für Action und Spannung im wirklichen Leben

Abenteuerspielplätze als Ersatz für die Rücksichtnahme auf kindliche Bedürfnisse in der Umweltgestaltung

Monopoly als Ersatz für den Erfolg bei der Arbeit

Spiel kann dazu mißbraucht werden, uns mit den Verhältnissen, wie sie sind, auszusöhnen. Die Loyalität der Massen durch Brot und Spiele. Schon im alten Rom ein bekanntes Rezept zur Stabilisierung der Gesellschaft.

Wenn wir diese Gefahr sehen, ist unsere Aufgabe als Pädagoge, der Spiele einsetzt: diese Funktion des Spiels zu behindern, dem entgegenzuwirken. Aber wie?

Durch alternative Spiele! Spiele, in denen das Zusammenspiel wichtiger ist als der Ehrgeiz, unbedingt besser zu sein als die anderen Mitspieler. Durch alternative Spiele, in denen die Spieler eine neue, vielleicht bessere Zukunft erfinden, statt den grauen Alltag nur zu reproduzieren. Und durch alternative Spiele, mit denen das Lernen wieder als lustvolle Beschäftigung erfahren werden kann. Einige solcher Spiele gibt es schon. Viele müssen noch erfunden oder bestehende abgewandelt werden.

Welche Aufgaben hat die Spielpädagogik?

1. Spielmöglichkeiten schaffen:

- Spielräume und -zeiten bereitstellen
- Spielmaterial beschaffen
- Bildung von Spielgruppen unterstützen

Bei Spielortgestaltung mitwirken; sich für Spielmöglichkeiten in der Stadt, in Schulen und in der Familie einsetzen

Spielgeräte, Spielzeug und Brettspiele beurteilen können und auswählen

2. Zum Spiel anregen:

- Alltag spielerisch vollziehen
- Spiele eingeben und anleiten
- Mitspielen, wenn es erwünscht ist
- Die Spielwelt von außen beschützen

Das alltägliche Zusammenleben mit den Kindern nicht zu bierernst gestalten

Für ungestörtes Spielenkönnen sorgen

3. Beim Spielen das Machen von Erfahrungen fördern:

- Mut zu Phantasien und phantastischem Spiel fördern
- Experimentelles und schöpferisches Handeln im Spiel unterstützen
- Beim Transfer von der Spielwelt zur Realwelt helfen

Durch Bestätigung, Anerkennung und Vorschläge weiterführende Ideen verstärken

Möglichkeiten der Selbstgestaltung im Alltag nach den Erprobungen in der Spielwelt schaffen

Zusammenfassende Thesen zur Spielpädagogik
(Ulrich Baer / Jürgen W. Kleindiek)
Spielen unterscheidet sich nach allgemeiner Auffassung von anderen Tätigkeiten. Spiel und Wirklichkeit werden als Gegensätze erlebt. Die Tätigkeit des Spielens besitzt nach herkömmlichen Vorstellungen verschiedene Merkmale, die sie von anderen menschlichen Tätigkeiten (Arbeiten, Lernen usw.) unterscheidet.

- In anthropologischer und kulturphilosophischer Sicht ist das Spiel derjenige Tätigkeitsbereich, in dem der Mensch „zu sich selbst findet", zur „freien, ungebundenen, nichtentfremdeten Selbstäußerung" gelangt. Verschiedene bürgerliche Spieltheorien betrachten das Spiel als höchste Form menschlicher Tätigkeit, als zielloses, zweckfreies, in sich selbst begründetes Handeln, das nicht auf die Befriedigung unmittelbarer Bedürfnisse und Lebensgewohnheiten gerichtet ist.

Spielen ist Handeln ohne ernste Folgen

- In der Umgangssprache beinhaltet der Begriff Spielen einerseits die Bedeutung „nutzlose Tätigkeit" (vor allem von Kindern), andererseits steht er als Synonym „Entspannung", Ablenkung vom „Ernst des Lebens", Ausgleich für die Anstrengungen des Alltags.
- Unter pädagogischem Blickwinkel erscheint Spielen als Handeln in einem Schonraum, in dem auch hier vor allem Kindern ein vom Druck realer Lebensbedingungen entlastetes Probe-Handeln, eine Vorbereitung auf den „Ernstfall" sozialer Situationen ermöglicht werden soll.

Unter pädagogischem Blickwinkel erscheint Spielen als ein vom Druck realer Lebensbedingungen entlastetes Probe-Handeln

- Die psychoanalytische Kindertherapie interpretiert das Spiel als Eigentherapie des Kindes, durch die es seine permanenten leidvollen Erfahrungen der Unterlegenheit gegenüber der Erwachsenenwelt (Familie usw.) zu kompensieren versucht.

Den verschiedenartigen spieltheoretischen Ansätzen ist gemeinsam, daß in ihnen das Spiel von der Wirklichkeit des Alltags abgesetzt wird. Spiel erscheint als ein „außerrealer", häufig auch „irrealer" Bereich, der zwar mit anderen Lebensbereichen in einem Zusammenhang steht, grundsätzlich aber unabhängig von ihnen existiert.

Spiel und Arbeit stehen in einem ursächlichen Zusammenhang
Die Trennung von Spiel und Arbeit/Lernen ist historisch und gesellschaftlich bedingt. Die postulierte „Unabhängigkeit" des Spiels erweist sich schnell als scheinbare, wenn die genannten Merkmale auf ihren Realitätsgehalt hin geprüft werden.

- Für Kinder ist Spielen der natürliche Weg, sich und ihre Umwelt kennenzulernen, sich mit der Umwelt auseinanderzusetzen; im Spiel stellen Kinder ihren altersspezifischen Bezug zur Wirklichkeit her. Bei ihnen sind die Bereiche Spielen und Arbeiten/Lernen noch nicht getrennt; die wichtigsten Lernprozesse finden im Spiel statt.

Spielen heißt
- Erfahrungen machen im Umgang mit Personen und Sachen;
- Verhalten erproben und seine Wirkungen auf die Umwelt kennenlernen;
- Zusammenhänge erkennen und begreifen;
- Erklärungs- und Interpretationsmuster für Umweltgegebenheiten erwerben;
- sich Orientierung verschaffen und Einstellungen gewinnen.

Spielen heißt
- Erfahrungen machen im Umgang mit Personen und Sachen;
- Verhalten erproben und seine Wirkungen auf die Umwelt kennenlernen;
- Zusammenhänge erkennen und begreifen;
- Erklärungs- und Interpretationsmuster für Umweltgegebenheiten erwerben;
- sich Orientierung verschaffen und Einstellungen gewinnen.

Die Trennung von Spielen und Arbeiten/Lernen entsteht erst dadurch, daß dem Spiel-Lern-Bedürfnis aufgrund gesellschaftlicher Wertvorstellungen (Sozialisationsnormen) und sozialer Verhältnisse (Wohnsituation, familiäre Verhältnisse usw.) zahlreiche Beschränkungen auferlegt werden. Die Trennung ist letztlich das Ergebnis der permanenten Interessen-Kollision zwischen dem Bedürfnis des einzelnen (Kind) und den Normen seiner Umwelt (Erwachsene, Sozialisationsagenturen), in der der einzelne mehr und mehr unterliegt.

• Vor dem Hintergrund dieses Tatbestandes lassen sich Merkmale des Spiels wie z. B. Ziellosigkeit, Zweckfreiheit, „inhärente Motivation" nur soweit aufrechterhalten, als Ziel, Antrieb und Zweck des Spielens nicht in der Herstellung eines Produktes oder materiellen Wertes liegen.

Im Spiel besteht die Möglichkeit des lustbetonten und selbstbestimmten Handelns

Die Möglichkeit des lustbetonten und selbstbestimmten Handelns ohne Leistungsanforderung und -druck, die Möglichkeit der unmittelbaren, nichtentfremdeten Beziehung zur eigenen Tätigkeit im Spiel beinhaltet jedoch bereits ein Motiv und ein Ziel, die beide außerhalb des Spiel-Zusammenhangs zu suchen sind: nämlich die Behebung eines Defizits, das daraus resultiert, daß in verschiedenen Lebensbereichen (Arbeit, Schule usw.) das spielerische Entfalten von kognitiven, sinnlichen und körperlichen Fähigkeiten nicht möglich, nicht erlaubt ist.

• Die enge Wechselbeziehung zwischen Spiel und Arbeit zeigt sich dann auch in der Entspannungsfunktion des Spiels bei Jugendlichen und Erwachsenen. Ausgleich der Anspannung: das ist nur möglich, wenn der Lebensunterhalt gesichert ist und nicht die gesamte „freie Zeit" für andere lebensnotwendige Tätigkeiten aufgebracht werden muß.

Die Trennung von Spiel und Arbeit, wobei die Arbeit zur bloßen Plage, Spiel zur bloß konsumierenden Lust oder zu einer eigenartigen, scheinbar freien Produktivität wird, entspricht zwar den in unserer Gesellschaft gegebenen Verhältnissen genau, liegt aber weder in der Arbeit selber noch im Spiel selber begründet. Die traditionellen Spieltheorien geben als naturgegeben aus, was historisch geworden und in der Entwicklung der gesellschaftlichen Bedingungen begründet ist.

Spiel hatte bislang vorwiegend kompensatorische Funktion
Spiel bietet aber auch die Chance zu emanzipatorischer Erziehung. Als Folge des traditionellen Spiel-Verständnisses trägt die heutige Spielerziehung noch immer weitgehend affirmative Züge:
Spiel dient Jugendlichen und Erwachsenen der Kompensation nicht befriedigter Bedürfnisse (Isolation am Arbeitsplatz: Geselligkeit beim Brett- und Kartenspiel; soziale Zurücksetzung – Sieg im Wettbewerbsspiel usw.) – sie dürfen im Frei(zeit)raum „Spiel" ausagiert werden.
Spiel dient der Anpassung an die Gegebenheiten der Umwelt (reproduktive Spiele wie z.B. Gesellschaftsspiele verstärken bzw. üben wünschenswertes, normenkonformes Verhalten etc. ein).
Spiel lenkt von den Alltagsgegebenheiten ab und eröffnet eine Scheinwelt (Märchenspiele, Spiel ohne Grenzen usw.).
Spiel ist auf das Kindesalter beschränkt; spielerisches Verhalten von Jugendlichen und Erwachsenen außerhalb der „Freiräume" wird in der Regel negativ sanktioniert.
Spiel als „unproduktives Tun" gehört nicht zu den Leitideen eines produktions- und leistungsorientierten Geschäftssystems; die Einrichtung von Spielstätten und die Schaffung von Spielangeboten besitzt daher keine Priorität.
Gegenüber einem solchen Spiel-Verständnis, das zur Beschränkung von Spielaktivitäten und zum Abbau von Spielfähigkeit führt (und dadurch zu einem verursachenden Prinzip für zahlreiche Verhaltensstörungen wird), zielt Spielpädagogik auf die Förderung von Spielfähigkeit und Spielaktivitäten. „Spielpädagogik meint eine Tendenz der Erziehung, in der die Aneignung von Umwelt, die Auseinandersetzung zwischen Individuen und sozialen Strukturen der Umgebung und die aktive Standortbestimmung des einzelnen oder der Gruppe durch eine bestimmte Tätigkeit, nämlich durch Spiel, vor sich geht." (Zacharias/Mayrofer)
Ausgehend von den Möglichkeiten, die der Schon- und Freiheitsraum Spiel für soziales Probe-Handeln und angemessene Bedürfnisbefriedigung bietet, setzt sie Spielformen und Spielangebote ein zur Aneignung von und Auseinandersetzung mit der Umwelt und ihren Lebensbedingungen.

Spiel dient Jugendlichen und Erwachsenen zur Unterhaltung in der Freizeit

Spielpädagogik meint eine Tendenz der Erziehung, in der die Aneignung von Umwelt, die Auseinandersetzung zwischen Individuen und sozialen Strukturen der Umgebung und die aktive Standortbestimmung des einzelnen oder der Gruppe durch eine bestimmte Tätigkeit, nämlich durch Spiel, vor sich geht.

Die Aufgaben der emanzipatorischen Spielpädagogik

Spielpädagogisches Handeln ist konkret darauf gerichtet, im Spiel

- statt bloßer Kompensation verschiedener Defizite Erfahrungen zu ermöglichen, die die Ursachen der Defizite bewußt machen und Alternativen aufzeigen;
- statt an die Umwelt anzupassen, Möglichkeiten der Anpassung der Umwelt an die eigenen Bedürfnisse herauszufinden und zu erproben (Probe-Handeln!);
- statt „reproduktiver" Spiele Spielformen und Spielangebote zu entwickeln und einzusetzen, die selbstbestimmtes, bedürfnisorientiertes, angstfreies Verhalten und sozial verantwortliches Handeln fördern;
- statt vom „grauen Alltag" abzulenken, Möglichkeiten aufzuzeigen, wie die Wirklichkeit „im Abbilden umgebildet" und verändert werden kann (soziale Kreativität; Antizipation von Lebenssituationen).

Diese Spielpädagogik versteht sich also als eine „Gegen-Sozialisation", die zur Subjektwerdung des Menschen, zur Findung und Stabilisierung der eigenen sozialen Identität und zur kooperativen sozialen Interaktion mit anderen in der Gruppe befähigt.

Diese Spielpädagogik versteht sich also als eine „Gegen-Sozialisation", die zur Subjektwerdung des Menschen, zur Findung und Stabilisierung der eigenen sozialen Identität und zur kooperativen sozialen Interaktion mit anderen in der Gruppe befähigt. Herkömmliches Spiel-Verständnis billigt dem Freiraum Spiel nur soviel „Freiheit" zu, als es den Bereich Arbeit nicht stört, sondern ihm als Entlastung dient. In der Trennung von Arbeit/Lernen und Freizeit/Spiel kommt die Anpassung an die gesellschaftliche Aufteilung in Produktion / Reproduktion zum Ausdruck.

Literaturtip:
Renate Nötzel. Spiel und geschlechtsspezifische Arbeitsteilung. Centaurus, Pfaffenweiler 1987

Spielfähigkeit ist keine Begabung, die man hat oder nicht hat
Spielfähigkeit ist abhängig von den jeweiligen schichtenspezifischen Sozialisationsbedingungen. Um diese (zunächst recht allgemeinen) Zielvorstellungen von Spielpädagogik verwirklichen zu können, muß man wissen, wer im Spiel welche Defizite offenbart und wodurch sie verursacht werden. Denn: Mädchen spielen anders als Jungen, Stadtkinder anders als Kinder auf dem Land, Erwachsene anders als Jugendliche und Kinder, Arbeiter anders als Angehörige der Mittelschicht. Das bedeutet: Spielpädagogik darf nicht von einem unspezifischen Spiel-Begriff ausgehen, sondern muß nach alters-, geschlechts- und schichtspezifischen Spielaktivitäten, Spielformen und Spielinhalten fragen.

- Es ist genügend nachgewiesen, daß es nicht die „Erbanlagen" (das biologische Schicksal) sind, die Menschen zu dem machen, was sie sind, sondern das, was man gewöhnlich „Umwelteinflüsse" nennt – gewiß auf der Basis der vererbten Potentiale.

Die Art und Weise der Sozialisation wird in der Regel von den vier wichtigsten Sozialisationsfaktoren bestimmt:
• Erziehungsverhalten der Eltern;
• soziale und materielle Lage der Familie und ihre Bildungssituation;
• schulische Lernprozesse;
• Wohn- und Freizeit-Situation, Einflüsse anderer Kinder.
Die jeweilige Ausprägung dieser Faktoren führt zu spezifischen Denk- und Verhaltensdispositionen bei Kindern und Jugendlichen, die sich wiederum auf das Spielverhalten auswirken. Spielverhalten wird andererseits aber auch direkt durch Sozialisationsfaktoren bestimmt (geringe Spielmöglichkeiten und Anreize, zeitliche Einschränkung durch „Lernen") und wirkt so auf die allgemeinen Denk- und Verhaltensdispositionen zurück. Denn: im Spiel werden Erfahrungen gemacht, die selbst wieder einen Sozialisationsfaktor darstellen (z. B. permanentes Erleben von Konkurrenz im Spiel).

Im Spiel werden Erfahrungen gemacht, die selbst wieder einen Sozialisationsfaktor darstellen (z. B. permanentes Erleben von Konkurrenz im Spiel).

Konkrete Konsequenzen aus diesem Tatbestand sind:
Arbeiterkinder haben geringere Spielmöglichkeiten aufgrund schlechterer Sozialisationsbedingungen (enge Wohnungen, weniger Spielplätze usw.). Sie werden weniger gefördert und spielen daher unreflektierter, weniger kreativ und eher ohne Bezug zur Wirklichkeit.
Mittelschichtkinder werden meist frühzeitig gefördert, ihre Entwicklung wird gezielt unterstützt (Zuwendung durch die Eltern, vielfältigeres Spielzeug usw.). Ihr Spiel ist stärker individualistisch, weniger kompensatorisch, mehr Ausdruck von verinnerlichten Leistungsnormen (Konkurrenz, Wissen, strategisches Denken) und Projektion von realen Wünschen und Perspektiven.

Spiel ist ein Teil der Sozialisation von Kindern

Über das Spielverhalten wird in Wechselbeziehung zu anderen Sozialisationsfaktoren das Verhältnis des Kindes zu seiner Wirklichkeit und zu seiner Zukunft geregelt. Deshalb ist es wichtig, Defizite in der Spielsozialisation von Arbeiterkindern und von Mittelschichtkindern aufzuheben, benachteiligt abgelaufene Sozialisationsprozesse zu verändern und ihnen entgegenzuwirken.

Forderungen und Anforderungen an spielpädagogisches Handeln

Vor dem Hintergrund der so beschriebenen Situation stellen sich mehrere Forderungen und Anforderungen an spielpädagogisches Handeln, das sich als Teil und Beitrag zu einer emanzipatorischen Erziehung versteht:

- Es gilt, Spielfähigkeit zu erhalten, zu fördern bzw. wiederherzustellen, wo sie bereits verschüttet wurde (Erziehung zum Spiel);
- Es soll keinem sein Freizeitverhalten mies gemacht werden, es sollen nur die Ziele der Spielpädagogik herausgestellt werden, in denen sie sich von der Freizeitindustrie unterscheidet;
- Es gilt, Spielformen und Spielangebote zu entwickeln, die das Entfalten von kognitiven, sinnlichen, körperlichen und sozialen Fähigkeiten erlauben und fördern;
- Es gilt, Spielformen und Spielangebote zu entwickeln, die eine unreflektierte Anpassung an bestehende Verhältnisse verhindern und Einsicht in die Zusammenhänge der Alltagswirklichkeit vermitteln;
- Die Spielpädagogik sollte die Frage – zusammen mit der Medienpädagogik – beantworten, welche Computerspiele in welcher Form zur Gewöhnung an Gewalt beitragen;
- Es gilt, Spiele, Spielzeug und Spielmaterial daraufhin zu prüfen, ob durch sie Einstellungen und Verhaltensweisen geübt oder bestätigt werden, die gesellschaftlichen Zielen widersprechen;
- Es gilt, langfristige Konzeptionen spielpädagogischer Arbeit mit konkreten Zielgruppen (Kinder, Jugendliche, Erwachsene; in Heimen, auf Spielplätzen, in sozialen Brennpunkten, in der Schule usw.) zu entwickeln – und dabei ihren jeweiligen Förderungsmöglichkeiten und -notwendigkeiten entsprechende Formen zu finden.

Diese „Thesen zur Spielpädagogik" wurden zusammen mit Jürgen W. Kleindiek 1974 verfaßt. Sie werden hier nur leicht überarbeitet zur Diskussion gestellt.

„Eine Spielpädagogik entwickeln heißt zugleich um die entsprechenden Erziehungsbedingungen zu kämpfen" (Donata Elschenbroich). Wer spielpädagogisch handeln will, muß sich auch beteiligen an der Herstellung gesellschaftlicher Verhältnisse, die die ständige Fortsetzung der aufgezeigten defizitären Sozialisation abschaffen.

Literatur zu diesem Thema:
Kreuzer, K.J. (Hrsg.): Handbuch der Spielpädagogik, Band 1. Düsseldorf: Schwann Verlag 1984
Der Band 1 des vierbändigen Handbuchs stellt die ganze Bandbreite der spieltheoretischen Ansätze vor, während im Band 3 die verschiedenen Aspekte des Spiels in den Bereichen Jugendarbeit, Erwachsenenbildung, Sport und Theater erörtert werden.

Fritz, J.: Theorie und Pädagogik des Spiels. Eine praxisorientierte Einführung. Weinheim: Juventa Verlag 1993[2]
Die wichtigen Fragestellungen der aktuellen Spielpädagogik werden diskutiert und dienen als Impulse zum weiteren Nachdenken über Spiel und Spielpädagogik. Leicht lesbar!

Daublebsky, B.: Spielen in der Schule.
Stuttgart: Klett Verlag 1973
Ein Standardwerk nicht nur für das Spiel in der Schule, sondern für alle didaktisch-methodischen Fragen, die sich für den Spielleiter bei der Durchführung von Spielstunden ergeben. Viele einfühlsame Hinweise auf die Wirkung von Spielen in Gruppen. An den Bericht der Autorin schließen sich noch einige Aufsätze (u. a. von Lothar Krappmann) zur theoretischen Einordnung einer spielpädagogischen Gruppenarbeit an.

Wolfgang Einsiedler, W.: Das Spiel der Kinder.
Zur Pädagogik und Psychologie des Kinderspiels.
Bad Heilbrunn: Klinckhardt Verlag 1990
Der Autor stellt die Bedeutung des Spiels für die kindliche Entwicklung und Möglichkeiten der Förderung durch Spiel dar.

Reichel, R. u. a.: Spielpädagogik. Münster:
Ökotopia Verlag 1990
Eine Darstellung der Spielpädagogik mit kurzem überblickshaftem Konzept-Teil und 40 Praxisberichten aus den unterschiedlichsten spielpädagogischen Feldern: z. B. Spiele mit Heimjugendlichen und Behinderten; Faschingsspielaktion; Spielpädagogik in der Schule, in der Gemeinwesenarbeit.

Was machen Spielpädagogen eigentlich?

2

- **Handlungsfelder und Aufgaben von Spielpädagogen**
- **Berufsbild Spielpädagoge**
- **Allgemeine Spielpädagogik**

Wenn ich im Bekanntenkreis erzähle, daß ich Spielpädagogen fortbilde, dann ist die Reaktion allemal ein freundlich-interessiertes ‚Ach, ja?'. Wenn sich kein anderer Gesprächsstoff anbietet, wird aber doch nachgefragt: „Sag mal, was machen eigentlich Spielpädagogen? Braucht es denn wirklich für alles und jedes einen Pädagogen? Ich denke, Kinder können von Natur aus spielen ..."

Dann ist es immer an mir, umständlich zu erklären, daß Spielpädagoge eigentlich auch kein Beruf ist, sondern nur eine spezialisierte Tätigkeit im Beruf von (weiblichen oder männlichen) Erziehern, Sozialarbeitern, Lehrern oder Bildungsreferenten.

Im Rahmen ihrer normalen Tätigkeit im Kindergarten, in der Schule, in der Berufsbildung, in der Jugendarbeit, in der Kulturpädagogik und in der Erwachsenenbildung setzen sie Spiele ein bzw. fördern die Spieltätigkeit.

In der folgenden Tabelle habe ich Beispiele aus vier Tätigkeitsfeldern aufgeführt, um die wichtigsten Aktivitäten von Spielpädagogen und Spielpädagoginnen darzustellen. Sicherlich gibt es noch viele weitere, seltener vorkommende Tätigkeitsfelder.

Die Aufgaben:
- Spielpädagogisch aus- und weiterbilden
- Beratung zum Thema Spiel
- Spiele im pädagogischen Bereich planen und durchführen
- Spiel fördern, erfinden und verbreiten

Tätigkeitsbereiche

Tätigkeitsbereich „Ausbildung – Fortbildung – Mitarbeiterschulung"

„Ausbildung – Fortbildung – Mitarbeiterschulung"
- Lehrplan/Unterrichtseinheiten zum Thema Spiel an Fachschulen und Fachhochschulen konzipieren und durchführen;
- Planung einer Spiel-Tagung erstellen;
- Spielpädagogik in Gruppenleiterschulungen integrieren;
- Kollegenfortbildung im Bereich Spiel gestalten;
- Lehrproben/Projekte/Praxiseinheiten/Berichte/Beobachtungen auswerten.

Tätigkeitsbereich „Spielpädagogische Beratung"

„Spielpädagogische Beratung"
- Eltern bezüglich Spielzeugkauf und Spieltätigkeit der Kinder beraten;
- Institutionen bei der Ausstattung mit Spielmaterial, -sammlungen und -geräten helfen;
- Spielpädagogische Fragen von Mitarbeitern beantworten;
- Spielpädagogische Projekte konzipieren und durchsetzen helfen (z. B. Einrichtung eines Spielmobils);
- Praxisberatung bei wissenschaftlichen Projekten;
- Wichtige spielpädagogische Institutionen und Informationsquellen kennen.

Tätigkeitsbereich „Spielprogramme planen und durchführen"

„Spielprogramme planen und durchführen"
- Zum Spiel in offenen Situationen (z.B. Stadtteilfest) animieren;
- Spiel in festen Gruppen nach pädagogischen Zielen (zur Förderung einzelner und der Gruppe) eingeben;
- Spiele zur Bearbeitung von Themen nutzen;
- Spiele mit mindestens einer besonderen Gruppe (z. B. Ausländer, Behinderte, Kleinkinder, Senioren, Touristen ...) durchführen;
- Spiel bei Großveranstaltungen organisieren.

Tätigkeitsbereich „Spiel verbreiten und fördern"

„Spiel verbreiten und fördern"
- Brettspiele oder Spielgeräte und -materialien verändern, entwickeln oder erfinden;
- Spiel(pädagogische) Veröffentlichungen und Pressearbeit;
- Auf Fachtagungen eigene Konzepte und Ansichten darstellen;
- In Gruppen, Verbänden und Gremien Spielpädagogik kultur- und bildungspolitisch fördern;
- Bei der Stadt- und Landschaftsplanung sich für mehr und unverbaute Spielräume und -möglichkeiten einsetzen („Spielökologie").

Das klingt reichlich umfassend und anspruchsvoll. Es ist mehr als ein Full-Time-Job. Sicher ließe sich diese Liste sogar noch erweitern. Sie soll die verschiedenen Bereiche beispielhaft darstellen – ohne dabei einen Anspruch auf Vollständigkeit zu erheben.

Spiel fördern und mit pädagogischen Zielen einsetzen

Zusammenfassung

Spielpädagogen bzw. Spielpädagoginnen sind also Menschen, die in ihrer beruflichen Tätigkeit das Spielen fördern und sich dabei an pädagogischen Zielen orientieren. Sie beraten Pädagogen, Eltern, Journalisten, Kommunen, Spielveranstalter und Firmen; sie planen und entwickeln Spiele, Spielmaterialien und führen auch Aktionen durch; arbeiten (manchmal auch leitend) an Spielprojekten mit und wenden bei alledem Prinzipien des pädagogisch-didaktischen Handelns an.
Im folgenden Abschnitt sollen zwei Aufgabenbereiche etwas ausführlicher dargestellt werden, um die inhaltlichen Ansprüche an diese Tätigkeit am Beispiel vorzustellen.

Von Spielpädagogen wird erwartet, daß sie kompetente Urteile abgeben, ob ein bestimmtes Spielzeug gut oder schlecht, für Kinder förderlich oder schädlich ist

Beispiel 1: Spiel als Thema in der Elternberatung

Praxistip:
Wie man Eltern zum Thema Spiel berät

Das Spiel ist geprägt von aktiver, neugieriger Haltung. Schöpferisch wird Neues erfunden. Beim Spielen wird durch Experiment und Wiederholung gelernt. Aber was? Informationen und Verhaltensweisen. Und beides prägt dann den Erfahrungsschatz! Da kommt es schon sehr darauf an, welches Wissen sich den Spielern erschließt und wie sie im Spiel miteinander umgehen, welche Denkinhalte und welche Handlungen gelernt und geübt werden.
Denn: Dieses Lernen geschieht oft unbemerkt, so nebenher. Und es geschieht unter angenehmen Bedingungen. Das Spiel macht Spaß. So prägt sich das dabei Gelernte sehr erfolgreich ein. Um so dramatischer wird unsere pädagogische Verantwortung.
Wer das alles weiß, kann die Verantwortung für das, was die Kinder und Jugendlichen im Spiel lernen, leider nicht mehr (bequemerweise) an den „natürlichen Reifungsprozeß" oder an die „kindgemäße Spielgestaltung" abschieben.
Wer weiß, daß beim Spielen gelernt wird, trägt die Verantwortung dafür, was gelernt wird – so weit wir als Eltern und Pädagogen jedenfalls einen Einfluß auf das Spiel ausüben.
Da die Kinder beim Spiel das Leben in der Gesellschaft lernen, liegt es auch an der Art und Weise der Spiele, ob das zukünftige Leben dieser Kinder von Untertanengeist und Angstneurosen

oder von kreativer Selbstbestimmung und friedlichem Ausgleich geprägt sein wird:

- Ideen entwickeln und Pläne mitbestimmen oder die Ideen anderer ausführen;
- selber wissen, was Sache ist oder dem Fernsehen und den Politikerreden ausgeliefert sein;
- sich fair und friedlich auseinandersetzen können oder sich mit allen Mitteln durchkämpfen.

Diese Grundmuster des weiteren Lebens entscheiden sich auch bereits im Spiel der Kinder. Deshalb ist es wichtig, welche Spiele Eltern fördern (z. B. durch Mitspielen) und welches Spielverhalten sie durch ihr Lob und ihre Aufmerksamkeit verstärken.

Auch vom Spielzeug, das den Kindern gekauft und geschenkt wird, hängt ab, welche Verhaltensweisen sie lernen und welche Konfliktlösungsformen ihnen nahegelegt werden.

- Wie bewältigen Kinder im Spiel die auftauchenden Konflikte?
- Was erfahren die Kinder im Spiel über unsere Gesellschaft?
- Was muß man können, um erfolgreich mitspielen zu können?
- Sind das die Informationen und Anforderungen, die den Kindern guttun werden?

Eltern sollten wissen, was, mit wem und womit ihre Kinder spielen

Um diese Fragen drücken sich viele Eltern herum, es ist ihnen gleichgültig, womit, was und wie Kinder spielen – Hauptsache, sie sind beschäftigt und sie haben erstmal ihre Ruhe. Das ist ja auch bei den vielen weiteren Interessen von Eltern durchaus verständlich, zumal vielen Eltern diese Fragen auch gar nicht bekannt sind. Spiel wird von ihnen nicht hinterfragt, weil sie keine professionelle pädagogische Ausbildung haben.

Manche Eltern – und es sind vor allem die, die es am wenigsten „nötig haben“ – fragen in Volkshochschulkursen oder in Leserbriefen in Elternzeitschriften, was gutes Spielzeug ist und wie man das Spielen der Kinder fördern kann. Eine leicht verständliche Antwort vor dem Hintergrund der skizzierten Zusammenhänge fällt nicht leicht.

Aber genau hier liegt die Aufgabe von Spielpädagogen.

- In Familienbildungsseminaren werden Spiele veranstaltet, um Eltern aufzuzeigen, welche generationsintegrierende Wirkung in vielen (neuen) Spielen stecken.
- Kulturzentren, Verbraucherberatungsstellen und Volkshochschulen veranstalten in der Vorweihnachtszeit Informationsabende und Ausstellungen für Eltern über Spielzeug und Computerspiele.

Müssen Kinder spielen lernen?
Es kursiert ein Witz: Sven, 5 Jahre alt, und Mirko sehen fern. Nachdenklich fragt Sven seinen Freund: „Was meinte deine Mutter vorhin, als sie fragte „Wollt ihr nicht rausgehen und spielen?" – Was ist spielen?"

Diese Projekte werden beispielsweise von Spielpädagogen geplant und durchgeführt.

Beispiel 2: Sich für Spiel als seriöses Fach einsetzen

Praxistip:
Wie man Spiel als Fach im Aus- und Fortbildungsbereich etablieren kann.

Die tradierten Künste (z. B. Theater, Tanz, Musik, Bildende Kunst) oder die neuen Kreativ-Medien (z. B. Video, Syntheziser, Computer) haben es leichter, ihren Platz als universitäre Disziplin oder sogar in der kulturellen Jugendbildung einzunehmen. Dem Spiel haftet einerseits immer etwas Unprofessionelles an und andererseits glauben viele, spielen brauche man nicht zu lernen. Schließlich hätten wir das alle ja als Kind getan.
So entstammt die Spielpädagogik auch traditionell der Vorschulerziehung: Kinder spielen – eine die Spieltätigkeit unterstützende Pädagogik findet vor allem im Kindergarten statt. Daher kommt der Eindruck vieler Erwachsener, Spielen sei nur etwas für Kinder, Spielen ist nichts „Richtiges", außer für Kinder eigentlich unnütz und unproduktiv. Diese Einschätzung wirkt sich auf – beispielsweise – Geldgeber, Universitätscurricula und Programme in Massenmedien aus.
Seit die Akademie Remscheid das Fach Spielpädagogik vor rund 25 Jahren eingerichtet hat, ist mehr in Bewegung gekommen als die bloße Verbesserung der Fähigkeit von Erzieherinnen, mit Kindern spielen zu können.
Für dieses junge Fachgebiet Spielpädagogik gab es jahrzehntelang keine eigenständige Ausbildung, es blieb der Fortbildung von Erziehern, Lehrern und Sozialarbeitern vorbehalten, der ernsthaften pädagogischen Beschäftigung mit der Methode Spiel zum Durchbruch zu verhelfen. Die Fortbildungsabsolventen bestimmen in ihrer beruflichen Tätigkeit zu einem guten Teil das mit, was derzeit das Selbstverständnis der Spielpädagogik ausmacht.
Seit Jahren setzt sich die Pädagogische Aktion München, zusammen mit dem Deutschen Kinderhilfswerk und der Zeitschrift „Spielraum" für eine verstärkte Berücksichtigung ‚spielökologischer' Ziele ein: Stadtplaner, Architekten und Öffentlichkeit sollen die Spielbedürfnisse von Kindern und Jugendlichen verstärkt begreifen und berücksichtigen. Dem Spiel soll mehr ernsthafter Respekt entgegengebracht und selbstbestimmter Raum zur Verfügung gestellt werden.
Spielpädagogisches Handeln findet im Schnittpunkt der drei großen gesellschaftlichen Aufgaben Bildung, Kultur und Jugendarbeit statt. Immer jedoch in der Gefahr, im Bildungsbereich „verpädagogisiert" zu werden, im Kulturbereich zu reiner Unterhaltung und Festgestaltung zu verkommen und in der Jugendarbeit nur für die Bewältigung sozialer Probleme vereinnahmt zu werden.

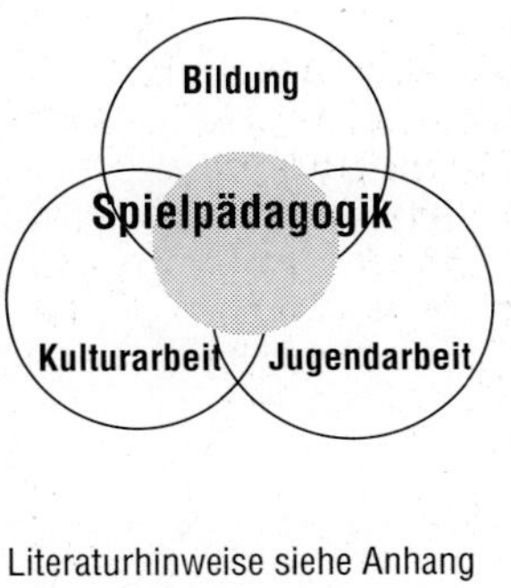

Literaturhinweise siehe Anhang

Was ist Spiel?

3

- **Spieldefinition**
- **Spieltheorie**
- **Allgemeine Spielpädagogik**
- **Spiel und Arbeit**

Was soll man auf diese Frage sagen? Spiel ist derart vielgestaltig, daß es sich fast einer sprachlichen Bestimmung entzieht. Enger Spielbegriff (Kinderspiel) und weiter Spielbegriff (Schiller)? Liebesspiel, Kriegsspiel der Generäle, Glockenspiel, Sandkastenspiele, Spiele der Erwachsenen (Berne), Spiele in der Spielbank, Computerspiel, Spiel im Leistungssport, Klavierspiel, verspielte Kunst, Wirtschaftsplanspiel, das Spiel seiner Finger auf ihrem Körper, Brettspiel, finanzieller Spielraum, Theaterspiel, Spiel in der Kupplung, eine Rolle spielen, das Spielerische in dir, Spielfilm usw. Keine Spieldefinition, die ich in der Literatur gefunden habe, trifft auf alle Spielerscheinungen trennscharf zu. Dennoch lassen sich einige Merkmale finden, die auf die Mehrzahl der Situationen zutrifft, die wir umgangssprachlich mit Spiel bezeichnen oder subjektiv als Spiel erleben.

Was kennzeichnet die Phänomene, die wir umgangssprachlich als „Spiel“ bezeichnen? Versuchen wir eine Annäherung:

Spiel ist eine Tätigkeit

Spiel ist eine Tätigkeit, eine Handlung. (Und wie ist das mit dem Spiel der Gedanken, mit einem Brettspiel, das im Regal steht?)

Spiel geschieht freiwillig

Spiel geschieht freiwillig und aus innerem Bedürfnis heraus [intrinsische Motivation]. (Dann kann es Spielsucht eigentlich nicht geben, und viele Sportspieler sind doch eher materiell motiviert!)

Spielen macht Spaß

Spielen macht Spaß. (Fragen Sie mal den Jungen am Marterpfahl oder den Verlierer beim Mensch-ärgere-Dich-nicht!)
So klappt das mit unseren Definitionsversuchen nicht.
Unterschiedliche wissenschaftliche Disziplinen, weltanschauliche Richtungen und gesellschaftliche Gruppen beschreiben Spiel immer wieder anders:
Für die Psychoanalyse ist Spiel eine Handlung des Kindes, mit der angstauslösende, überwältigende Erlebnisse nachvollzogen und einer Beherrschung zugeführt werden.
Für die Entwicklungspsychologie ist das Spiel die dem Kind angemessene Form der Reifung und Anpassung (Piaget: Übungs-, Symbol- und Regelspiel).
Für manch eine philosophische Richtung und Literatur ist Spiel zumeist eine (kindgemäße) Handlungsform, die ihren Zweck in sich selbst besitzt.

Praxistip:
12 Fragen, die in Ausbildungsseminaren von Kleingruppen beantwortet werden könnten:

Fragen zur Spieltheorie

1. Warum spielen Menschen: Gibt es unterschiedliches Spielverhalten von Kindern, Jugendlichen und Erwachsenen? Was wird überwiegend gespielt?
2. Muß man spielen lernen?
3. Was ist der Unterschied zwischen Spielen, Arbeit und Lernen?
4. Worin unterscheidet sich das Spiel von Arbeiterkindern und Mittelschichtkindern?
5. Warum gibt es Spiel*pädagogik*?
6. Welche unterschiedlichen Rollen kann ein Spielpädagoge haben?
7. Woher nimmt die Spielpädagogik ihre Ziele – woher sollte sie ihre Ziele nehmen?
8. Welche Qualifikationen soll ein guter Spielpädagoge haben?
9. Welche spielpädagogischen Konzepte bzw. Spieltheorien gibt es?
10. Ist Spielpädagogik Teil der Freizeitpädagogik, der kulturellen Jugendbildung, der Sozialpädagogik, der ästhetischen Erziehung, der politischen Bildung, der künstlerischen Erziehung oder ist die Spielpädagogik eigenständig?
11. Wie lassen sich die vielen Spiele einteilen bzw. gliedern?
12. Welches Interesse haben folgende Gruppen und Institutionen am Spiel: Kindern, Eltern, Staat, Spielwarenindustrie und -handel, Jugendämter und -verbände, die Schule, die Angehörigen sozialer Berufe, ...?

Für die Kommunikations- und Interaktionstheorien ist Spiel eine Sozialisationsform, in der das Verhalten zu sich, zu anderen Menschen und Sachen (vor allem im Gruppenspiel) gelernt wird.
Die materialistische Spieltheorie sieht Spiel vorwiegend als kindliche Form der Aneignung von gesellschaftlicher Wirklichkeit und Veränderung an (Fähigkeiten, soziale Erfahrungen, Wertvorstellungen).
Die Spielpädagogik wird am ehesten der interaktionistischen und materialistischen Spieltheorie zuneigen, da man sich dort auf die Bedeutung des Spiels für den Sozialisationsprozeß der nachwachsenden Generationen konzentriert.
Das Wichtigste am Spiel – und da unterscheidet es sich von fast allen anderen Handlungs- oder Erlebnisbereichen – ist seine eigene Welt, der Nicht-Ernst-Charakter, die aktive Schaffung oder Annahme einer zweiten Wirklichkeit: „Das Sichverlieren im Spiel ohne Selbstverlust gelingt sonst nur unfreiwillig in Absencen (Traum) oder in der Meditation“ (Hagedorn).
Beim Anschauen eines Spielfilms, eines Theaterstücks oder beim Lesen von Literatur taucht der Rezipient auch in eine zweite Wirklichkeit – die Fiktion – ein, allerdings ist diese im Ablauf vorgegeben, während der Spielende die Spielwelt erst schafft und selbst gestaltet.

Ein Beschreibungsversuch

1. *Spielen ist eine aktive, freiwillige Handlung* – in den meisten Fällen ohne ein vorzeigbares Produkt: die Aktivität selbst verschafft Befriedigung.
2. *Die Spieler* nehmen zwar ihre realen Fähigkeiten mit ins Spiel, *schaffen* aber *eine zweite Wirklichkeit* (Spiel-Welt) durch ihre Projektionen, Regeln, Annahmen und ihr „So tun, als ob ...“. Das setzt Umweltbezug und Phantasie gleichermaßen voraus, läßt aber Grenzüberschreitungen zu.
3. *Spiel macht Spaß*, d.h., ist in den meisten Fällen von angenehmen Gefühlen begleitet oder ruft sie hervor.
4. *Spiel ist* durch den *Wechsel von An- und Entspannung*, durch *Zufall und Regelung, Eingriff und Eigendynamik* gekennzeichnet.
5. *Eine Spielwelt* wird erschaffen, beeinflußt, verändert, genossen und manches wird davon wieder in die Realität transformiert – sie *beansprucht die Spielenden geistig, körperlich und gefühlsmäßig*.
6. Spielen, Lernen, Arbeit werden als verschiedene Tätigkeiten von Erwachsenen eingestuft. Diese landläufige Meinung ist

falsch. *Beim Spielen wird gelernt, wird Verhalten geübt bzw. verstärkt* – zumeist unbewußt.

7. Spiel wird als nützliche, wertvolle Tätigkeit nur Kindern zugebilligt. *Spiel wird oft als unseriös, kindlich, unnütz abgetan.* Das gesellschaftliche Prestige der Aktivität „Spiel" liegt weit unter dem Ansehen von Arbeit, Kunst, Regeneration, Freizeittätigkeiten von Erwachsenen.

Spielwelten

Verschiedene Spielwelten haben eigene Erscheinungsformen. Ich habe drei verschiedene Gedichte ausgesucht, um vier Spielwelten zu beschreiben, die mir die wichtigsten für eine ‚Einführung in die Spielpädagogik' zu sein scheinen:

Spiel als Aneignung von Wirklichkeit im Rollenspiel mit Versatzstücken aus der Alltagswelt von Erwachsenen.

Der Sperrmülltag

Die Leute stellen Sachen raus.
Die Straße ist ein Zimmer.
Die Kinder machen sich daraus
ein ganzes Haus aus Trümmer.

Das alte Sofa nimmt sich Paul.
Pits Stuhl hat nur drei Beine.
Annettes Mantel riecht nicht gut,
doch Rita paßt noch reine.

Getrunken wird aus einem Krug
und fünf zerbrochnen Tassen.
Der Edi sitzt auf einem Klo
und tut wie Wasserlassen.

Der Wimmer Heinze steht im Bad
mit einem Stückchen Brause.
Der Matthes ruft im Küchenschrank:
ich geh heut nicht nach Hause.

Da kommen Willi, Franz und Klaus
mit ihrem Sperrmüllwagen
und leeren schnell das Trümmerhaus,
indem sie es wegtragen.

Die Männer werfen alles rein
ins Auto zum Zerkleinern.
Die Kinder gehen langsam heim
zu neuen vollen Eimern.

aus: Peter Maiwald.
Die Leute von der Annostrasse.
Asso-Verlag Oberhausen 1979

Spiel als fragwürdiges Freizeitvergnügen für Jugendliche und Erwachsene, in dem sie der Illusion von Macht, Glück und Erfolg nachhängen können.

Frei(heits)spiel

Feierabend, Eierkuchen
Friede, Freude und zwei Bier
jetzt beginnt das große Suchen
Wohin heut' abend gehen wir?

Ne' kleine Kneipe um die Ecke
Spielsalon gleich mit dabei
Billard, Kicker und noch kecke
Trümpfe bei der Kartlerei.

Beim Flipper fehl'n noch 20 Punkte
dann gibt's ein Freispiel für uns vier
Kruzifix, wie das grad' funkte
Fräulein, bitte noch ein Bier.

Morgen aber geht die Scheiße
in der Bude wieder los
Schuften, Brotzeit, und schön leise
älter wird man, niemals groß.

Der Große, der sitzt drei Stock höher
flippert täglich, Jahr für Jahr
er spielt mit uns und unsren Löhnen
bei dem ist's Freispiel immer klar!

Wir sind die Bälle und die Zahlen
wenn einer aufmuckt, macht's gleich „Tilt"
Er lacht, und wir erleiden Qualen
und wenn wir streiken, ist das „wild".

Nein, Kollegen, jetzt mal ehrlich
ist das noch 'ne Spielerei?
Erst malochen, dann noch blechen –
er ist kostenlos dabei?

Feierabend, Eierkuchen
Friede, Freude und zwei Bier
da hilft kämpfen, niemals fluchen
Der Boß muß geh'n, wir bleiben hier!

Wolfgang Taubert

aus: Werkkreis Literatur der Arbeitswelt (Hrsg. Harry Böseke u. a.). Mit 15 hat man noch Träume Fischer Taschenbuch Verlag, Frankfurt/M. 1975

Rechenstunde

Zwei und zwei sind vier
Vier und vier sind acht
Acht und acht sind sechzehn
Wiederholen! sagt der Lehrer
Zwei und zwei sind vier
Vier und vier sind acht
Acht und acht sind sechzehn
Aber da fliegt der Wundervogel
Am Himmel vorbei
Das Kind sieht ihn
Das Kind hört ihn
Das Kind ruft ihn
Rette mich
Spiel mit mir
Vogel!
Da schwebt der Vogel nieder
Und spielt mit dem Kind
Zwei und zwei sind vier ...
Wiederholen! sagt der Lehrer
Und das Kind spielt
Der Vogel spielt mit ihm
Vier und vier sind acht
Acht und acht sind sechzehn
Und wieviel sind sechzehn und sechzehn?
Sechzehn und sechzehn sind nichts
Und erst recht nicht zweiunddreißig
Denn das gibt ja keinen Sinn
Also schwinden sie dahin
Und das Kind hat den Vogel
In seinem Pult versteckt
Und alle Kinder
Hören sein Lied
Und alle Kinder
Hören die Musik*
Und nun verschwinden auch die acht und acht
Und die Vier und Vier und die Zwei und Zwei
Trollen sich
Und eins und eins sind weder eins noch zwei
Eins ums andre ziehn sie ab
Und der Wundervogel spielt
Und das Kind singt
Und der Lehrer schreit:
Wann hört ihr endlich mit dem Unsinn auf?
Aber alle Kinder
Horchen auf die Musik
Und die Wände des Klassenzimmers
Sinken friedlich ein
Und die Fensterscheiben werden wieder Sand
Die Tinte wieder Wasser
Die Pulte werden wieder Bäume
Die Kreide wird wieder Felsen
Der Federhalter wird wieder Vogel.

Spiel als Phantasiewelt, die über die frustrierende Wirklichkeit hinweghilft, die den Traum vom Einssein mit der natürlichen Umwelt zurückholt.

aus: Jacques Prévert.
Gedichte und Chansons.
Rowohlt Verlag, Reinbek 1962

Literatur zu diesem Thema

Deutscher Bildungsrat: Spielen und Gestalten – Materialien. Gutachten und Studien der Bildungskommission Band 48/1: Die Eingangsstufe des Primarbereichs. Klett Verlag, Stuttgart 1975

Spielendes Lernen – Kommunikation und Interaktion im Spiel – Sehen und Gestalten – Bewegungsspiel und Sport – Spielmittel

Scheuerl, H.: Theorien des Spiels. Beltz Verlag, Weinheim 1975

Die 28 Texte in diesem Sammelband (1693-1974) spiegeln das historische Spielverständnis ebenso wie die neuere Diskussion über Spielbegriff, Einteilung und Funktion von Spielen.

Krappmann, L.: Soziales Lernen im Spiel. In: Frommberger, H. u. a.: Lernendes Spielen – Spielendes Lernen, Schroedel Verlag, Hannover 1976

Eine kurze, leicht lesbare Zusammenfassung der rollentheoretischen Spieltheorie-Ergebnisse

Sutton-Smith, B.: Die Dialektik des Spiels. Eine Theorie des Spielens, der Spiele und des Sports. Schorndorf 1978

Eine sehr differenzierte Darstellung des Spiels aus sozialwissenschaftlicher Sicht mit zahlreichen Forschungsergebnissen, vor allem zum Bezug zwischen Umwelt und Spiel.

Heimlich, U.: Soziale Benachteiligung und Spiel. Wissenschaftlicher Verlag, Trier 1989

Ansätze einer sozialökologischen Spieltheorie und ihre Bedeutung für die Spielforschung und Spielpädagogik bei sozial benachteiligten Kindern.

Hagedorn, G.: Spielen. Rowohlt Taschenbuch Verlag, Reinbek 1987

Eine Darstellung handlungsorientierter spieltheoretischer Ansätze und eine Didaktik der Förderung von Sportspielen

Wie kann man Spiele einteilen?

4

- Spiele systematisieren
- Spielarten
- Spielformen
- Spiele in Kategorien einteilen

Bevor wir Spiele in ein System bringen können, müssen wir Spiele analysieren, ihre Unterschiede beschreiben, ihre Unterscheidungsmerkmale herausfinden. Dann können wir Spiele mit ähnlichen Eigenschaften zu Gruppen zusammenfassen.
Die Eigenschaften von Spielen lassen sich nach -zig Kategorien feststellen. Für verschiedene Zwecke der Einteilung sind jeweils unterschiedliche Merkmale interessant. Ein Gruppenleiter, der für einen Spielabend in seiner Gruppe Spiele aus einer Kartei heraussucht, schaut nach anderen Eigenschaften als eine Kinderärztin, die fürs Wartezimmer ein paar Spielsachen sucht. Ein Erdkundelehrer, der zum Thema Dritte Welt ein Einstiegsspiel auf seine Eignung für die Unterrichtssituation prüft, wird wieder auf andere Kriterien achten.

Viele Einteilungssysteme

Es gibt fast so viele Einteilungssysteme für Spiele wie es Spiele selbst gibt. Das ist freilich übertrieben, kennzeichnet aber das Dilemma: Weil das Spiel eine so vielschichtige, komplexe Tätigkeit ist, kann man die unterschiedlichsten Aspekte des Spiels zur Grundlage eines Einteilungssystems machen. Als allgemeinverbindlich hat sich bisher kein System durchgesetzt. Spiele einzuteilen ist jedoch nicht nur für Systemfetischisten befriedigend, sondern auch für Spielpädagogen nützlich, z. B. bei der Einrichtung einer Spielkartei, bei Spielplanung und um selbst ein wenig den Überblick zu behalten.

Praxistip:
Wer sich eine eigene Methoden- und Stichwortkartei anlegen möchte, braucht Gliederungsmöglichkeiten. Wir schlagen verschiedene Kategoriesysteme vor. Schauen Sie die verschiedenen Gliederungen von Spielkarteien an.
Dadurch werden Sie sensibilisiert für die unterschiedlichsten Gesichtspunkte zur Einteilung von Spielen.

Spiele lassen sich z. B. nach verschiedenen Aspekten einteilen:
Kriterium Spielort:
Spiele für drinnen, Geländespiele, Reise- und Lagerspiele, Spiele fürs Krankenbett, Wasserspiele …

Kriterium Gruppenorganisation:
Solitärspiel (fürs Einzelspiel), Paarspiel, Kreisspiel, Mannschaftsspiel, Großgruppenspiel …

Kriterium Spieltätigkeiten:
Bewegungsspiel, Wahrnehmungsspiel, Lernspiel, Unterhaltungsspiel, Ratespiel, Simulationsspiel, Tanzspiel …

Huberichs Einteilung von Gruppenspielen
Kontaktspiele
Lockerungsspiele
Bewegungsspiele
Konzentrationsspiele
Beobachtungsspiele (Wahrnehmungsspiele)
Ausdrucksspiele (Darstellendes Spiel)
Kreativitätsspiele (Phantasiespiele)
Kooperationsspiele
Vertrauensspiele
Diskussionsspiele

Spielkategorien nach Fritz
Bewegungsspiel
(Ball-, Sport-, Lauf-, Kreis-, Wasserspiele, Rallyes ...)
Geschicklichkeitsspiel
(Spiele mit feinmotorischer Körperbeherrschung, aber auch Akrobatik, Jonglieren, Zaubern ...)
Gestaltungsspiel
(Spielerischer Umgang mit Material: Malen, basteln, falten, Maskenbau ...)
Symbolspiel
(Bau- und Darstellungsspiel, also alle Konstruktionsspiele, Puppen- und Figurenspielen, aber auch Rollen-, Theaterspielformen, Plan- und Konfliktspiele, Hörspiel, Pantomime, Märchenspiel ...)
Denkspiel
(Rätsel- und Gedächtnisspiele, Quiz ...)
Mediales Spiel
(Sprach-, Schreib-, Musikspiele)
Gesellschaftsspiel
(Brett-, Karten-, Würfelspiele ...)
Glücksspiel
Wahrnehmungsspiel
(Spiele mit Sehen, Hören, Tasten, Riechen ...)
Selbsterfahrungsspiel
(Kennenlern-, Kommunikations-, Interaktions-, Kooperations-, Meditationsspiele ...)
Orakelspiel
(Würfel und Spielkarten u.ä. zur Schicksalsdeutung)
Lernspiel
(Sprach-, Konzentrations-, Gedächtnis-, Wahrnehmungs-, Rechen- und Ökospiele)

Kriterium Spielmaterial:
Ballspiel, Maskenspiel, Körperspiel, Computerspiel, Puppenspiel, Baukastenspiele, Wort- und Sprachspiel, Sandspiel, Brettspiel ...

Kriterium Spielform:
Rollenspiel, Glücksspiel, Regelspiel, Wettkampfspiel, Kooperationsspiel, Gesellschaftsspiel ...

Für eine grobe, allgemeingültige Einteilung schlage ich in Anlehnung an Hein Retter die Aufteilung in diese drei Spielkategorien vor:

- Regelspiele
- Symbol- und Rollenspiele
- Materialspiele

Eine genauere Unterteilung z. B. der zahllosen Regelspiele nehme ich pragmatisch nach den Spielfunktionen vor, also danach, was das Spiel hauptsächlich bei Kinder- und Jugendgruppen bewirkt:
Lockerung, Kennenlernen, Phantasieförderung ..., – und wenn wir jetzt auch noch Ausdrucksspiele dazurechnen, dann sind wir prompt an der Grenze zur nächsten Kategorie, bei den darstellenden Spielen: Symbol- und Rollenspiele. Je nachdem, auf welchen Aspekt Spieler und Spielpädagogen mehr Wert legen (z. B. in der Auswertung), kann ein Spiel mal eher zu dieser, mal zu jener Kategorie zählen. Die Systematik kann also nur eine grobe Hilfskonstruktion für den spielpädagogischen Alltag bleiben.
Huberich schlägt die oben nebenstehende Einteilung von Gruppen-(Regel-)spielen vor.
In dieser Liste fehlen die Brettspiele, Entscheidungs- und Planspiele, Rollen- und Materialspiele, Lernspiele und Spielaktionen sowie die reinen Party- oder Unterhaltungsspiele. Dennoch ist diese Einteilung für Spielpädagogen besonders nützlich, weil in den Spielbezeichnungen bereits die Fähigkeiten, die das Spiel voraussetzt und zugleich übt, genannt werden.
Jürgen Fritz verwendet in seiner Spielliteratur-Datenbank die unten nebenstehenden Kategorien für die Zuordnung von Spielen.
Aus den Überschneidungen bei Fritz wird die Schwierigkeit der eindeutigen Zuordnung eines Spiels besonders augenfällig. Seine Gliederung spiegelt im wesentlichen Leistungen des Spiels für die Spielenden wieder – kombiniert mit der Kategorie nach Spielort und -umgebung. Etwas seltsam mutet die sonst in der

Literatur nirgends besonders herausgestellte Gruppe ‚Orakelspiel' an. Und die Riesengruppe der Symbolspiele faßt so unterschiedliche Spiele zusammen, daß mir hier eine sinnvolle Unterteilung zwingend erforderlich erscheint. So folgen insgesamt seine Kategorisierungen „pragmatischen und weniger systematischen Ansprüchen und passen sich damit der Mehrdeutigkeit und Polyfunktionalität von Spielen besser an als ein starres Kategoriensysten". Auch in Spielebüchern und -karteien (die ja Spiele in eine lineare Systematik bringen müssen) habe ich keine Hilfe für die Aufstellung eines allgemeingültigen, eindeutigen Spiele-Systems gefunden – keine kann die Spiele nach trennscharfen Kriterien sortieren.

Was ist zu tun? Wie können wir uns anders behelfen, als Spiele von Fall zu Fall mal dieser und mal jener Kategorie zuzuordnen? Statt Spiele jeweils in eine Kategorie einzusortieren, machen wir es umgekehrt: Wir nehmen bestimmte Kriterien (Spielort, Spielmaterial, Spielzweck usw.) und schauen die Spiele einzeln danach durch, ob sie zu diesem Kriterium etwas Spezifisches beitragen. Beispielsweise: Ist das ein Spiel für drinnen, eins für draußen oder an jedem Spielort machbar? Wir realisieren also die mehrdimensionale Zuordnung von Spielen zu Kriterien, statt sie in ein Zwangskorsett zu stecken und dann tausend Ausnahmen benennen zu müssen.

Wir realisieren also die mehrdimensionale Zuordnung von Spielen zu Kriterien

Die mehrdimensionale Einsortierung von Spielen geht nur mit einer riesengroßen Kreuztabelle oder einer Computer-Datenbank, die Spiele nach mehreren Dimensionen immer wieder neu sortieren kann, weil viele Spiele eben einfach in mehrere Kategorien passen.

Eine recht nützliche Kreuztabelle (Matrix) verwendet übrigens Huberich in seinem Buch „Spiele für die Gruppe":

Die Tabelle enthält viele Spalten mit Spieleigenschaften, dann werden die in seiner Spielesammlung enthaltenen Spielnamen Zeile für Zeile untereinander aufgeführt und wenn eine Spieleigenschaft zutrifft, finden wir ein Kreuz in dieser Spalte. Charakterisiert man Spiele nur nach einer sehr begrenzten Anzahl von Eigenschaften, bleibt das noch eine handhabbare Darstellung.

In der Spielesammlung „666 Spiele" habe ich gültige Kriterien immer an die Spielbeschreibung angeknüpft, beispielsweise wie beim Spiel „Bewegungsimpuls". Diese „Stichwörter" ordnen dem Spiel Funktionen, Materialien, Formen und Tätigkeiten zu, die es genauer charakterisieren und seine spielpädagogische Bedeutung herausstellen.

Spiel „Bewegungsimpuls"
Ein Spieler (oder auch ein Spielerpaar) wird hinausgeschickt. Die Gruppe denkt sich eine Bewegung aus, die dieser Spieler machen soll (z. B. sich ans Ohrläppchen fassen; den Vorhang zuziehen; ...). Der Spieler kommt wieder herein und probiert ständig Bewegungen aus. Durch lautes oder leises Summen bedeutet ihm die Gruppe, ob es die ausgedachte Bewegung ist oder nicht. Während man sich am Anfang einfache Bewegungen ausdenken sollte, dürfen es später ruhig komplizierte Handlungen sein.
Stichwörter:
Gruppierung: Alle im Raum verteilt – Spieltempo: lebhaft – Dauer: unter 10 Min. – ohne große Vorbereitung spielbar – wahrnehmen (allg.) – raten, erforschen – konzentrieren – kreativ sein, improvisieren – handeln (allg.) – Unterhaltung, Geselliges Treffen – Ratespiel, Quiz

Praxistip:
Die von mir verwendeten Kategorien und ihre exemplarischen Ausprägungen sind in meiner Spielpraxis entstanden und sollen hier aufgeführt werden, weil sie helfen können, die Leistungen und Anwendungsmöglichkeiten von Spielen zu beschreiben und zu untersuchen.

Kategorien zur Spieleinteilung

Diese aufgeführten Merkmale lassen sich nur zuordnen, wenn man den normalen Spielablauf eines Spiels gut kennt und analysiert, was das Spiel in Gruppen bewirken kann. Die Liste gibt Beispielmerkmale wieder, die von Ihnen ergänzt werden sollten und damit den eigenen Bedürfnissen angepaßt werden kann.

Spielcharakter
Spieltempo: action
Spieltempo: lebhaft
Spieltempo: ruhig
Dauer: unter 10 Min.
Dauer: ca. 10-30 Min.
Dauer: ca. 30-120 Min.
Dauer: über 2 Stunden
universell verwendbar
besonders spannend
einfach, leicht
schwierig
eher ernst
witzig, besonders lustig
Selbstläufer, keine Anleitung
ohne große Vorbereitung
spielbar
anleitungsintensiv
produktorientiert
Vorführung üblich oder
möglich
gut als Überleitung zw. Spiele

Aktivität
wahrnehmen (allg.)
blind wahrnehmen
erinnern
raten, erforschen
fühlen, ertasten
beurteilen, einschätzen
denken (allg.)
kombinieren, planen
konzentrieren
kreativ sein, improvisieren
Phantasie entwickeln
darstellen (allg.)
medial darstellen
malen, singen, bauen
pantomimisch darstellen
handeln (allg.)
empathisch handeln
geschickt verhalten
schnell reagieren
spontan handeln
präzise sprechen oder
beschreiben
Körperkräfte trainieren
Kulturtechniken:
Lesen, Schreiben
Material erproben oder
gestalten

Gruppenpädagogische Ziele
Kennenlernen (allg.)
Namen lernen
Thema kennenlernen
Umgebung kennenlernen
Warming up
Aktivierung bei Lustlosigkeit
Aufteilung in Untergruppen
Interesse aneinander
Körperkontakt
Kooperation üben
Produkt gemeinsam erstellen
Vertrauen entwickeln
Wettkampf, Durchsetzung
motorische Sensibilisierung
Harmonisierung, Abschluß
Auswertung
Unterhaltung, Geselliges
Treffen
Entspannung, Ruhe
Spielerischer Meinungs-
austausch

Spielformen
Bewegungsspiel
Brettspiel
Darstellendes Spiel
Theaterspiel
Gruppendynamisches Experiment
Interaktionsspiel
Kim-(Wahrnehmungs-)spiel
Malspiel
Materialspiel, Werken
Meditatives Spiel
Methode für die Gruppenarbeit
Musikspiel
Pantomimisches Spiel
Puppen-, Masken-, Schattenspiel
Ratespiel, Quiz
Rollen-, Entscheidungs-, Planspiel
Spielaktion, Spielfest
Sportspiel
Sprach-, Schreib-, Diskussionsspiel
Tanzspiel
Ulk-, Theken-, Partyspiel
Sonstige Spielform (unbedingt nötige Kategorie!)

Themen, die sich mit dem Spiel ansprechen lassen
Multi-thematisch (viele Themen)
Aggression, Konflikt
Angst
Arbeitsplatz, Beruf
Ausländer
Beziehungen
Biografie
Familie
Gefühle
Körpersprache
Literatur, Märchen, Lyrik
Massenmedien
Politik, Frieden, Geschichte
Normen, Rollen, Werte
Schule
Selbsterfahrung
Sexualität
Technik
Umwelt, Natur, Ökologie
Vorurteile, Außenseiter
Wissen erweitern
Zukunft

Literatur zu diesem Thema
H. Retter: Spielzeug. Beltz-Verlag, Weinheim 1979
P. u. U. Huberich: Spiele für die Gruppe. Quelle und Meier, Heidelberg 1979
J. Fritz: Mit Spielliteratur umgehen. Matthias-Grünewald-Verlag, Mainz: o.J.
U. Baer: 666 Spiele. Kallmeyer, Seelze-Velber 1994
U. Baer: dataSPIEL – Datenbank. Robin-Hood-Versand, Remscheid 1993

Was ist ein gutes Spiel?

5

- Spieltest
- Spieleigenschaften
- Spielberatung
- Spielauswahl
- Brettspiele

Der Verkäuferin im Spielwarenfachgeschäft hält die Kundin ein Spiel unter die Nase, das sie aus einem großen Stapel herausgefischt hat. „Ist das denn gut?"
Als gewissenhafte Fachverkäuferin kann man darauf nur fragen: „Ja, bei welcher Gelegenheit wollen Sie es denn mit welchen Menschen zu welcher Zeit und an welchem Ort spielen?"
Also: Egal, ob Brettspiel oder Gruppenspiel, ob Spielzeug oder Computerspiel, ob ein Spiel gut ist, also von den Spielern als „spannend" oder „unterhaltend" beurteilt wird oder etwa als „Scheiß-Spiel" abgetan wird, das hängt ja völlig davon ab, welche Menschen mit welchen Interessen in welcher Situation und in welchem kulturellen Umfeld spielen.
Die Spiele, die mit hoher Wahrscheinlichkeit fast allen (in fast allen Situationen) gefallen, kann man wohl an einer Hand abzählen.

Was ist ein gutes Brettspiel?
Einige Spiele-Zeitschriften und Tageszeitungen testen bzw. rezensieren regelmäßig Brettspiele. Die größte Zeitschrift für die Brettspiel-Szene, die „spielbox", stellt neben einer ausführlichen Beschreibung der Spiele auch das „Testergebnis" mehrerer Spielekritiker und der Redaktion vor. Für jedes Spiel werden in fünf Kategorien Punkte vergeben: Verpackung, Spielregeln, Spielmaterial, Originalität und Spielreiz. Außerdem wird zu jedem Spiel kenntlich gemacht, wie es auf der Skala einfach … schwierig und Glück … Können einzuschätzen ist.
Die Beurteilung folgt in diesen Kategorien einem Fragenkatalog, den ich hier zitieren möchte, weil er die wichtigsten Aspekte enthält, nach denen ein Brettspiel bewertet werden sollte. Zwei Bereiche fehlen allerdings ganz – und das ist kennzeichnend für die scheinbar wertfreie Betrachtung von Spielen –, und zwar die Bewertung des Spielinhalts, der Spielgeschichte und die Frage, ob das Spiel auf dem Wettbewerbs- oder Konkurrenzprinzip beruht, und schließlich, für welche Zielgruppen das Spiel besonders gut geeignet ist. Denn ein tolles Spiel für Kinder ist selten gleich gut für Erwachsene.

Und das sind meine Testfragen

Schwierigkeitsgrad:
Welche Voraussetzungen müssen die Spieler für einen angenehmen, unterhaltsamen Spielablauf mitbringen? Sind z. B. spezielle Spiel-Vorerfahrungen (wie bei manchen „Adventures") oder technische Fähigkeiten (wie bei manchen Computerspielen) nötig? Wie schwierig sind die Mechanismen zu bewältigen? Wie empfindet man das Spiel, nachdem man es begriffen hat („Spielgefühl")?

Glück/Können/Wissen:
• Wieweit hängt der Spielprozeß von Zufällen oder Regelvorgaben und wieviel von individuellen oder Gruppen-Entscheidungen ab?
• In welchen Spielsituationen kann man wieviel Einfluß auf den Spielablauf nehmen?

Praxistip:
Eine Aufgabe für die Ausbildungspraxis:
In Paaren die Regeln für ein neues, gerade durchgeführtes Spiel entwerfen lassen. Und dann lesen alle ihre Regeln vor und wählen das am besten formulierte. Das verschafft unglaublich viel Einblick in spielpädagogische Kategorien (und nebenbei auch in Sprachverständnis!).

Verpackung:
• Wie informativ und richtig ist der Text auf der Schachtel?
• Wie verhält sich die Schachtelgröße zum Inhalt („Mogelpackung")?
• Wie gut läßt sich das Spielmaterial darin unterbringen?
• Wie steht es mit der Haltbarkeit?
• Entspricht die grafische Aufmachung dem Spiel?
• Ist die Verpackung aus ökologisch verträglichem Material (z. B. Pappe statt Plastik; ohne zusätzliche Verschweißung)
• Es ist wirklich verdammt schwierig, Brett-, aber auch Gruppenspielregeln gut verständlich aufzuschreiben.

Spielregeln:
• Sind die Regeln übersichtlich und wirklich in einer leicht verständlichen Alltagssprache verfaßt?
• Erläutern Abbildungen oder Zeichnungen angemessen die Spielvorgänge?
• Findet man im Regelwerk schnell die Hilfen, die man benötigt, wenn im Spiel irgendwelche Fragen auftauchen?
• Sind die Regeln anpaßbar an verschiedene Spielbedingungen oder Spieler?
• Ermutigen die Regeln zu Variationen?

Spielmaterial:
• Wie zweckdienlich ist das Material?
• Wie haltbar sind die einzelnen Teile?

- Sind die Materialien originell, attraktiv und ästhetisch ansprechend für die Zielgruppe?
- Sind die Materialien umweltschonend hergestellt?

Spielziel und -reiz:
- Was macht den Reiz am Spiel aus? Aussicht auf Gewinn? Spaß am gemeinsamen Tüfteln? Schadenfreude? ...?
- Wie sehr und wie andauernd begeistert das Spiel seine Zielgruppen?
- Wie originell sind bekannte Ideen und Mechanismen miteinander verknüpft? Wie neuartig sind die Effekte, die sich im Spiel ergeben?
- Wie gestaltete sich der Spannungsbogen im Spielverlauf?

Praxistip:
In Ausbildungsgruppen wird dasselbe neue Spiel (Gruppen- oder Brettspiel) auf unterschiedliche Weise eingegeben – mal von einem begeisternden Spielleiter, mal nur über das Lesen der Spielregeln usw.
Dann bewerten die Gruppen dasselbe Spiel und erfahren dadurch, wie abhängig die Bewertung eines Spiels von der sozialen Situation ist, in der das Spiel kennengelernt wurde.

Spielinhalt:
- Wie aktuell und neuartig ist das Spielthema?
- Kommen positiv oder nicht bewertete Gewalthandlungen vor?
- Spielt Diskriminierung von Frauen, Ausländern o.a. Gruppen eine Rolle?
- Wird die Wirklichkeit des Themas im Spiel angemessen abgebildet?

Spielprinzip Konkurrenz...Kooperation:
- Ermöglicht das Spiel durchgängig oder zeitweilig Koalitionen zwischen Spielern?
- Beruht der Wettkampf zwischen den Spielern auf Zufallsentscheidungen oder auf individuellen Fähigkeiten?
- Gibt es Regeln fürs Fairplay oder für den Ausgleich bei sehr unterschiedlichen Spielvoraussetzungen?
- Wie wird mit Siegern/Verlierern umgegangen (laut Spielregel)?

Zielgruppen:
- Welche Gruppengröße ist für das Spiel ideal?
- Welche Altersgruppe wird von dem Spiel am besten angesprochen? Muß man deutsch lesen oder schreiben können?
- Gibt es eine soziale Schicht, die vermutlich besser mit dem Spiel zurechtkommt als andere?
- Kann man das Spiel mit besonderen Zielgruppen (zum Beispiel Blinde, geistig Behinderte, Großgruppen, Körperbehinderte, offene Gruppen, Senioren, Touristen, Kleinkinder...) spielen – bzw. sind Anpassungen an besondere Gruppen leicht vorzunehmen?

Praxistip:
Ein bekanntes Spiel soll von Gruppen so abgebildet werden, daß es für Familien, Senioren, Behinderte, usw. spielbar wird.

Bitte ergänzen Sie nach Bedarf diesen Beurteilungskatalog. (Einige Fragen wurden auf der Grundlage des „spielbox"-Fragerasters entwickelt.)
Was aber macht denn nun ein gutes Spiel aus – läßt sich etwas Allgemeingültiges formulieren? Ich fürchte nein, denn für den einen ist ein Spiel ein gutes Spiel, bei dem man „so richtig die Sau rauslassen kann"; für den anderen ist es ein Spiel, das ihm eine einfache Form des Kontakts zu attraktiven anderen Menschen ermöglicht; und wieder andere empfinden ein Spiel als gut, wenn es ihnen Chancen wenigstens in der Spielwelt eröffnet, die sie im wirklichen Leben nie haben werden (z.B. eine Hotelkette oder magische Kräfte zu besitzen); und für einige ist ein Spiel erst dann gut, wenn es ihnen alternative Gefühle und Kommunikationsweisen verschafft.
Ob einzelne oder eine Gruppe ein Spiel als ‚gut' bewerten, hängt von ihren Erwartungen an das Spielgeschehen ab und ob sich diese Erwartungen erfüllen. Und die Erwartungen entstehen durch Wertvorstellungen, Kommunikationsbedürfnisse, Freizeitinteressen, psycho-soziale Situation usw. Die Erfüllung der Erwartungen hängt jedoch nicht nur vom Spiel ab, sondern auch von der Situation, in der gespielt wird, und von den Menschen, mit denen man spielt. Ob ein Spiel, das andere als ‚gut' bewertet haben, wirklich gut erlebt wird, ist keineswegs gesichert.

Praxistip:
Ob ein Spiel bei einer Gruppe gut ankommt, hängt entscheidend davon ab, ob Sie selbst von dem Spiel begeistert sind und welches Verhältnis die Gruppe zu Ihnen hat. (Kennt die Gruppe Sie schon länger? Ist ihr Ihr Urteil wichtig?)

Wie gut sind alternative Spiele?

„Ich sah die Möglichkeit, Familien, Gruppen und einzelne zu einer Erfahrung zusammenzuführen, die sowohl Gemeinschaftsgefühl entstehen läßt wie dem persönlichen Ausdruck Raum gibt. Im Mittelpunkt sollte die Freude am Spiel, Kooperation und Vertrauen stehen und nicht der Wunsch zu gewinnen." (Pat Farrington, Mit-Erfinderin der ‚new-games'-Spielfeste.)
Zahlreiche Spiele sind in unserer entfremdeten Freizeitsituation keine Alternative zur gewöhnlichen Interaktionsstruktur und zur allgemeinen Arbeitsplatzsituation. In Spielhallen und im Fußballstadion, beim ‚Risiko'- und ‚Monopoly'-Spiel am Familientisch und mit den meisten Computerspielen wird nicht anders gespielt als auch ansonsten gelebt und gearbeitet werden muß: leistungsorientiert, einseitig belastet, gegeneinander, aufs Gewinnen abgezielt, streng an starre Regeln geklammert. Daß das so ist, liegt vor allem daran, daß die Umgangsformen und Wertvorstellungen aus der Schule und der Arbeitswelt mit in

die Freizeit hinüber genommen werden. Für einen kurzen Spielabend kann man nicht ausbrechen.
Dennoch steckt im Spiel grundsätzlich die Idee einer Alternative: gemeinsamer Spaß, Seele-Geist-Körper werden zusammen gebraucht, nicht die Leistungsfixierung auf ein bestimmtes Ziel, sondern der Spielprozeß selbst und die harmlose (sanktionsarme) Geselligkeit verschaffen Befriedigung und Lustgewinn.
Man kann Spiele daraufhin analysieren, ob eher diese spieltypischen Elemente oder die oben erwähnten entfremdeten Formen eine Rolle spielen. Alternative Spielregeln können eine alternative Verwendung der Spiele fördern, aber ohne eine entsprechende Einstellung wird das kaum gelingen: die Freude am Miteinander statt Gegeneinander entsteht nicht nur durch eine andere Spielregel. Nicht umsonst sind die ‚new games' in der kalifornischen Alternativ-Szene entstanden.

Alternative Spiele entsprechen einem gesellschaftlichen Wertewandel

Die neuen ‚guten' Spiele
Wie sehr sich die Meinungen und Wertvorstellungen über das, was ein gutes Spiel ist, mit den Jahren ändern, wird an einer weiteren Gruppe veränderter Spiele deutlich: Brettspiele, bei denen zum formalen Spielprozeß (z. B. würfeln, Figuren schlagen) ein Inhalt hinzukommt, der eine Bedeutung für das Leben der Spieler hat. Die meisten besitzen keinen Inhalt, z.B. Backgammon: es kommt nur auf das kluge Setzen der Steine an. Das ist auch beim Schach so, obwohl an diesem Spiel noch die Spuren seiner inhaltlichen Bedeutung zu sehen sind. Die Gestaltung der Figuren läßt uns noch erahnen, daß das Schachspiel ursprünglich den Inhalt hatte ‚Kampf von zwei Armeen gegeneinander'.
Gut ist ein Brettspiel nun noch lange nicht, weil es überhaupt einen Inhalt aufweist. Das tun ‚Flottenmanöver' oder ‚Monopoly' auch. Sondern, wenn der Inhalt für den Spieler relevant ist: z. B. ein Kennenlernspiel, bei dem auf einigen Punkten des Spielplans Informationen ausgetauscht werden sollen. Ein anderes Beispiel wäre das Spiel „Ein Indio darf den Tag nicht verschlafen", bei dem es darum geht, den spielenden Kindern die Lebenssituation eines Indiojungen nachvollziehbar zu machen. Diese Spiele haben einen Informationsgehalt, der keineswegs im Widerspruch zum Spaß am Spiel stehen muß, sondern die Freude am formalen Spielprozeß ergänzt.

Spieltest

Das Spiel heißt:

und ist von:

Das "Zutreffende" bitte unterstreichen!

Bei diesem Spiel kommt es

haupt-sächlich	auch	nicht	darauf an, daß einer oder eine Partei gewinnt.
haupt-sächlich	auch	nicht	darauf an, daß man sich gegenseitig unterstützt.
haupt-sächlich	auch	nicht	darauf an, daß man Glück hat.
haupt-sächlich	auch	nicht	darauf an, daß man bestimmte Fähigkeiten (z.B. Geschicklichkeit) besitzt.

Dieses Spiel verlangt

viel	auch	kein(e)	Konzentration, Gedächtnis
viel	auch	keine	Geduld, Ausdauer
viel	auch	keine	körperliche Geschicklichkeit
viel	auch	keine	sprachliche Ausdrucksfähigkeiten
viel	auch	kein	Wissen über bestimmte Sachgebiete
viel	auch	kein(e)	taktisches Geschick, Übersicht, Kombinationsfähigkeit
viel	auch	kein	spontanes, ungewöhnliches Verhalten
viel	auch	kein(e)	Rücksichtnahme auf andere, Bereitschaft zur Zusammenarbeit
viel	auch	kein	Nachdenken über Dinge, die einen selbst betreffen

Dieses Spiel hat mir	viel	teilweise	wenig	Spaß gemacht
Dieses Spiel würde ich	gerne	unter Umständen	nicht	häufiger spielen
Dieses Spiel ist	für Kinder ab __ Jahren	für Jugendliche und Erwachsene	für die ganze Familie	geeignet

An diesem Spiel ist mir noch besonders aufgefallen: ____________________

____

____

____

Ich gebe dem Spiel die Gesamtnote: 

Wettkampf oder Zusammenarbeit im Spiel bevorzugen?

6

- Spielauswahl
- Spielwirkung
- Ziele der Spielpädagogik
- Wettkampf im Spiel

In dem von dem ‚Zentralausschuß zur Förderung der Volks- und Jugendspiele in Deutschland' 1907 herausgegebenen Ratgeber ist zu lesen:
„Wettspiele sind etwas an sich so Natürliches und Hergebrachtes, daß ein Zweifel an ihrer Berechtigung, ja an ihrer Notwendigkeit, ausgeschlossen sein müßte. ... Der Wetteifer beim Spiel und die Liebe zum Siege gehören nun einmal im Spielleben zusammen, denn es sind ganz natürliche Triebe, die allen Menschen innewohnen. Man kämpft, um zu siegen, denn bei jedem Unternehmen will man Erfolg erringen. Aber Mißlingen ist im Leben ebenso nützlich als Gelingen, wenn man nur aus dem Mißlingen Erfahrungen sammelt. Verlust wie Sieg mit Würde zu ertragen, lernt man bei Wettspielen. Wir fallen, um aufzustehen."
(Hermann 1907: S. 62 f.)

Was bestimmt den Spielablauf?
Wie die Gruppe miteinander spielt, ob Wettkampf oder Zusammenarbeit vorherrschen, hängt wesentlich von vier Faktoren ab:
- Die Spielregel bestimmt die formalen Interaktionen der Spielenden.
- Der Spielinhalt, die Geschichte (die fiktiven Als-ob-Annahmen und -Vereinbarungen) liefert Vorbilder für das Handeln.
- Die Vorerfahrungen der Mitspieler, ihre sozialen Fähigkeiten und ihre psychische Lage bewirken die konkrete Ausformung ihrer Verhaltensweisen.
- Die Spielsituation (Anlaß, aktuelle Spielbedingungen, Ort, Zeit usw.) prägt die Stimmung, von der das ganze Spiel getragen wird (z. B. den Grad der Ernsthaftigkeit, Lockerheit u. dgl.).

Erfolgen die Aktionen der Spieler einzeln gegeneinander, wird ein ständiger Leistungsvergleich zwischen den Spielern vollzogen. Und bedeutet der Leistungsstand am Ende des Spiels für einen Spieler den Sieg und für andere Mißerfolg (weil alle auf Sieg abzielten), dann spricht man von einem Konkurrenzspiel.

Ein typisches Konkurrenzspiel
Ein klassisches Beispiel für Konkurrenzspiele: Die Reise nach Jerusalem, traditionell gespielt.
Im Kreis werden Stühle mit der Sitzfläche nach außen aufgestellt (einer weniger als Spielerzahl). Spieler laufen bei Musik um den Stuhlkreis. Bei Musikstop muß jeder einen Stuhl besetzen (drängt dabei andere weg) und der Spieler, der übrig bleibt, scheidet aus. Nun wird wieder ein Stuhl weggenommen und die nächste Runde mit Musik beginnt ... usw. bis einer als Sieger übrig bleibt. Das ist der reaktionsschnellste und am besten andere wegdrängende Spieler!
Zu Konkurrenzspielen zählen also viele Regelspiele und fast alle Brettspiele. Über den Stellenwert dieser Spiele sind die Auffassungen unter Spielpädagogen geteilt, ihre Meinung hängt mit ihrer Weltanschauung und ihrem pädagogischen Konzept, auch mit der von ihnen vertretenen Spieltheorie zusammen.

Das Für und Wider
Wir wollen hier zunächst die Hauptargumente gegeneinanderstellen:
Befürworter von Konkurrenzspielen:
Beim Konkurrenzspiel ‚gewinnen' entweder beide oder beide verlieren, weil Spaß und Spannung das gemeinsame Ziel beider Spieler ist. Konkurrenzspiele fordern Wettbewerbsverhalten, um partnerschaftliche Ziele zu erreichen.
Kritiker der Konkurrenzspiele:
Spannung wird zweifellos beim gemeinsamen Spiel durch die Hoffnung, vielleicht zu gewinnen, erhöht. Jeder Spieler hat das gleiche, aber kein partnerschaftliches Ziel, denn das ist ja nur auf Kosten des anderen zu erreichen. Die ‚Gemeinsamkeit' beruht auf dem jeweils höchst egoistischen Kampf um den Sieg. Das ist dieselbe ‚Gemeinsamkeit' wie sie Box‚partner' im Ring haben oder Kriegsgegner.
Befürworter von Konkurrenzspielen:
Im geregelten Wettbewerb mit Gleichaltrigen bearbeiten die Kinder nach psychoanalytischer Sicht die Ängste, die durch die Konfrontation mit den immer überlegenen Erwachsenen entstehen.
Kritiker der Konkurrenzspiele:
Wie sieht eigentlich die Bearbeitung für diejenigen Kinder aus, die im Wettkampf verlieren? Also nur eine ‚Bearbeitungschance' für die Sieger?

Befürworter von Konkurrenzspielen:
Kinder müssen sich darauf vorbereiten, daß sie im Leben nicht mit Samthandschuhen angefaßt werden und in der Schule und am Arbeitsplatz auch in Konkurrenzsituationen kommen. Außerdem müssen Kinder auch das Verlieren lernen.
Kritiker der Konkurrenzspiele:
Kinder erleben in dieser Gesellschaft genügend Situationen, in denen sie ihre Durchsetzungsfähigkeiten üben können. Wenn Pädagogen auf das Leben der Kinder Einwirkungsmöglichkeiten haben, dann sollten sie diese nutzen für eine Erziehung zu dringend benötigtem Verständnis, Toleranz, Gewaltfreiheit, Freundschaft/Solidarität und Kooperation.
Es kann beobachtet werden, daß Konkurrenzspiele (vor allem bei Brettspielen) mehr Spaß als kooperative Spiele machen, und wenn man dies ‚wertfrei' als wichtigstes Kriterium für ein gutes Spiel erklärt, muß man sich fragen, auf wessen Kosten die Spannung und der Spaß gehen: nämlich auf Kosten des Verlierers. Verliert der öfter, macht ihm das Spiel (und vielleicht Spielen?) bald keinen Spaß mehr, er verliert auch ein Stück Selbstvertrauen. Eine ausführliche Darstellung der psychosozialen Wirkungen von Wettkampfspielen finden Sie im Kapitel „Welche Wirkungen haben Wettkampfspiele?"

Das Baumhütten-Spiel

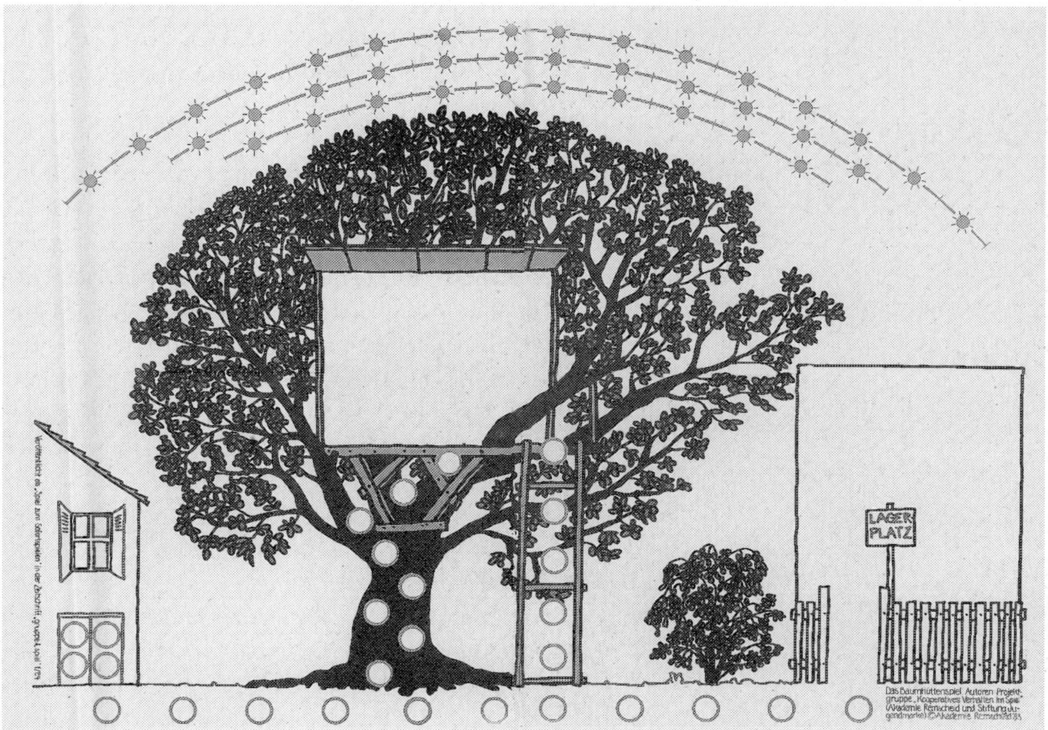

Kooperative Spiele entwickelt und erprobt

Zu Beginn der achtziger Jahre ist von der Akademie Remscheid ein Handlungsforschungsprojekt durchgeführt worden: „Kooperatives Verhalten im Spiel." Dabei ging es zwar auch um die Klärung der Grundlagen (vor allem durch Gutachten und Pilotstudien des Mainzer Psychologen Andreas Knapp), aber das Hauptziel bestand doch darin, einige kooperative Brettspiele und Spielaktionen zu entwickeln und diese dann in verschiedensten Einrichtungen (Kindergärten, Jugendzentren, Schulen, Fachschulen usw.) zu testen.

Drei Brettspiele wurden von einem achtköpfigen Team erfunden:

- „Wenn es leckt – sind wir verreckt", ein kooperatives Ökospiel, bei dem die Gruppe die von einem Konzern vergrabenen Ölfässer finden muß, bevor sie durchrosten.
- „Der große Unbekannte", ein spannendes Kennenlern- und Einschätzungsspiel.
- „Das Baumhüttenspiel", ein kooperatives Brettspiel für jüngere Kinder, die zusammen eine Baumhütte mit Pfeifenputzern bauen, bevor die Sonne untergeht.

Dazu wurden drei längere Spielaktionen entworfen, die in früheren Ausgaben der Zeitschrift „gruppe & spiel" erschienen sind.

Die wichtigsten Gedanken und Konsequenzen aus diesem Projekt faßte Werner Thole im folgenden Beitrag zusammen.

Die Ergebnisse der Untersuchung

(von Werner Thole)

In den Gedanken des holländischen Historikers Huizingas erreicht die Heroisierung des ‚natürlichen' und ‚gesunden' Wetteifers ihre volle Blüte. Für ihn ist der Wettstreit die ideale Form des Spiels, weil hier notwendige Lebensbewältigungsformen frei von Zwecken erprobt werden können. Wetteifer ist für Huizinga ein Wesenszug des sozialen Lebens, der im Spiel ausgelebt sich kaum vom „primitiven Krieg" unterscheidet und eine Übung des persönlichen Mutes darstellt.

Sowohl bei Hermann als auch bei Huizinga scheint eine Vorstellung von Spiel vorzuliegen, die das Spiel einer freien, außerhalb der Wirklichkeit liegenden Sphäre zuordnet, unter dem Pseudonym der Zweckfreiheit jedoch einzig und allein auf eben diese Wirklichkeit vorbereiten soll. Das Spiel erfährt hier eine Reduzierung, die auch bei Erikson (1957) zu finden ist. Unter dem Prinzip des Wiederholungszwanges erleichtert nach Erikson das Spiel den einzelnen, die einem Anpassungsprozeß die Integration in die von ihm belebte sozialkulturelle Umwelt, indem das Ich die der Realität trotzenden Qualitäten des Unbewußten ins Bewußtsein holt und realitätsadäquat verarbeitet. Ebenfalls mit dem Ziel, eine integrierte Ich-Identität durch Spiel zu erreichen, diskutiert Erikson das Prinzip der Angstabwehr. Nach Erikson basiert Angst auf fehlgesteuerter Energie, die sich im Spiel artikuliert und so abgebaut wird. Diese Theorien betrachten Spiel lediglich als Medium, in dem sich gesellschaftliche, soziale und kulturelle Nonkonformismen freisetzen können: „Im Spiel bringt der Mensch seine nichtangepaßten Strebungen zum Ausdruck“ (Alexander 1956). Zum anderen liegt in diesen theoretischen Vorstellungen die Hoffnung, mittels inhaltlicher wie struktureller Spielvorgaben Anpassungsprozesse zu initiieren.

„Im Spiel bringt der Mensch seine nichtangepaßten Strebungen zum Ausdruck“.

Inwieweit sich diesem theoretischen Kontrakt frei spielende Subjekte wirklich unterordnen und nur mit Blick auf die Wirklichkeit im Spiel experimentieren, also das Spiel nicht kreativ zum Erproben phantasievoller Gegenwirklichkeiten nutzen, ist an dieser Stelle nicht zu diskutieren.
Uns interessiert hier, inwieweit in der inhaltlichen wie strukturellen Ausstattung von Regelspielen die Anpassungsproblematik mit welcher Konsequenz eingebunden ist.

Die Kunden verlangen Wettkampfspiele
Aufgrund ihrer kommerziellen Verwertbarkeit angeboten und von den Käufern verlangt werden heute (immer noch) in der Mehrzahl kompetitive Spiele. In einem kaum zu überblickenden Angebot sind diese Spiele in der Mehrzahl Variationen weniger, sich wirklich voneinander unterscheidender Spielideen. Häufig nur die spielthematische Seite im Spielnamen und im -feld andeutend, besteht ihr Reiz und spieldynamischer Wert einzig darin, den Spielern zu suggerieren, mittels diesem oder jenem Spielmittel in der Alltagsrealität ausgeblendete ‚Lustsituationen‘ zu realisieren.
Spiel ist menschliche Aktivität, in der sich die Subjekte jenseits Sphären ihrer eigentlichen, ergebnisorientierten Reproduktion lustvoll betätigen möchten. Mit wettbewerbsorientierten Spielen ist die Erfüllung dieses Wunsches jedoch stets an die Angst geknüpft, zu verlieren. Auf diese Tatsache weist auch A. Knapp hin.
„Kompetitive Spiele führen nach der Theorie der Eskalation destruktiver Lösungen zu einer Spirale, die immer weiter die wettbewerbliche Neigung stärkt und so durch stärker werdende Ver-

schlechterung der zwischenmenschlichen Beziehung gekennzeichnet ist. Deutsch zeigte, daß die Spieler ihre Wahrnehmung von Merkmalen, die sie mit dem Partner verbinden, im Laufe der Eskalation verlieren, aber um so klarer sehen, was sie von den anderen Spielern unterscheidet. Diese Polarisation betrifft auch andere Dimensionen: Man denkt nur in ‚entweder – oder'-Kategorien. Entweder ist alles gut oder schlecht, entweder für oder wider, Gewinn oder Verlust." (Knapp 1983: im Manuskript)

Das Erleben von befriedigenden Gefühlen bei kompetitiven Spielen ist folglich immer an die Befürchtung, als Nicht-Gewinner zwar mit zum Spaß der anderen beizutragen, selbst jedoch diesem Gefühl verlustig zu bleiben oder es nur eingeschränkt zu genießen, gebunden. Sie fühlen sich desto unbehaglicher, je weniger der von den Spielern in das Spiel investierte Aufwand sich in einem irgendwie gearteten Erfolg manifestiert. Dieses Erfolgserlebnis konstituiert sich subjektiv und orientiert sich an dem Spielertrag der Mitspieler. Es kann folglich aufgrund der subjektiv unterschiedlichen Wahrnehmungshorizonte divergieren. Möglich ist somit, und hier sei vorschnellen Kritiken vorgebeugt, daß der Verlierer des Spiels sich trotz gerade erlittener Spielniederlage wohl fühlt, sei es, weil er bisher das Spiel als Sieger verlassen konnte, in anderen Spielen stets der Glücklichere oder Geschicktere oder weil seine Interaktionsbeiträge während des Spielens ein behagliches Gefühl schafften. Am Kern des Spielprinzips und seiner hier dargestellten Folgen verändert diese Einschränkung jedoch nichts.

In ihrer erfolgsorientierten Beschaffenheit sind kompetitive Spiele damit mit jenen Prinzipien identisch, die wir in Kultur und Gesellschaft als systemimmanente Imperative ausmachen können. Schon allein aufgrund dieser Identität kann geschlußfolgert werden, daß kompetitive Spiele qua ihrer Spielstruktur die Integration und Anpassung an die sozialkulturellen Wirklichkeiten unterstützen und nonkonformes Handeln nur rudimentär ermöglichen.

Das von Jürgen Fritz unter dem Stichwort „Balance der Spielorientierung bei kompetitiven Spielen" vorgetragene Plädoyer für das Wettbewerbsspiel scheint mehr von einer theoretischen Wunschvorstellung als von einer Realitätssicht geleitet. Er begründet seine Thesen unter anderem damit, daß im Spiel die Konkurrenz ihren Ernstcharakter einbüßt und damit den Niederlagen ihren „bitteren Stachel" nimmt. „Die Transformationskraft des Spiels bedient sich hier eines Brettspiels, wodurch eine bestimmte Tätigkeit (das Wettbewerbsverhalten) in etwas anderes transformiert wird, das dieser Tätigkeit nachgebildet ist, von den Beteiligten aber als etwas anderes gesehen wird als Wettbewerbsverhalten in realen Situationen". (Fritz 1982: 2) Transformiert wird hier ein gesellschaftliches Prinzip – Wettbewerbsverhalten – in eine symbolisch figurative Wirklichkeit, die jedoch nach den gleichen Prinzipien strukturiert ist wie die ‚reale' Wirklichkeit.

Wir entwickelten ganz andere Spiele

Beruhen die meisten herkömmlichen Spiele auf dem Konkurrenzprinzip, so basieren die von uns entwickelten auf dem Prinzip der Kooperation. Ist auf dem ersten Blick, das heißt bei Betrachtung des Spielfeldes und des Spielmaterials, kein eklatanter Unterschied auszumachen, so wird spätestens nach den ersten Spielzügen deutlich, daß beiden Spielarten ein grundsätzlich anderes Handlungsmodell zugrunde liegt.

Die Konkurrenzspiele bedingen ein erfolgsorientiertes Handeln nach strategischen Prämissen. Soziale Interaktion ist nur in dem Maße nötig und erwünscht, als es dem individuellen Erfolg, das heißt möglichst als Sieger das Spiel zu beenden, entgegenkommt.

Bei kooperativen Spielen müssen dagegen die Handlungspläne der beteiligten Mitspieler/innen mit den anderen koordiniert, abgesprochen und variiert werden. Es stehen also nicht egozentrische Erfolgskalküle der beteiligten Akteure, sondern Verständigungsbemühungen im Mittelpunkt. In kooperativen Spielen orientieren sich die Beteiligten nicht primär an ihrem eigenen Erfolg, sondern verfolgen ihre individuellen Ziele im Kontext gemeinsamer Handlungspläne auf der Grundlage einer gemeinsamen Situationsdefinition. So wird auch die soziale Interaktion bei kooperativen Spielen nicht von dem Gedanken des Gegeneinanders, sondern von dem der Verständigung bestimmt. Dispute werden mit dem Ziel geführt, einen handlungsfähigen, von allen zu tragenden Konsens zu erreichen. Jeder Mitspieler ist aufgefordert, seine subjektiven Kompetenzen in die Spielhandlungen und -planungen einzubringen – zum Vorteil aller.

In dem Aufsatz von A. Knapp und U. Baer „Konkurrenzarme Spiele und ihre Wirkung auf das Sozialverhalten von Gruppen" werden einige Beispiele für Spielziele kooperativer Spiele aufgeführt.

a) Kommunikationsbarrieren sollen durch gegenseitiges Kennenlernen überwunden werden (zum Beispiel bei Kennenlern-

Die ersten konkurrenzarmen Spiele in Deutschland

und Einschätzungsspielen)
b) Durch vereinte Anstrengung soll eine Macht überwunden werden (zum Beispiel bei den meisten Vorschulspielen aus dem Herder-Verlag)
c) Knappe Ressourcen sind gerecht zu verteilen (zum Beispiel bei vielen Entscheidungsspielen wie Dienstwagen, Einzelzimmer)
d) Komplexe Systeme sollen im Gleichgewicht gehalten beziehungsweise ins Gleichgewicht gebracht werden (zum Beispiel bei verschiedenen Öko-Spielen). (Baer/Knapp 1984: 318)

Wie kommt der Spielspaß zustande?
Spielspaß, Freude und Spieldynamik werden mit kooperativen Spielmitteln nicht mittels Gewinnen-Müssens zum Nachteil anderer – zweckrationale Erfolgsorientierung –, sondern mittels sozialer Interaktion über und mit dem Spielmittel ausgelebt und erlebt. Spielerfolg ist bei kooperativen Spielen nicht gekoppelt an die Angst, individuell zu versagen, sich zu entblößen, sondern an ein kooperativ hergestelltes, kommunikatives Spielerlebnis.

Das Spiel gegen die Alltagserfahrung
Kooperative Spiele stemmen sich schon aufgrund ihrer Struktur gegen die Realität des Alltags, ermöglichen trotz orientierendem Regelwerk die „Welt in zweierlei Hinsicht zu erschließen: zum einen die Wirklichkeit des Spiels als Utopie des Alltags, und zum anderen über die Wirklichkeit des Spiels die Realität des Alltags" (Jendrowiak 1984: 71). Mit anderen Worten: Das kooperative Spiel ermöglicht den spielerisch handelnden Subjekten, neues Handeln und Verhalten dadurch zu erfahren und sich anzueignen, daß sie es praktizieren und erproben. Ohne Erfolgskontrolle und Blick auf die Wirklichkeit können subjektive Gegenrealitäten erdacht und durch ‚gespielt' werden.
Was halten die Testgruppen von unseren kooperativen Spielen?
• Wir wollen hier nochmal deutlich herausstellen, daß unserem Eindruck nach kooperative Spielideen zu wenig beachtet werden – weder bei der Einteilung von Spielen, noch von der Spieltheorie.
„... Es ist eines nicht zu vergessen: die nachhaltigste Korrektur des Spielzeugs vollziehen nie und nimmer die Erwachsenen, seien es Pädagogen, Fabrikanten, Literaten, sondern die Kinder selbst im Spiel." (Benjamin 1970: 60)
Kooperative Spiele können über eine Spannungsdichte, Variationsbreite und Spielflexibilität verfügen, die denen kompetitiver Spiele in nichts nachzustehen brauchen. Nach dem uns

vorliegenden Material hat die Majorität der Testpopulation diese Erfahrung gewinnen können.
Sieht man von der nuancierten Bewertung der getesteten Spiele einmal ab, so schält sich als Quintessenz unserer Studie heraus, daß kollektiv-altruistische Interaktionsformen im Spiel als Alternative zu den gängigen Wettbewerbsspielen durchaus akzeptiert werden.
Ob jedoch dieses Untersuchungsergebnis mit dazu beiträgt, daß kooperative Spielmittel einer breiteren Öffentlichkeit vorgestellt und zugänglich werden, hängt nicht zuletzt davon ab, inwieweit professionelle Spielemacher und Spielpädagogen in größerer Zahl als bisher interessante kooperative Spiele entwickeln und welche Distributionsmöglichkeiten die den ‚offiziellen Markt‘ bestimmenden Spielemultis diesen Spielen zugestehen.
Gleichwohl muß auch als Ergebnis unserer Untersuchung festgehalten werden, daß kooperative Spiele nicht alle Spielbedürfnisse befriedigen können.

Sich messen wollen
Ein menschliches Bedürfnis ist es, die eigenen Fähigkeiten und die eigene Geschicklichkeit in Kommunikation mit anderen darzustellen und sie zu messen. Nach gemeinsam akzeptierten, fairen Regeln ist dies im Konkurrenzspiel prinzipiell möglich. Doch wer kennt nicht Spielsituationen, wo plötzlich die Wirklichkeit den ‚Schonraum‘ im Spiel einholt, wo das Gegeneinander durch reale Konflikte zwischen den Spielpartnern übertönt wird und die Trennung von fiktiv und real wirklich zur Farce wird. Die Rivalität des Alltags wird zur Rivalität im Spiel. Konkurrenzspiele werden gerade auch deswegen häufig gespielt, weil sich die Spielenden davon unbewußt eine Stabilisierung ihres gestörten Selbstwertgefühls erhoffen.
Daß Kinder, Jugendliche und auch Erwachsene sich mehr kooperative Spiele wünschen, hat diese Untersuchung bewiesen. Immerhin gaben von den Testteilnehmern über 50% an, daß sie das gerade getestete, kooperative Spiel (oder ein ähnliches) gerne öfters spielen würden. Und fast 2/3 betonten, daß ihnen besonders gut das gemeinsame Handeln im Spiel gefallen hat.

Kooperative Spiele brauchen attraktive Themen

„Wir spielten heute ‚Wenn es leckt – sind wir verreckt‘ und das, obwohl die Jungen zuerst ‚Scotland Yard‘ spielen wollten, ein Spiel, das sie inzwischen perfekt beherrschen. Der Spielauf-

bau gestaltete sich schwierig, wie auch die Rollenverteilung Stadtverordneter, Chemiker und Mitglied einer Bürgerinitiative für die Mitspieler zu abgestufte Aufgabenformulierungen waren. Beim Spiel selbst bildeten sie dann allerdings kein Hindernis mehr. Interessant war – und diese Beobachtung deckt sich mit Erfahrungen bei anderen neuen Brettspielen –, daß über das Spielthema hinaus Probleme diskutiert wurden, die sonst nicht angesprochen werden: Kurts Farbenblindheit, die er sonst zu verdecken sucht, Eddis Leseschwäche, die er sonst versucht zu verheimlichen, waren ebenso Gesprächsstoff wie allgemeine Umweltprobleme, die Aussicht, daß sie alle wahrscheinlich nur schwer eine Arbeit bekommen werden und ihre Schwierigkeiten mit Frauen. Letztes Thema wurde allerdings nur gestreift. Es war doch zu heikel. Da wo die Themen sich aus dem Spiel selbst ergaben, konnten auch Handlungsalternativen diskutiert werden. Kurt: ‚bei der Gerresheimer Glas sollte auch mal nach dem Dreck aus den Schornsteinen geguckt werden. Müßten wir mal irgendwo Bescheid sagen.' " (Berichtsblatt Jugendfreizeiteinrichtung)

Das Spiel wurde von den Jugendlichen benutzt, um mit Hilfe der im Spiel angelegten inhaltlichen und strukturellen Vorgaben in der Alltagskommunikation sonst ausgegrenzte Probleme, Themen und Konflikte zu thematisieren.

Die zitierte Beobachtung illustriert, daß sich den Spielern mit thematisch orientierten Brettspielen vielfältige Möglichkeiten bieten können, subjektive Realitätsvorstellungen zu veröffentlichen und Bewältigungsformen der Wirklichkeit zu diskutieren. Träume, Wünsche, Phantasien und Neuorientierungen können sich im kooperativen Spiel ohne den zweckorientierten Handlungsdruck der Realität artikulieren.

In vielen Nuancen können wir in dem uns mitgeteilten Umgang der Spieler und Spielerinnen mit den kooperativen Spielen das entdecken, was Thomas Ziehe (1982: 185) als erstrebenswert für einen Lern- und Verstehensprozeß beschreibt: „… gegen die Realität probezudenken und probezuhandeln." Das kooperative Spiel scheint noch das zu erlauben, was die Wirklichkeit immer mehr zu verhindern sucht: im Denken an die Zukunft auch Utopisches zu bedenken.

Jedoch nicht immer, und auch dies förderte die Untersuchung zutage, wollten oder konnten die Spieler und Spielerinnen sich auf die kooperativen Handlungsstrukturen einlassen.

„Es gab in allen Spielrunden immer einige Schüler, die lieber Konkurrenzspiele spielen wollten." (Abschlußbericht, Gesamtschule-F)

„Ich habe im Jugendtreff bei einer Spielaktion massive Störaktionen erlebt, weil die Kinder lieber gegeneinander spielen wollten." (Abschlußbericht, Jugendtreff)
„Bei den Jungen konnten wir bei einer Spielkette mal beobachten, daß sie sich bei der Pferdestaffel eher versuchten gegenseitig umzustoßen, als zu helfen, auf den Beinen zu bleiben." (Abschlußbericht, Arbeitskreis Pädagogik und Spiel)
„Die jüngeren Kinder wollten immer einzeln gewinnen und spielten auch so. Das gemeinsame an der Sache mußte ständig hervorgehoben werden. Für sie war es ungewohnt, obwohl sie sonst bei Konkurrenzspielen nicht gern verlieren." (Abschlußbericht, Kinder- und Jugendhaus/Heim)
Kooperative Spiele bieten nicht automatisch die Gewähr, daß wer sie spielt, sie auch kooperativ spielt.
Wettbewerbsorientierte Handlungsformen sind in den Köpfen vieler so intensiv gebunden, daß sie auch in Situationen, in denen sie nicht gefragt sind, Handeln bestimmen. „Möglichkeiten zu koopratívem Verhalten müssen oft erst behutsam, das heißt ohne Suggestion, angedeutet werden", damit die Erfahrung, wenn wir kooperativ spielen, können wir eher gewinnen, als wenn wir einzeln und gegeneinander spielen, im Spiel bewußt erlebt wird.
Prinzipiell kann jeder Spieler und jede Spielerin beim kooperativen Spiel sich zwischen kompetitivem, koalitivem oder kooperativem Handeln entscheiden. Die Spielspannung wird durch diese Entscheidung kaum beeinflußt. Hingegen enthalten kompetitive Spiele diese Wahlfreiheit nicht, es bei gleichbleibender Spieldynamik auch kooperativ zu spielen.

Literatur zu diesem Thema
Terry Orlick: Kooperative Spiele. Weinheim 1982 (Beltz)
Ulrich Baer u. a.: Remscheider Spielkartei. 200 kooperative Spiele zum sozialen Lernen. Münster 1993 (Ökotopia)

Pädagogisierung des Spiels?

Mit den Kritiken an und gegen kooperative Spielmittel haben wir uns an anderen Stellen dieser Arbeit ausführlich auseinandergesetzt. Ein Einwand jedoch, kooperative Spiele würden das Spiel pädagogisieren und formalisieren, blieb bisher unbeleuchtet.
Auch wenn wir nicht wie E. und H. Klippstein jedes Spiel als Lernspiel betrachten, so stimmen wir doch mit ihnen darin überein, daß es kein ‚zweckfreies' Spiel geben kann.
„Jedes Spiel, ob kompetitiv, koalitiv und kooperativ, transportiert einen ‚heimlichen' Lehrplan mit sich, ob Spieler oder Spielautoren ihn nun durchschauen oder nicht." (E. und H. Klippstein 1982 a)
Übersetzen wir den Begriff ‚heimlicher Lehrplan' mit Ideologie

oder Intention, dann verdeutlicht sich das, was die Autoren meinen. Verstecken wir uns als Pädagogen nicht hinter der Deklaration der Pseudo-Wertneutralität von Regelspielen, so gilt es, im Einzelfall zu explizieren, warum wir dieses oder jenes Spiel für wertvoller oder weniger wertvoll erachten.

Eine Pädagogik, die die Subjekte wirklich ernst nimmt und sich nicht an derem verkehrten Alltagsbewußtsein mit Scheuklappen hängt, darf und kann sich nicht vor Entscheidungen davonstehlen. Kindern, Jugendlichen oder Erwachsenen statt ‚Risiko' oder ‚Dallas' lieber ‚Scotland Yard', ‚Entscheide Dich' oder ‚Wenn es leckt – sind wir verreckt' zu empfehlen, ist kein Mißbrauch der Subjekte als Objekte psychologisch-pädagogischen Kalküls, wie Fritz meint, sondern im Sinne kritischer Erziehungswissenschaft mündiges, verantwortungsbewußtes Handeln. Es ist ein Handeln, das über die Bekanntmachung pädagogisch ‚wertvoller' Spiele im pädagogischen Alltag mit dazu beiträgt, sie in den Alltag der verschiedenen Lebenswelten zu transportieren.

Welche Wirkung haben Wettkampfspiele?

7

- Spielauswahl
- Ziele der Spielpädagogik
- Spielwirkungen
- Spiele verändern

Der Psychologe Jürgen Abresch hat sich sehr detailliert mit den psychosozialen Wirkungen von Wettkampfspielen auseinandergesetzt und in einer Broschüre zusammen mit einer Sammlung konkurrenzarmer Spiele veröffentlicht. Seine wichtigsten Argumente werden hier (m. freundl. Genehmigung d. Autors) zitiert. Abresch beschreibt vor allem, welche Auswirkungen ein Leben hat, das von Wettkampf geprägt ist. Dabei sind Konkurrenzspiele bei Kindern ein ernstzunehmender Faktor.
Ulrich Baer stellt anschließend seine pragmatische Konsequenz aus dieser Analyse der Wettkampfspiele vor: Auch auf Konkurrenzspiele nicht ganz verzichten! Aber ...

Konkurrenzspiele fördern die aktive Vereinzelung:
Konkurrenzspiele legen fest, daß die Mitspieler sich als vereinzelte Individuen begegnen und bestehende Vereinzelung gefördert wird. Vereinzelung ist dabei in dem Sinne gemeint, daß sie sich nicht als Vereinzelte einander gleichgültig und ohne Berührungspunkte begegnen (passive Vereinzelung), sondern daß jeder aktiv versucht, die Bedürfnisse und Wünsche des anderen zunichte zu machen. Konkurrenzspiele führen so zu einer vollständigen Mißachtung der Bedürfnisse und Wünsche anderer – nur das, was einem selber dient und von Nutzen ist, zählt und wird in Aktivität umgesetzt. ... Die Mißachtung anderer ist ein von der Regel gefordertes und für den Mitspieler (solange er Mitspieler bleiben und nicht Spielverderber werden will) notwendiges Verhalten. Egoistische und für die Regungen anderer unsensible Menschen sind das Produkt des häufigen (nahezu ausschließlichen) Spieles von Konkurrenzspielen (natürlich nicht die alleinige Ursache).
Konkurrenzspiele zerstören in diesem Sinne auch die Fähigkeit, in andere Menschen Vertrauen zu haben (zumindest arbeiten sie dagegen und entwickeln sie nicht), denn immer wieder erlebt man in den Spielen an sich und an anderen, daß egoistische Motivierung allesbeherrschend ist, leider auch oft gegen den inneren Widerstand der Mitspieler, die vielleicht doch lieber jemand anderem nicht weh tun würden, wegen der Spielregel aber nicht anders können. Vertrauen anderen setzt voraus, daß andere auch

an einen – und nicht nur an sich selbst denken. Das aber ist in Konkurrenzspielen ganz einfach nicht erlaubt.

Konkurrenzspiele führen zu Selbstachtungsverlust

Wer sich auf Konkurrenzspiele einläßt, läßt sich darauf ein, sich mit anderen bezüglich einer bestimmten Leistungsfähigkeit (oder einem Pool solcher Leistungsfähigkeiten) zu messen und messen zu lassen. Bestimmen Konkurrenzspiele oder Konkurrenzsituationen große Teile des Lebens, so ist damit zu rechnen, daß die Bewertungen, die in diesen Spielen und Situationen gefällt werden, allgemein werden: Eigenwert wie Selbstachtung bzw. Selbstbewußtsein richten sich an den Ergebnissen der Konkurrenzsituationen genauso aus, wie diejenige Bewertung, die man durch andere erfährt (Fremdbewertung, sozialer Gruppenstatus...). Dieser Mechanismus wird da fatal, wo Personen in Konkurrenzsituationen immer wieder verlieren bzw. die gesteckten Ziele nicht erreichen (sofern sie überhaupt noch ernsthaft wagen, sich welche zu stecken). Die Situation wird dann besonders fatal, wenn von bestimmten häufigen Mißerfolgszuweisungen auf das Leben schlechthin generalisiert wird (z. B. beschleunigt von ungünstigen familiären Verhältnissen) und sich allgemein eine Versagensangst ausbreitet.

Die Folgen eines durch häufige Niederlagen forcierten Selbstachtungsverlustes können u. a. sein:

- Regression bis Depression; Unfähigkeit, sich weiterhin dem Leben (d. h. der Konkurrenz und dem Verlieren) stellen zu können; Flucht in die Isolation, in Alkohol, Drogen, Suizid;
- aggressive Kompensationsbemühungen; Demonstrationsversuche davon, daß man doch noch „wer" ist; ständiges Bemühen, sich in den Mittelpunkt stellen zu wollen; Nicht-Verlieren-Können.

Beidemal erfordert der Selbstachtungsverlust Bewältigungstechniken, die die gefühlsmäßige Distanz zu einem selbst steigern, die Echtheit und Lebensfreude immer unmöglicher machen, die letztlich zu einer Anaesthesierung der Person führen.

Konkurrenzspiele führen zu einer Entfremdung von sich selbst

Diese Entfremdung geht noch über den beschriebenen Selbstachtungsverlust hinaus. Spiele stellen eigentlich eine Möglichkeit dar, sich bezüglich der eigenen Befindlichkeit sowie bezüglich der stattfindenden Sozialkontakte zu erfahren. Da sich bei dem Spielen von Konkurrenzspielen das Gewinnmotiv sowie die damit zusammenhängende Versagensangst stark in den Vordergrund spielt, verliert der Spieler während des Spiels zu-

nehmend die Fähigkeit, sich den anderen aktuellen Erlebensqualitäten, den anderen aktuellen oder möglichen Gefühlszuständen in seiner Wahrnehmung zu widmen. Es kann gleichgültig werden, ob die Glieder schmerzen oder nicht, welche Kontakte man eigentlich auch noch zu den Mitspielern haben möchte usw.
Indem Konkurrenzspiele den subjektiven Erfahrungshorizont einengen und die Person zu einer gewinnbeseelten Maschine werden lassen, entfremdet sie die Person von der Vielfalt ihrer möglichen und in der Situation auch vorhandenen Gefühlsqualitäten. Dies ist natürlich „gut“, wenn es hin und wieder geschieht, weil die Wahrnehmung letztlich immer auf bestimmte Gefühle eingegrenzt wird. Es ist aber schlimm, wenn es im Gefolge einer Verallgemeinerung des Konkurrenzdenkens und damit der Konkurrenzsituation (oder umgekehrt) zu einem Dauerzustand verkommt: dann ist die Person sich gegenüber unempfindlich und unsensibel gemacht, von ihren menschlichen Daseinsweisen und Erlebensqualitäten entfremdet.

Konkurrenzspiele sind ungerecht
Konkurrenzspiele stellen eine geregelte sozial ungerechte Mißerfolgszuweisung dar, da man bei der Beobachtung dessen, was z. B. Kinder spielen, feststellen muß, daß wenige Leistungsbereiche (z.B. „Sportlichkeit“) einen großen Aktivitätsanteil abdecken. Wer in diesen Bereichen nicht schuldhaft (was ist schon Schuld?) versagt, wird ungerecht behandelt (und behandelt sich selbst in einer inneren Übernahme der Norm ebenfalls selbst ungerecht als Versager).

Konkurrenzspiele gehören gewissermaßen zur paramilitärischen Ausbildung
Dieser etwas verwegen klingende Schluß ergibt sich aufgrund einer Zusammenschau der negativen Spielmerkmale. Konkurrenzspiele richten einen Menschen so zu, daß er dem in der Bundeswehr offenbar favorisierten Soldatenbild (nicht so, wie es der Werbung entspricht, sondern so, wie es den Berichten Betroffener [Zugerichteter] zu entnehmen ist) entspricht:
• Konkurrenzspiele stabilisieren die Normvorstellung, daß es Unterlegene und Überlegene gibt und daß man sich damit abzufinden hat; sie rechtfertigen durch die dahinterstehende Leistungsideologie, daß es mit Recht so ist, daß es Übergeordnete und Untergebene gibt – sie sind antidemokratisch und eigentlich das spielerische Pendant eines totalitären Gesellschaftsbildes.

• Konkurrenzspiele fordern, daß es mir egal ist, was mit meinem Konkurrenten wird. Sie machen mich unempfindlich gegenüber seinen Gefühlen, Wünschen und Bedürfnissen. In der Fixierung auf das Gewinnmotiv, darauf, daß es darum geht, daß ich gewinne, wird die Situation des anderen gleichgültig. Von der Zuweisung eines Mißerfolges, der Kränkung des Selbstbewußtseins, der Zufuhr von Hohn und Spott, der körperlichen Verletzung bei einem Fußballspiel ist es vermutlich kein großer Schritt zur körperlichen Verletzung im Rahmen einer Kriegshandlung, die ja auch nur zufällig zum Tod führt oder nicht. Es sind nur Abstufungen auf einem negativen Kontonuum.

• Konkurrenzspiele machen mich selbst hart gegenüber den Spielergebnissen, gegenüber dem, was im Augenblick mit mir und meinem Körper los ist. Sie härten ab, machen unempfindlich, machen den Menschen zur Maschine.

(Ausschnitte aus: Jürgen Abresch, Konkurrenz im Spiel – Spiel ohne Konkurrenz, Mondstein-Verlag: Buseck 1980)

Welche praktischen Konsequenzen ergeben sich aus dieser vernichtenden Kritik an den Wettkampfspielen? Wie sollen wir als Erzieher, Lehrer und Jugendarbeiter handeln? Ulrich Baer stellt seine Meinung auf den folgenden Seiten dar.

Wettkampfspiele spielen oder nicht?

Spiel ist ein zentraler Handlungsbereich bei Kindern, dagegen bei Erwachsenen und Jugendlichen nur noch ein Teil ihrer Freizeitaktivitäten.

Spiel ist für Kinder eine vereinfachte Wirklichkeit zum Lernen, wie man mit Menschen und Sachen umgeht.

Wie kann ich Konkurrenzspiele verändern?

Wir kritisieren hier nicht Konkurrenzspiele, ohne einige Hinweise zu ihrer Veränderung vorzuschlagen:

1. Kinder sind Wettkampfspiele gewöhnt und wenn man nicht umhin kommt, welche zu machen, dann sollte man wenigstens Punkte nicht über längere Zeit sammeln, sondern ständig zwischen den Spielen eine kleine verulkte Siegerehrung veranstalten.

2. Gruppierungen möglichst oft wechseln, die Art der Spieleanforderungen variieren, damit immer wieder andere die Chance haben, zu siegen. Und ausscheidende Spieler sofort schnell wieder mit hineinnehmen.

3. Nicht durch marktschreierische Ansagen oder Preise nur für die Sieger die Wettkampfstimmung anheizen!

4. Viele, besonders Bewegungsspiele mit Wettkampfcharakter lassen sich ganz einfach so verändern, daß zumindest die Spielregel auftretende Leistungswettbewerbe nicht erfordert und fördert.

Im Spiel werden Denk- und Verhaltensweisen, sowie der Umgang mit Emotionen gelernt (erprobt und individuell ins verfügbare Repertoire übernommen) und geübt (verstärkt, ausdifferenziert). Spiel ist somit ein Sozialisationsfaktor ebenso wie Fernsehen, die Beschaffenheit der Wohnumwelt oder das Elternverhalten.

Gelernt und geübt werden können natürlich nur jene Verhaltensweisen, die das Spiel auch ermöglicht. Der Handlungsablauf in einem Spiel wird durch die Regeln, die Fiktion und die Situation der Spieler bestimmt. Bei einem Spiel, das kooperatives Verhalten nahelegt, wird dieses Handeln gelernt, geübt, zur Gewohnheit. Bei einem Konkurrenzspiel kann nur individuelles Leistungsstreben gelernt, geübt und zur Gewohnheit werden.

Kinder brauchen Spiele, mit denen sie lernen, sich nach fairen, gemeinsam akzeptierten Regeln individuell durchzusetzen.

Faires, regelorientiertes Durchsetzungsverhalten muß von Kindern gelernt und geübt werden, weil sie sozialen Konkurrenzsituationen ausgesetzt sind und es als Erwachsener sein werden. Die Kinder müssen auch das Überleben in einer nicht erwünschten, unsozialen Realität lernen.

Zugleich und verstärkt brauchen Kinder Spiele, mit denen sie koalitives Verhalten lernen und üben können. Die soziale Wirklichkeit im Produktions-, Dienstleistungs- und Freizeitsektor wird immer mehr durch Gruppenleistungen bestimmt. Das Erziehungssystem aber noch immer fast ausschließlich durch individuell verantwortete und bewertete Einzelleistungen. Es ist also nur systemkonform (gesellschaftlich erwünscht), wenn Kinder auch im Spiel Gruppenverhalten üben. Allerdings verschieben die koalitiven Strukturen das Konkurrenzverhalten nur von der individuellen Ebene auf die Gruppenebene. Mit solchen Spielen wird gegenüber Individualkonkurrenzspielen noch kein qualitativer Sprung erzeugt, noch nicht zu einer menschlicheren Gesellschaftsordnung erzogen.

Erziehung (allgemein und durch Spiele) ist nicht der wirkungsvollste Hebel gesellschaftlicher Veränderungen (ökonomische Entscheidungen sitzen allemal am längeren Hebel). Dennoch darf Erziehung nicht nur auf den gesellschaftlichen Ist-Zustand hinwirken, weil mit der Erziehung auf das Verhalten von Menschen in der Zukunft eingewirkt wird. Also müssen Kinder

(auch heute vielleicht noch utopische) Handlungsstrategien lernen, nicht nur individualistische und koalitive: sondern wie die Menschen offen und locker, liebevoll, friedfertig und solidarisch miteinander umgehen können, ohne das Risiko eingehen zu müssen, verletzt, blamiert, ausgebeutet oder sonstwie übervorteilt zu werden!
Solidarisches Handeln ohne menschliche Gegner mag unrealistisch klingen – wird es auch bleiben, wenn nicht von den Kindern die dazu notwendigen, durchaus komplizierten, emotionalen und sozialen Fähigkeiten gelernt werden.
Das kann auch im Spiel geschehen: gute kooperative Spiele bilden keinen sozialen Schonraum („Friede – Freude – Eierkuchen"), sondern stellen erhebliche Ansprüche an die Spieler. Sich absprechen, Ideen der anderen berücksichtigen, eigene Interessen einbringen und mit denen anderer abwägen, gegenseitiges Bestätigen, Kritik annehmbar formulieren – und das wichtigste: Spaß haben ohne „die Sau rauslassen zu können"!
Gelernt und geübt wird also schwieriges prosoziales Verhalten, das Interaktionen zwischen Menschen zu humanen Interaktionen macht. Kinder erfahren dabei, daß kooperatives Handeln durchaus spannend, abenteuerlich, aufregend und risikoreich sein kann – allerdings stets für alle Spieler gemeinsam und relativ gleichmäßig verteilt.
Kooperative Spiele haben auf unterschiedliche Menschen verschiedene Wirkungen und werden auch nicht von allen gleichmäßig akzeptiert:
Spielgruppen, in denen sich einzelne Spieler untereinander nicht mögen, ein Konflikt zwischen ihnen steht oder untereinander sehr zurückhaltend, abwartend und unsicher sind, werden ein kooperatives Spiel nur mit Mühe und wahrscheinlich unbefriedigend spielen können. Gelingende Zusammenarbeit hat nämlich bei den Spielern (ihren Vorerfahrungen, ihrer Einlaß-Bereitschaft, ihrer Erwartungshaltung, ihrer weltanschaulichen Orientierung im weitesten Sinne) gewisse Voraussetzungen. Genauso wie Kampfbereitschaft und Durchsetzungswille zum Spielen eines Konkurrenzspiels gehören.
Solange die hauptsächlichen Sozialisationseinflüsse die individuelle und fremdbestimmte Leistungsmotivation verstärken, solange soziale Identität nur im konkurrierenden Vergleich zu anderen aufgebaut wird, dominieren Konkurrenzdenken und -handeln. Die Struktur kooperativer Spiele ist ganz anders, also werden die Kinder mit einem ihnen ungewohnten Spielrahmen konfrontiert. Das macht prinzipiell unsicher. Nur der Neugierde, der Risikobereitschaft und dem Lernwillen bei Kindern ist

es zu verdanken, daß sie sich auch mit kooperativen Spielen gern beschäftigen.
Werden tatsächlich neue Denk- und Verhaltensweisen mit den kooperativen Spielen gelernt?
Zu unterscheiden ist zunächst Lernen von Üben, Bestätigen und Differenzieren. Bei Kindern hat Spiel generell eine Lernfunktion. Bei Jugendlichen und Erwachsenen primär eine Unterhaltungsfunktion, was bekannte Strukturen im allgemeinen voraussetzt, damit keine Verunsicherung auftritt (die mit Unterhaltung nicht vereinbar ist). Bei Jugendlichen und Erwachsenen bleibt also ein nebenbei entstehender Übungs-, Bestätigungs- und vielleicht Differenzierungseffekt. Die für kooperative Spiele typischen Handlungsmuster werden also bei Kindern gelernt, bei Jugendlichen und Erwachsenen müssen sie schon vorhanden sein. Bei ihnen werden sie geübt, was aber bei lebenslangem sozialen Lernen auch außerordentlich wichtig ist.

Wettkampfspiele sind für den Sieger lustig.
Kooperative Spiele sind es für alle.

Hat das Land die Spiele, die es verdient?

8

- **Spiel und Politik**
- **Gesellschaftliche Bedingungen des Spiels**
- **Spielwirkungen**
- **Sinn des Spiels**

„Es gibt Augenblicke, wo man sich wundert über alle, die keine Axt ergreifen. Alle finden sich damit ab, obschon es ein Spuk ist. Arbeit als Tugend. Tugend als Ersatz für die Freude. Und der andere Ersatz, da die Tugend nicht ausreicht, ist das Vergnügen: Feierabend, Wochenende, das Abenteuer auf der Leinwand"

(Max Frisch, Graf Öderland, Frankfurt/M. 1961)

Da eine detaillierte Gesellschaftsanalyse im Rahmen dieses Buches nicht möglich ist, sollen in diesem Kapitel einige Aspekte angesprochen werden, die für die Funktion des Spiels, für seinen Sinn und seine Bedeutung in dieser Gesellschaft besonders wichtig erscheinen.

Die bestimmende Basis unserer Gesellschaftsstruktur bildet die vorwiegend kapitalistisch organisierte soziale Marktwirtschaft. Für das Spiel bedeutet das, daß auch mit Spiel viel privater Profit gemacht werden kann (Flipper- und Automatenspielhallen; Spielbanken; Spielwarenindustrie und -handel; hochbezahlte Spitzenspieler bei Sportspielen).

In sehr vielen Spielen spiegelt sich die bestehende Wirtschaftsordnung direkt wieder: ‚Playboss', das ‚Börsenspiel' und natürlich ‚Monopoly' sind verbreitete Beispiele. Die in dieser Wirtschaftsordnung erforderlichen Fähigkeiten und Normen wie das fremdbestimmte Leistungsprinzip und die Konkurrenz der Lohnabhängigen untereinander, sowie die Dominanz der materiellen Belohnung wirken sich auf das Spielverhalten der Kinder aus: Wettbewerbsspiele, Preise für die Sieger, Verhalten an Spielautomaten usw. An diesem vielfältigen Durchschlag der ökonomischen Verfassung dieser Gesellschaft auf das Spielen von Kindern und Jugendlichen wird deutlich, daß Spiel nicht in einem romantischen Winkel heiler Kinderwelt stattfindet.

An diesem vielfältigen Durchschlag der ökonomischen Verfassung dieser Gesellschaft auf das Spielen von Kindern und Jugendlichen wird deutlich, daß Spiel nicht in einem romantischen Winkel heiler Kinderwelt stattfindet.

Das Interaktionssystem der Gesellschaft ist trotz formaler Demokratiebekenntnisse weitgehend hierarchisch-autoritär strukturiert. Desinteresse von vielen Jugendlichen an politischen Vorgängen auf der einen Seite und die Notwendigkeit außerparlamentarischer Bürgerinitiativen auf der anderen Seite machen deutlich, daß das hochbürokratische Planungs- und Versorgungssystem nur wenig Einflußmöglichkeiten gestattet. Chancengleichheit und tatsächliche Mitbestimmung bleiben überwiegend nur Reformversprechen.

Das Spiel realisiert hierzu weitgehende Gegensätze: Freiwilligkeit, Sinnlichkeit, gleiche Chancen der Spieler, die Freiheit der Wahl sowie Phantasie, Spaß und Geselligkeit, Aktivität und offene Kommunikation ... – dadurch gerät Spiel ins ‚Abseits', abgetan als ‚Spielerei'; zwar für Kinder und Freizeit schon wichtig, aber eben doch keine ernsthafte Beschäftigung. Abenteuer läßt diese verwaltete Gesellschaft nicht zu, es sei denn auf dem Abenteuerspielplatz! In einer so verfaßten Gesellschaft verkommt die Explosivkraft des Spiels zur Urlaubsunterhaltung und zur Fernsehgameshow.

In einer so verfaßten Gesellschaft verkommt die Explosivkraft des Spiels zur Urlaubsunterhaltung und zur Fernsehgameshow

Typisch für diese Gesellschaft ist aber auch ihr postulierter und verbreiteter Wunsch nach gewaltfreien Konfliktlösungen und stabilen sozialen Verhältnissen. Krieg, Gewalt gegen Minderheiten, zu Protesten provozierende Umweltsünden – das stört den sozialen Frieden, die Versorgungsmentalität und die Ruhe im Land.

Frieden läßt sich bekanntlich nicht durch moralische Appelle erreichen, sondern setzt u. a. bestimmte soziale Fähigkeiten und Einstellungen bei den Menschen voraus. Bei Teilen einer Erziehung zum Frieden können Spiele hervorragende Dienste leisten:

Frieden läßt sich bekanntlich nicht durch moralische Appelle erreichen, sondern setzt u. a. bestimmte soziale Fähigkeiten und Einstellungen bei den Menschen voraus. Bei Teilen einer Erziehung zum Frieden können Spiele hervorragende Dienste leisten.

Kritisches Verständnis für Konfliktfragen und Unterdrückte:
Die Situation von vielen Staaten der Dritten Welt können z. B. entwicklungspolitische Simulationsspiele nachvollziehbar machen. Diese Spiele wurden von ‚Brot für die Welt' und ‚Brot für Brüder' entwickelt und haben Rollen- bzw. Planspielcharakter. Durch Symbolhandlungen können Jugendliche sich auch emotional die Lage von unterdrückten, ausgebeuteten Ländern verständlich machen. Ähnliche Spiele gibt es zu den Themen Arbeitslosigkeit, Flüchtlinge, Ausländer.

Kritischer Umgang mit Fremdbildern:
Die Relativität der eigenen Vorurteile und die Konfrontation mit der Wirklichkeit können Kinder und Jugendliche sehr intensiv mit einigen Bilderspielen (‚Personenerfindung') und Rollenspielen (‚ABC-Rollenspiel') erfahren. Dabei geht es nicht darum, idealistisch so zu tun, als hätte man keine Vorurteile, sondern diese zu registrieren, mit ihnen zu spielen, sie zu relativieren.

Planung von Zukunfts- und Friedensstrategien:
Das Planspiel können nicht nur die Militärs für ihre Vorbereitung gut anwenden, sondern auch Jugendgruppen und Bürgerinitiativen, um kreative, gewaltfreie Durchsetzungsmöglichkeiten in Konflikten durchzuspielen. In verschiedenen Kooperations- und Rollenspielen werden Durchsetzungsfähigkeit und Angstüberwindung sowie souveränes Verhalten geübt. Auch dies ist ein Breitrag zur Friedenserziehung.

Die Konsequenzen für die Praxis
Welche Konsequenzen könnte man aus den aufgezeigten Zusammenhängen und Widersprüchen ziehen?
• Auch Spielpädagogen müssen dafür sorgen, daß die Spielräume in dieser Gesellschaft für alle Altersgruppen ausgeweitet werden (‚Mehr Spielfeste in öffentlichen Parkanlagen!').
• Spielleiter sollten die utopisch-phantastischen Möglichkeiten des Spiels nutzen – nicht, um mit Gruppen bizarr ‚auszusteigen', sondern um sich an der Veränderung dieser Gesellschaft zu beteiligen (‚Spaß an alternativen Spielen!').
• Beim Kauf von Spielzeug und Spielmaterialien mehr als bisher auf die Phantasieförderung und Unterstützung kooperativen Verhaltens durch diese Spielmittel achten (Gutes Spielzeug!).
• Durch die Modellwirkung auf Jugendliche und Erwachsene sollte der Spielpädagoge mit seinem eigenen Verhalten eine spielerische Einstellung und Mut zu unkonventionellem, kreativem Handeln fördern (‚Spaß am Spiel vorleben'!).
• Schließlich: Durch die größere Verbreitung wirklichkeitsnaher Brett- und Simulationsspiele kann der Spielpädagoge dazu beitragen, daß das Spiel nicht nur als unterhaltsame Flucht-Hilfe genutzt wird (‚Öko-Spiel statt Monopoly'!).

Eine Reportage aus der Praxis
Eine Spielaktion am Tag, als der Golfkrieg ausbrach
48 Stunden vor Ablauf des UN-Ultimatums an Saddam Hussein.
15 Teilnehmerinnen und Teilnehmer an einer Spielpädagogik-Fortbildung der Akademie Remscheid kommen zu ihrer fünften Woche zusammen. Das ist ihre Abschlußphase und besteht vor allem aus einer gemeinsam geplanten großen Spielaktion, die an einem Praxisort mit fremden Kindern oder Jugendlichen durchgeführt werden soll. Keiner glaubt so recht, daß der Irak

Praxistip:
Die folgenden zehn Meinungen über den Sinn des Spiels sollen als Provokationen zum Bilden der eigenen Meinung verstanden (und z.B. in Ausbildungsgruppen als herausfordernde Thesen eingesetzt) werden (siehe auch Seite 79).

A

„Kinder haben von Natur aus einen gesunden Spieltrieb; man sollte sie deshalb so spielen lassen, wie sie wollen, und nicht dauernd ‚pädagogisch' eingreifen."

B

„Ich will Kindern und Jugendlichen im Spiel einen Freiraum schaffen helfen, in dem sie all das tun können, was sie möchten, aber sonst nicht dürfen."

C

„Jedes Spielen sollte auch ein Lernen sein, neue Erfahrungen vermitteln, sonst ist es für mich eigentlich nur ein Zeitvertreib."

D

„Die meisten Kinder und Jugendlichen können gar nicht mehr richtig spielen, sie müssen es erst wieder lernen."

E

„Spiel ist für Kinder wie für Erwachsene eine Möglichkeit, vom Alltag mit seinen Problemen und Zwängen abzuschalten, und das braucht man einfach, um wieder zu sich selbst finden zu können."

F

„Für mich steht beim Spielen im Vordergrund, daß es in einer Gruppe geschieht; ich halte daher das Eingehen auf das, was im Spiel zwischen den Spielern geschieht, bei jedem Spiel für wichtig."

G

„Spontanes, nicht angeleitetes Spiel ist zwangsläufig immer affirmativ, d. h. in ihm wird bereits Bekanntes und Bestehendes nur wiederholt und dadurch verstärkt. Spielen, das wirklich neue Erfahrungen bringen soll, bedarf daher immer einer Anleitung."

H

„Spiele sollten zuallererst Spaß machen, Freunde bringen. Es wirkt sich schädlich aus, wenn man Kinder und Jugendliche im Spiel mit Alltagsproblemen konfrontiert und belastet."

I

„Man darf beim Spielen mit Kindern und Jugendlichen nicht nur auf deren momentane Bedürfnisse eingehen, sondern muß immer auch darauf hinarbeiten, daß sie ihre wahre soziale Lage erkennen."

J

„Wer Spiele dazu benutzt, Wissen oder Lernstoff zu vermitteln, das Spiel also verpädagogisiert, der mißbraucht es."

aus Kuweit herausgebombt werden soll. Alle hoffen auf ein Einlenken in letzter Minute.

Wir planen am Dienstag und Mittwoch dieser Woche im Januar ein tolles Spielfest für 50-90 Kinder einer evangelischen Kirchengemeinde im Kölner Norden. Eingeladen sind die Kinder für Donnerstag, 15 bis 17 Uhr: 33 Stunden nach Ablauf des Ultimatums.

„Verrückte Urwaldexpedition"

Die Aktion soll im Gemeindesaal mit einem „Expeditionstraining" für alle beginnen. Dann muß die Straße (eine Sackgasse) zwischen Saal und Jugendzentrum überquert werden: wir haben vor, daraus eine Flußüberquerung mit einem richtigen Schlauchboot zu machen, das auf einem Rollbrett („Möbelhund") festgebunden wird. Mit Bambusstöcken sollen die im Boot sitzenden Kinder ans andere Ufer staken. Wer es kann, darf auch auf Stelzen durchs „Wasser" zum Rand des Urwalds hinüber. Jede Gruppe soll eine Schatzkarte mit verschiedener Wegmarkierung mitbekommen.

Der Weg kennzeichnet den Ablauf von Station zu Station: In verschiedenen Räumen sollen Wahrnehmungs-, Geschicklichkeits- und Bewegungsspiele absolviert werden.

Zum Beispiel: Einen „Zaubertrank" aus drei tropischen Säften mixen und danach die „Wirkung" spielen – vielleicht sich nur noch kriechend fortbewegen zu können oder ganz riesengroß zu werden ...

Und von Spielstation zu Spielstation muß jede Gruppe immer wieder durchs Treppenhaus „turnen": mal einen Wasserfall heruntergleiten (Brett auf den Stufen), mal über Steine springend einen Sumpf durchqueren (nur auf Teppichfliesen treten).

Alle Wege enden auf der großen Urwaldlichtung, wo wir eine riesige Schatzkiste finden (mehrere Kartons ineinander). An die leckeren Schokoladentaler in Goldfolie für alle kommen wir aber nur durch Tanz- und andere Beschwörungsrituale, mit denen die Kisten geöffnet werden können ...

Am Mittwochmorgen verstreicht das Ultimatum, ohne daß etwas Entscheidendes passiert ist.

Wir gehen den Ablaufplan der Spielaktion im Detail durch, suchen das Material zusammen: Kreppapier und Luftschlangen, was zu einem Lianenwald geflochten werden soll. Der Original-Soundtrack vom Film „Der Smaragdwald" wird als Urwaldmusik gebraucht. Grüne Tücher werden zusammengelegt, um damit einen Kriechpfad durch die „Grüne Hölle" zu gestalten. Viele schöne Ideen sind zustande gekommen.

Wir sind alle gespannt:
Mit wieviel Kindern ist letztlich zu rechnen? Reicht das Material aus? Können wir die Zeit für den Wechsel von Station zu Station präzise einhalten?
Mittwoch abend, 16 Stunden nach Ablauf des UN-Ultimatums. In den „Tagesthemen“ berichtet Sabine Christiansen, daß jetzt jederzeit mit dem Beginn der Kampfhandlungen zu rechnen sei. Der erste Angriff würde in dieser oder der nächsten Nacht erfolgen. Zu Sabine aus der Gruppe sage ich: „Was machen wir bloß, wenn das heute nacht losgeht – dann kann man doch keine fröhliche Spielaktion durchführen!“ Sie schlägt vor, vielleicht etwas mit passender Kinderliteratur zu machen. Wir hoffen, daß es keine Gründe geben wird, die Spielaktion abzusagen. Kurz vor dem Schlafengehen berichtet RTLplus, daß Reporter von CNN aus Bagdad Aktivitäten der irakischen Luftabwehr gemeldet haben. Übung? Nervöse Überreaktion? Luftangriff? Es bleibt unklar. Ich gehe schlafen, wir müssen morgen ausgeschlafen sein. Wie auch immer.
Ich werde mit den Worten geweckt: „Sie haben angegriffen!“
Betroffenheit. Sprachlosigkeit. Frühstück vor dem Fernseher.
Die Fortbildung fängt verspätet an, weil die Hälfte der Gruppe vor dem Fernseher die aktuellen Berichte verfolgt. Im Raum brütet jeder vor sich hin. Schließlich beginnt dann doch irgendwie das Gespräch über die Entscheidung Spielaktion durchführen oder nicht.

Fröhliche Spielaktion trotz Kriegsbeginn?

Einige meinen, daß man die Kinder ja nicht für den Kriegsbeginn bestrafen könne, sie würden schließlich eine Spielaktion erwarten. Andere erwidern, daß man als Pädagoge nicht der Pausenclown ist und nicht immer den Erwartungen entsprechen muß, sondern unpassenden Erwartungen auch etwas entgegensetzen kann – schließlich ist man dafür ausgebildet und wird dafür bezahlt, den Mut zum Entscheiden über Lernziele aufzubringen.
Die meisten sagen, Erwartungen hin oder her, sie selber können und wollen nicht in der aktuellen Situation einfach mit einem munteren Spielfest zur Tagesordnung übergehen.

The show must go on?
Ich ergänze: Bei persönlicher Mißstimmung oder beispielsweise Beziehungsknatsch würde meiner Meinung nach schon der Satz von Schauspielern „The show must go on!“ auch für Profi-Spielpädagogen gelten, aber hier geht es nicht um eine individuelle Stimmung, sondern um ein alle betreffendes politisches Ereignis.

Auch der Ruf einer Kirchengemeinde sei zu beachten. In anderen Gemeinden gibt es Friedensgottesdienste und wir würden vor der Kirche mit dem Schlauchboot über die Straße fahren.

Schließlich sind alle der Meinung, daß die Spielaktion nicht wie geplant durchgeführt werden kann. Aber einfach sang- und klanglos absagen, könne man nun schon gar nicht. Vielleicht macht der Pfarrer einen Kindergottesdienst? Nein? Nicht damit zu rechnen. Oder man könne sich an eine Aktion der benachbarten katholischen Gemeinde dranhängen.

Donnerstag, 11 Uhr. Wir machen uns daran, eine alternative Aktion für die Kinder spontan zu planen.

Erste Einfälle: Kinderliteratur zum Thema Krieg in Kleingruppen vorlesen und darüber reden. Den Film „Konferenz der Tiere" nach dem Kästner-Buch zu zeigen. Der Film dauert für die Kleinen zu lange, ist auch nicht so schnell verfügbar.

Wir beschließen, fünf Aktivitäten anzubieten:

• Literatur für ältere Kinder: Wir lesen das Kästner-Buch „Konferenz der Tiere" bis zum Beginn der großen Konferenz vor und die Kinder können danach erzählen oder malen, wie es ihrer Meinung nach weitergeht. Erich Kästner: Die Konferenz der Tiere. Hamburg: Dressler-Verlag 1989.

• Literatur für jüngere Kinder: Die Geschichte vom „Regenbogenland" mit dem Tyrann, der alle Farben verbietet, wird gelesen und Stimmungen aus dem Buch können anschließend gemalt werden. Ana Maria Machado: Der Regenbogen. Göttingen: Lamuv-Verlag 1989

• In mehreren Kleingruppen können kooperative Brettspiele gespielt werden. Wir meinen, daß gerade die Idee der Zusammenarbeit und gegenseitigen Hilfe an einem solchen Tag sehr passend ist. Wir wählen aus der großen Sammlung der Akademie Remscheid hauptsächlich mehrere Spiele vom Herder-Verlag aus: Aventuria, Orient-Express, Eskimo, Drachenspiel u. a.

• Freies Malen als Beschäftigungsangebot für die Kinder, die zu keiner anderen Gruppenaktivität gehen wollen.

• Ruhige, kooperative Bewegungsspiele: Von „Blind führen" über „Figuren mit dem Bleiband legen und raten" bis zum „Schoßsitzen".

Natürlich bedauert es jeder innerlich, daß wir die schöne Planung völlig über den Haufen schmeißen mußten.

Aber diese erzwungene Flexibilität ist natürlich auch eine bedeutende und wichtige Lernerfahrung. Zwar wünschen wir keinem Kollegen, daß er aus einem ähnlichen Anlaß diese sponta-

ne Flexibilität in seiner Praxis wiederholen muß, aber diese Fähigkeit, sich plötzlich auf völlig neue Umstände einstellen zu müssen, das ist natürlich übertragbar und somit eine nützliche Erfahrung auch für weniger dramatische oder traurige Anlässe.
Wir besorgen Malutensilien, Brettspiele, Bücher und vor allem Decken und Tücher, um die Räume für die Lesegruppen anheimelnd gestalten zu können. Die zum Tag und zu dem Thema passende Atmosphäre wird ja einerseits von der Stimmung der Pädagogen, aber auch von der Raumgestaltung und von der Form, in der man zusammensitzt, bestimmt.
Das gilt es zu beachten. Ich sag' es ja immer wieder, es sind die scheinbar nebensächlichen Kleinigkeiten, die oft den Ablauf bestimmen und gewichtig zum Gelingen beitragen können.
In zwei PKWs und einem Kleinbus fahren wir rüber nach Köln.
Im Autoradio die neuesten Nachrichten und Kommentare. Berichte von den ersten Anti-Kriegs-Demonstrationen.
Axel Rachow, der Leiter der Kindergruppe und Fortbildungsteilnehmer, begrüßt die Kinder und erklärt ihnen die Änderung unseres Angebots. Alle Kinder haben vom Kriegsbeginn gehört, einige Mütter sind auch mitgekommen und sind zufrieden, daß wir die Aktion nicht ganz ausfallen lassen.
Es kommen an die sechzig Kinder, viele sind 5, 6 und 7 Jahre alt. Überall geschäftiges Treiben, am ruhigsten ist es in den beiden Lesegruppen. Die kooperativen Brettspiele kennen die Kinder noch nicht, gewöhnen sich aber gut daran, daß man hier Spaß am Miteinander und nicht an der Hoffnung auf den Einzelsieg oder am Rausschmeißen hat.

Die kooperativen Brettspiele kennen die Kinder noch nicht, gewöhnen sich aber gut daran, daß man hier Spaß am Miteinander und nicht an der Hoffnung auf den Einzelsieg oder am Rausschmeißen hat.

Die ruhigen kooperativen Bewegungsspiele werden doch reichlich lebhaft und hektisch, machen viel Spaß, reißen uns mit, und die Stimmung verdrängt die Kriegsmeldung tatsächlich für kurze Zeit.
Aber nach 90 Minuten beenden wir die Gruppenaktivitäten und laden alle zu einer spontan mit dem Pfarrer vereinbarten Andacht ein.
Einige Spielpädagogen sind in keiner Kirche, andere katholisch, wir singen gemeinsam zwei Lieder, die Kurzpredigt geht über das Verständnis der meisten jüngeren Kinder hinweg, dann stellen einige die in den Gruppen gemalten Bilder vor, noch ein Gebet, ein Lied, das Vaterunser.

Draußen weht ein scharfer kalter Wind
Auf der Rückfahrt im Auto hören wir wieder die Meldungen vom Golf.

Wird es ein kurzer Krieg oder ein langes Sterben, was werden wir über die Zivilopfer erfahren? Welche internationalen Verwicklungen und welche ökologischen Krisen drohen uns?
Wir sind zufrieden mit unserer Arbeit, aber eine Hochstimmung, wie sonst nach gelungenen Spielfesten, stellt sich nicht ein.

Welche pädagogischen Ziele können wir mit Spiel fördern?

9

- Spielen und Lernen
- Soziales Lernen
- Kreativität
- Kommunikationsförderung
- Spielwirkung, Spielleiterverhalten

Spielen und Lernen schließen sich gegenseitig aus. Jedenfalls nach allen unseren Vorerfahrungen.
Spielen ist zweckfrei, macht Spaß und geschieht freiwillig.
Lernen ist notwendig, macht meist keinen Spaß und es gibt die Schulpflicht.
So haben wir diese beiden Tätigkeiten jedenfalls als Kinder erlebt und so haben wir sie jetzt noch als Erwachsene in Erinnerung.
Aber Erfahrungen können täuschen und so ist das auch hier!

Spielen und Lernen

Spielen kannst du zu Hause – hier wird gearbeitet!

Wenn wir beim Spielen etwas – so nebenbei – gelernt haben, dann ist uns das nicht als Lerntätigkeit in Erinnerung. Und wir haben viel beim Spielen gelernt: in den ersten Jahren unseres Lebens haben wir fast alles über das spielerische Erproben, lustvolles Herumexperimentieren und ständige Wiederholung im Spiel gelernt. Den Umgang mit Sachen und Materialien genauso wie den Umgang mit Menschen (einschließlich mit uns selbst!).
Dann kam die Schule. Mit ihren Zwängen, ihrer Zerstückelung der Lebenswirklichkeit in Unterrichtsfächer von 45 Minuten Dauer. In den Grundschuljahren wurde noch ab und an gespielt, auf der Oberschule aber war es dann endgültig vorbei mit dem spielerischen Lernen, mit dem Lernen im Spiel. Spiel verkam zu einer Freizeitbeschäftigung. Wir wurden auf Leistung getrimmt: ohne Fleiß kein Preis. Und: Spielen kannst du zu Hause – hier wird gearbeitet! Lernen wurde unangenehm.
So kam es zu dieser falschen Trennung: fröhliches, unbeschwertes Spiel auf der einen Seite (Kindheit) und leistungsorientiertes, mühsames Lernen auf der anderen Seite (Jugendliche, Erwachsene).

Es gibt keine bessere Lernform als das Spiel

Es gibt keine bessere Lernform als das Spiel

Das Spiel ist geprägt von aktiver, neugieriger Haltung. Schöpferisch wird Neues erfunden. Relativ angstfrei können neue Erfahrungen gemacht werden.
Ein besseres Lernklima, eine effektivere Motivation kann man sich kaum vorstellen, als sie im Spiel gegeben ist. Die Tätigkeit

‚Spielen' sollte von Pädagogen als wichtige Lernmethode begriffen werden.

Aber es stellen sich dann zwei Probleme:

Der Lernort Schule ist auf das Spiel nicht eingestellt. Dazu ist Projektunterricht nötig und dazu muß man Stühle und Tische schnell wegstellen können.

Lernen im Spiel ist zwar wirksamer, aber oft langwieriger. Da werden Holzwege beschritten, da sind manchmal Gefühle wichtiger als Wissensbrocken, da passiert viel Spaß nebenher (der im Lernzielsinne „Zeit raubt"). Und dann sind viele Lehrer auch nicht darauf vorbereitet, kennen kaum Spiele, sondern haben in ihrer Ausbildung die Lehrpläne und Verfahren zur Zensurengebung gelernt.

Wir haben die Verantwortung für das, was beim Spielen gelernt wird

Wir haben die Verantwortung für das, was beim Spielen gelernt wird

Also: Beim Spielen wird durch Experiment und Wiederholung gelernt. Aber was? Informationen und Verhaltensweisen. Und beides prägt dann den Erfahrungsschatz! Da kommt es schon sehr darauf an, welches Wissen sich den Spielern erschließt und wie sie im Spiel miteinander umgehen, welche Denkinhalte und welche Handlungen gelernt und geübt werden.

Denn: Dieses Lernen geschieht oft unbemerkt, so nebenher. Wird also nicht kontrolliert. Und es geschieht unter angenehmen Bedingungen. Das Spiel macht Spaß. So prägt sich das dabei Gelernte sehr erfolgreich ein. Um so dramatischer wird unsere pädagogische Verantwortung.

Wer das alles weiß, kann die Verantwortung für das, was die Kinder und Jugendlichen im Spiel lernen, leider nicht mehr (bequemerweise) an den „natürlichen Reifungsprozeß" oder an die „kindgemäße Spielgestaltung" abschieben.

Wer weiß, daß beim Spielen gelernt wird, trägt die Verantwortung dafür, was gelernt wird – soweit wir als Eltern und Pädagogen jedenfalls einen Einfluß auf das Spiel ausüben.

Für das Lernen ist entscheidend, was und wie gespielt wird

Für das Lernen ist entscheidend, was und wie gespielt wird

Da die Kinder beim Spiel das Leben in der Gesellschaft lernen, liegt es auch an der Art und Weise der Spiele, ob das zukünftige Leben dieser Kinder von Untertanengeist und Angstneurosen oder von kreativer Selbstbestimmung und friedlichem Ausgleich geprägt sein wird. Ideen entwickeln oder die Ideen anderer ausführen; selber wissen, was Sache ist oder dem Fernsehen und den Politikerreden ausgeliefert sein; sich fair und friedlich auseinandersetzen können oder sich mit allen Mitteln durch-

Spiel hilft im Gruppenprozeß

Ausgangslage:
- Hemmungen und Ängste als Kommunikationsbarrieren
- Zurückgehaltene Konflikte
- Mangel an Ausdrucks- und Kontaktmöglichkeiten

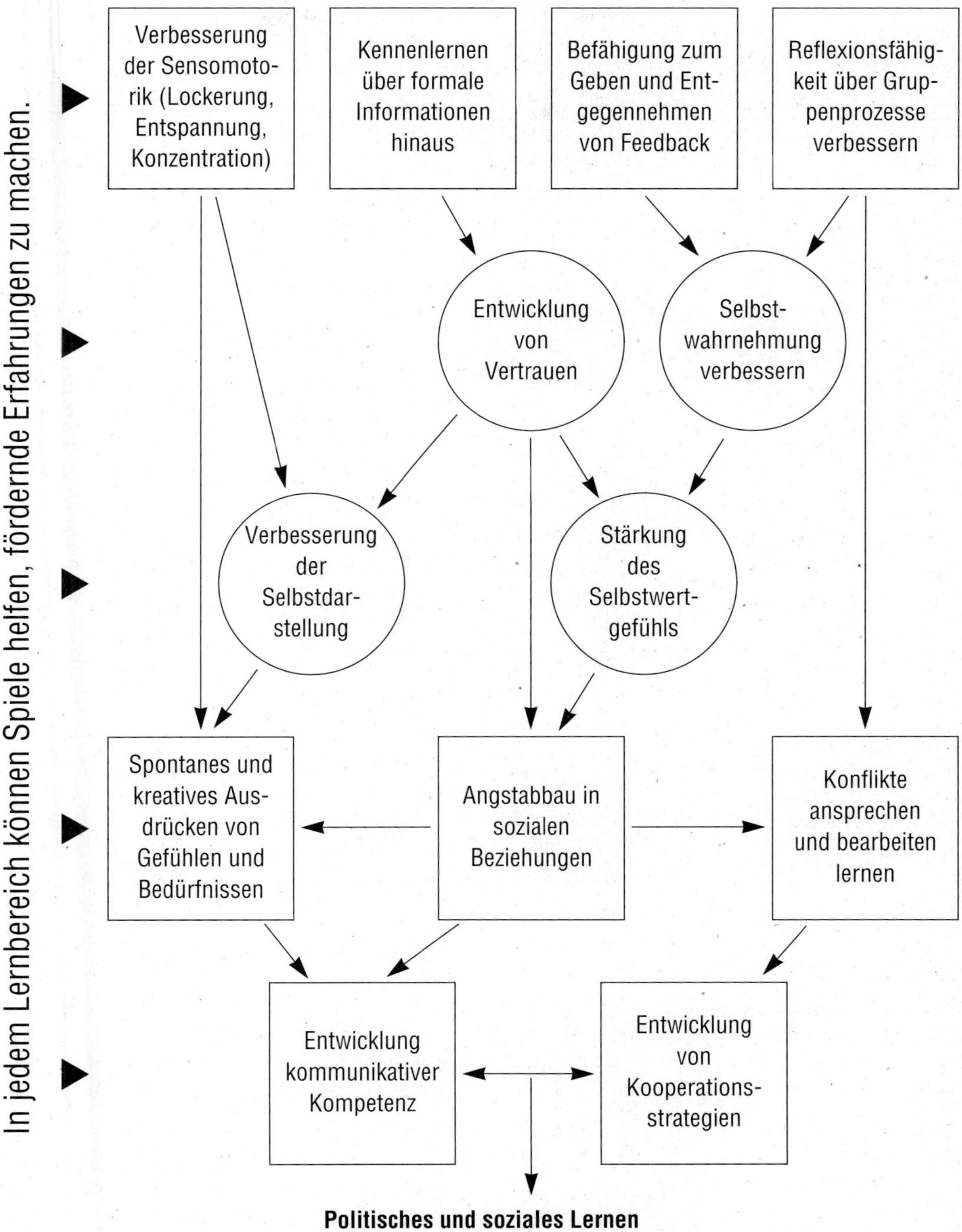

kämpfen: diese Grundmuster des weiteren Lebens entscheiden sich auch bereits im Spiel unserer Kinder.
Deshalb ist es wichtig, welche Spiele wir fördern und welches Spielverhalten wir durch unser Lob, unsere Aufmerksamkeit und vielleicht sogar durch unser Mitspielen verstärken.
Wie bewältigen Kinder im Spiel die auftauchenden Konflikte? Hier lernen sie soziales Verhalten.
Was erfahren die Kinder im Spiel über unsere Gesellschaft? Hier lernen sie politische Bildung.
Was muß man können, um erfolgreich mitspielen können? Hier lernen sie viel über Gerechtigkeit, ungleiche Voraussetzungen, Chancenausgleich, Minderheiten- und Benachteiligtenschutz.
So machen die Kinder in der Weise, wie sie spielen, bereits viele Erfahrungen über unser soziales Leben.
Und eine Unzahl konkreter Informationen, Zusammenhänge und Fähigkeiten lernen sie, je nachdem was sie spielen:
Bei Sport- und Bewegungsspielen lernen Kinder grob- und feinmotorische Geschicklichkeit, bei Tanz- und Musikspielen lernen sie rhythmische Grundmuster – vielleicht erfinden sie dabei für sogar ihren eigenen Rhythmus. Nahezu alle Wissens- und Fähigkeitsbereiche können sich Kinder im Spiel in den jeweiligen Grundformen aneignen, differenzierte weitere Möglichkeiten experimentell erforschen und schließlich festigen, wiederholen und so ganz nebenbei immer wieder üben.
Alles lernen Kinder im Spiel: Wie man sich durchlaviert und mit Schummeln siegt oder wie die höchsten Berge und längsten Flüsse der Erde heißen.

Gibt es Lernbereiche, die im Spiel besonders gut gefördert werden?

Bestimmte Lernbereiche werden wegen bestimmter Eigenschaften des Spielprozesses besonders gut gefördert.
Soziales Verhalten
Viele Spiele geschehen in Gruppen, das legt nahe, daß soziales Verhalten dadurch besonders viele Erprobungsmöglichkeiten besitzt – unterstützt wird das aber noch durch eine spieltypische Eigenschaft, die relative Sanktionsarmut von Spielhandlungen – soll heißen: Im Spiel können leicht Verhaltensweisen ausprobiert werden, für die man im ‚richtigen Leben' gleich bestraft werden würde. Tabus können probeweise verletzt werden, Handlungsgrenzen ausgelotet werden, denn ohne Gesichtsverlust können sich die Spieler schnell wieder mit der Bemerkung, es sei ja nur Spiel, zurückziehen.
Rücksichtnahme, Durchsetzung, bestimmen und bestimmt werden – alle diese Regelungsweisen des Zusammenlebens lernen Kinder im Spiel, beim Spiel, durch das Spiel.

Wahrnehmung und Geschicklichkeit

Bei jedem spielerischen Umgang mit Material beobachten, erforschen, planen, experimentieren Kinder. Ob sie „Ich sehe was, was du nicht siehst" oder mit einem Metallbaukasten spielen – die Wahrnehmung mit allen Sinnen wird trainiert, ausdifferenziert und neu erschlossen.

Ausdrucksfähigkeit

Ob im Rollenspiel, Schattenspiel, Theater oder Pantomime, aber auch beim Sing- oder Malspiel wird ständig die Ausdrucksfähigkeit mit Bewegungen, Sprechen, Singen, Malen, Materialgestaltung usw. geübt und verbessert. Während später in den entsprechenden Schulfächern oder gar in der Berufsausbildung die Darstell- und Ausdrucksfähigkeiten in den meisten Fällen individuell geübt werden, geschieht es im Kinderspiel in der Gruppe. Die gemeinsame Gestaltung steht hier im Vordergrund, sich in der Darstellung einigen, sich aufeinander beziehen, zusammenarbeiten – Fähigkeiten, die später unter individualistisch gemessenen Leistungsnormen leider zweitrangig werden.

Günstig für Lernklima und Lernerfolg wirkt sich beim Spiel auch aus, daß nicht systematisch und nur selten spartengetrennt gelernt wird. Im ganzheitlich beanspruchenden Spiel werden Kunstsparten noch nicht künstlich getrennt, und das wilde Herumprobieren wird dem systematischen ästhetischen Lernen vorgezogen.

Phantasie und Kreativität

Da diese beiden Fähigkeiten besonders oft im Zusammenhang mit Spiel genannt werden, will ich hierzu einen extra ausführlichen Abschnitt in mehreren Thesen anfügen:

Thesen über die Chancen, mit dem Spiel neue Wege für sich und uns zu entdecken, zu erproben und zu wagen

1. Menschen zu kreativem Verhalten zu befähigen, ist ein erwünschtes Erziehungsziel. Warum?

Kreativität ist eine nützliche Fähigkeit für Kinder, Jugendliche und Erwachsene, um Lösungen für soziale Probleme eigenschöpferisch zu entwickeln und aktiv anzugehen und um Perspektiven für eine selbstverantwortete Lebensgestaltung zu finden und sich engagiert zu eigen zu machen („Selbstverwirklichung"). Also, um über eine aufgeklärte, mündige, demokratische Handlungskompetenz zu verfügen – um den „aufrechten Gang" gehen zu können (Bloch).

Praxistip:
Um in Ausbildungsseminaren über Spielziele interessant diskutieren zu können, habe ich einige **Provokations-Statements** entwickelt:

A

Spielen kann man oder man kann es eben nicht. Das braucht man gar nicht extra zu lernen.

B

Spiel ist eine schöne Möglichkeit, vom Alltag mit seinen Problemen abzuschalten. Das brauchen Kinder, Jugendliche und Erwachsene einfach!

C

Spiel dient dem Spaß und der Unterhaltung. Worauf es bei emanzipatorischer Erziehung aber ankommt, sind politische Lernprozesse – das kann man mit Spiel nicht erreichen!

D

Bei Spielen kann man kaum was lernen, weil die alltägliche Wirklichkeit ganz anders und viel ernster ist. Spiel ist noch ein Stück „heile Welt"!

E

Spielen und Lernen sind zweierlei Sachen. Man verdirbt das Spiel, wenn man es „verpädagogisiert". Dann vergeht den Spielern der Spaß am Spiel!

F

Wettbewerbsspiele sind auch sehr wichtig, weil wir Kinder und Jugendliche auch auf die bestehenden Gesellschaft vorbereiten müssen!

Thesen über die Chancen, mit dem Spiel neue Wege für sich und uns zu entdecken, zu erproben und zu wagen.

2. Können Spiele helfen, kreative Fähigkeiten zu lernen und zu üben?
Aber sicher doch: Spiel ist: Ideen haben, sich was ausdenken, was Originelles mal durchspielen.
Viele Spielprozesse haben überhaupt nichts mit Kreativität zu tun, sind zufallsgesteuerte Brettspiele, sind die Absolvierung vorgeregelter Geschicklichkeitsleistungen, sind Leistungswettbewerb nach vereinbarten festen Regeln.
Was ist schon kreativ daran, jemandem im Monopoly ein Hotel abzujagen? Was ist schon kreativ daran, im Schach mit einer Rochade meinen Turm zu sichern? Was ist schon kreativ daran, auf dem Kindergeburtstag beim „Hänschen piep einmal" die Anette für den Dieter zu halten?

Praxistip:
Besonders viel Kreativität entwickelt sich beim ABC-Rollenspiel (siehe Seite 120).

3. Es gibt tatsächlich Spiele und Spielformen, bei denen kreatives Verhalten nötig ist und also dabei geübt wird.
Warum ermöglicht diese Spielform kreatives Verhalten?
- Neue Sichtweisen auf das Problem durch Rollenwechsel (Problemwahrnehmung: Voraussetzung für Kreativität)
- Lösungsmöglichkeiten im Schonraum durchprobieren können (keine realen Konsequenzen, Sanktionen)
- Verschiedenste Ideen für Lösungen kommen auf, weil mehrere Gruppen das gleiche Problem simultan spielen
- Nähe zur Alltagswirklichkeit der Spieler (kein Abdriften in Fantasy-Welten)

4. Für Spiel sind einige Merkmale verpflichtend, damit es kreatives Verhalten ermöglicht:
a) das Verhältnis zwischen Spiel und Wirklichkeit
Realität – abgebildete Wirklichkeit – Spielwelt
Um eine Freiheit zum Spinnen, zum Erproben, zum Entwickeln neuer Ideen zu haben, muß ich die Grenzen und Beschränkungen meiner Realität verlassen: einsteigen in eine angenommene Spielwelt („Als-ob-Realität"), eine neue Rolle erproben können. Aber nur, wenn das zurückwirkt auf meine reale Situation, handelt es sich um angewandte Phantasie (= Kreativität).
Das heißt: Spiele, die das Aussteigen ohne verändertes Wieder-Einsteigen erlauben, bleiben Unterhaltung, Flucht in Phantasiereiche, Escapismus. Zwar mag die Phantasie der Spieler angeregt werden, es bleibt jedoch bei unproduktivem Denken, das allenfalls ein besseres Aushalten der Realität bewirkt (z. B. die Phantasiewelt der „Masters of the Universe"-Spielfiguren).
Günstig für „Kreativ-Spiele": mittlere Entfernung von der Realität der Spieler.

b) das soziale Verhältnis der Spieler zueinander
In einem Klima der gegenseitigen Wertschätzung entstehen am leichtesten Ideen, weil sich alle trauen, sie zu äußern, ohne schief angesehen zu werden. So ist es auch am einfachsten, an den Ideen anderer weiterzuspinnen.
Wir widmen in diesem Buch den Voraussetzungen für den Ideenreichtum bei Spielleitern und Spiele-Erfindern ein extra Kapitel.

5. Wertneutrale Kreativität ist unsinnig, unpolitisch. Nicht die Originalität und Menge der Ideen für Lösungen ist entscheidend oder gar ihre Zweckerfüllung zur Profitsteigerung, sondern ihre soziale Wertigkeit. Wenn „demokratische" oder „soziale Kreativität" ein angestrebtes Erziehungsziel ist, dann lautet die Frage, ob und wie ein Spiel emanzipatorische Ideen produziert. Das betrifft nicht nur den Inhalt, sondern vor allem die Form, in der die Ideen entwickelt werden: Entstehen viele Einfälle in einem Spiel, bloß um besser dazustehen als andere Spieler? Handelt es sich um ein kompetitives oder kooperatives Spielmuster?

Praxistips:
Wie unterstütze ich Kreativität und Phantasie im Spiel?
Ein paar praktische Tips für Pädagogen, die den Einfallsreichtum der Kinder und Jugendlichen im Spiel stärken und nicht unterbügeln wollen:
- Beim Mitspielen die erfundene Spielwelt weiter mit ausschmücken.
- Durch das Vorschlagen von paradoxen und absurd anmutenden Kombinationen bei der Entwicklung der Spielszenarien Phantasien der Spielgruppe anheizen („Micky Maus trifft Supermann" – „Dinosaurier geh'n nach Hollywood" – „Dieses Spielzeugauto singt ein Lied")
- Immer wieder „Was wäre, wenn..."-Fragen beim Erfinden von Spielszenarien stellen („Und wenn der Tunnel, durch den wir jetzt fahren, nicht mehr aufhört?" – „Wenn in allen öffentlichen Schwimmbäder nacktbaden üblich wäre?")
- Zu Spielregeländerungen und Variationen ermuntern und deren Ausprobieren unterstützen.
- Beim Auswählen von Spielen für Gruppenstunden, Spielprogramme oder Feste besonders diejenigen auswählen, die viele eigene Gestaltungsmöglichkeiten enthalten und nicht nur Spielabläufe stereotyp wiederholen.
- Überhaupt: Spiele erfinden, Tanz erfinden, Getränke und Essen kreieren (und dann in eine Spielaktion einbauen), Themen für Spielaktionen ausdenken und dann in der Raumgestaltung und Spielprogrammzusammenstellung immer wieder Verbindungslinien zum Thema erfinden.
- Bei der Spiel(zeug)beratung für Eltern klar machen, daß man nicht einfach auf den Werbeslogan, der auf der Verpackung steht, hereinfallen darf („Dieses Spiel fördert die Kreativität ihrer Kinder"), sondern sich genau vorstellen muß, wie die Kinder damit spielen.

Ist Spiel ein Mittel gegen aggressives Verhalten?

10

- **Spielwirkung**
- **Spielen und Lernen**
- **Rollenspiel**

„... die täglich erfahrenen Lebensbedingungen im Beton. Wie sehen die aus? Zu enge Wohnungen für zu große Familien. Die Lebenshaltungskosten übersteigen die finanziellen Möglichkeiten vor allem vieler Arbeiterfamilien. Fehlende soziale Folgeeinrichtungen lassen die Kinder/Jugendlichen zunehmend verwahrlosen, weil beide Eltern arbeiten müssen, Elternstress, Familienkrach, Schulfrust, feindliche Nachbarn, soziale Isolation – dazu die Perspektive von Arbeitslosigkeit und fehlender Lehrstelle: was muß in so einem Jugendlichen vorgehen? Immer nur Einschränkung, Unterordnung, Verzicht auf elementare Bedürfnis-Befriedigung: keine Möglichkeit, aktiv ins Leben einzugreifen, Einsamkeit und Entfremdung ...“

Helme Ebert u. Volker Paris: Aggression als Widerstand gegen gesellschaftliche Unterdrückung, Referat 1979

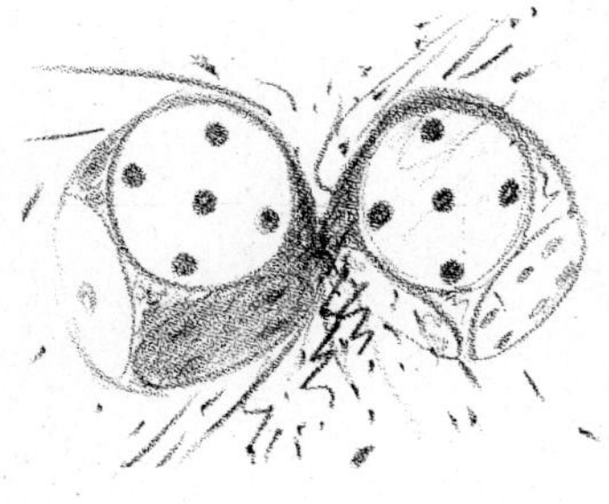

Spiel kann die Ursachen nicht beseitigen

Für aggressives, also Menschen oder Sachen verletzendes oder zerstörendes Handeln wissen die Pädagogik, Psychologie und Soziologie viele Ursachentheorien. Wir schließen uns der Meinung an, daß aggressives Verhalten gelernt wird (Modelle: Eltern, Geschwister, Helden in Medien usw.) und durch unterdrückende und frustrierende Umwelterfahrungen gefördert wird.

Im Spiel können die Ursachen von aggressivem Verhalten nicht verändert werden, auch jede Spieltherapie kuriert nur die Symptome der gesellschaftlichen Verhältnisse. Allerdings kann z.B. im Rollenspiel bewußt gemacht werden, welche Aggressionsgründe vorliegen.

Wenn im Spiel ein Rollenwechsel das Einfühlen in den Partner ermöglicht, kann auch z. B. geklärt werden, ob dieser nicht der falsche Adressat für die Aggressionen war. Und im Rollenspiel können auch andere Formen als die aggressive Art der Konfliktaustragung aufgezeigt werden. Aber hier werden auch die Grenzen des Spiels sichtbar: im Rollenspiel handeln Personen, und die dahinterliegenden strukturellen Zusammenhänge spiegeln sich allenfalls im individuellen Handeln, aber bleiben ab-

strakte Zusammenhänge der außerspielerischen Wirklichkeit. Ein Rollenspiel verändert keine Wohnverhältnisse.
Neben der Aufklärungsfunktion kann mit Spiel auch kanalisierend auf aggressives Verhalten eingegangen werden: Spielregeln bei Action-Spiel strukturieren aggressives Verhalten so, daß es zu einem fair empfundenen Kampf ohne wesentliche Verletzungsgefahren kommt. Solche Bewegungsspiele können situative aggressive Stimmungen in Gruppen manchmal soweit abbauen, daß später über diese Situationen zugänglicher und konstruktiver gesprochen werden kann.
Das direkte Ausleben von Aggressionen im Spiel vermindert nicht die Aggressionsbereitschaft, sondern erhöht die Wahrscheinlichkeit weiteren aggressiven Verhaltens.
Aggressionsspielzeug kann zum Lernanlaß für aggressives Verhalten werden, d.h. es bietet eher Gelegenheit zum Ausbruch als zur Verminderung von Aggressionen. Es kommt aber entscheidend darauf an, wie damit gespielt wird.
Bisher wurde nur von Aggressionen gesprochen, die sich unsozial gegen andere oder auch sich selbst richten. Mindestens so problematisch ist ein Mangel an aggressiven Verhaltenspotentialen: Kinder, Jugendliche oder auch Erwachsene, die sich nicht durchsetzen, sich nicht wehren können, schüchtern und hilflos den Angriffen und Interessenverwirklichungen der anderen ausgesetzt sind. Die Gruppendynamik und die Interaktionspädagogik haben viele Spiele zum Üben der Durchsetzungsfähigkeit und der Selbstbehauptung entwickelt.
Aber auch beim Mangel an Aggression kann nur langfristige Arbeit Erfolge bringen. Der Zusammenhang mit den gesellschaftlichen Ursachen muß hergestellt werden. Es bleibt die Frage offen, ob eine solche Spielpädagogik nicht immer bloß ‚Flickschusterei' bleibt, also im Grunde genommen völlig überfordert ist.
Soviel zunächst zu der Fragestellung, ob Spiel ein geeignetes Interventionsmittel bei Aggressionen in Kinder- oder Jugendgruppen sein kann.
Nun entstehen aber auch im Spiel Streit, Prügelei und ernsthafte aggressive Auseinandersetzungen. Anhand eines Comics möchte ich einen typischen Fall konkret diskutieren:

Warum Sven die Barbie-Puppe seiner Schwester gegen die Heizung knallt ...

SO KANN DAS NICHT WEITER-GEHEN!
Gwinne
DANACH...
ICH ERWARTE ES EINFACH VON IHNEN!
GRRR!! JEDEN ABEND DER GLEICHE STAU!
SCHLIESSLICH....
DAS ESSEN IST ALSO WIEDER NICHT PÜNKTLICH FERTIG!! DA KANN ICH JA GLEICH WOANDERS HINGEHEN!!
DIE MUTTER...
HAST DU WIEDER VERGESSEN, DEN MÜLL RAUS-ZUBRINGEN ?!!
DER SOHN...
SOHN UND TOCHTER
ZERR!
KNUFF
AU!
KÖNNT IHR EUCH NICHT EINMAL FRIEDLICH EINIGEN?!
KNALL
H.M.
DES PÄDAGOGEN WUNSCH-TRAUM...
AUTO DES CHEFS
PFFFF

Beim Spielen kommt es zum Streit, zu Wut, Tränen und einer Rauferei. Und das passiert, obwohl doch das Spiel von uns Erwachsenen als eine solch harmonische Aktivität der Kinder verstanden wird („Schau nur, wie lieb die Kinder spielen, ist das nicht goldig?").

Ein Streit entbrennt um das Spielzeug („Der soll mir das Auto auch mal geben!") oder um die Spielpartner („Mit der Ilona will ich aber nicht spielen!") oder durch Regelverletzung („Der Thommy schummelt immer!" – „Ohne Foul läuft bei dem kein Spiel!"). Den Spielern vergeht der Spaß. Oder es entlädt sich völlig unvermutet irgendein aufgestauter Ärger und ohne äußerlich wahrnehmbaren Grund tritt Susi plötzlich auf den Schienen der Eisenbahn ihres Bruders herum.

Wie kommt es zur Aggression im Spiel?

Zwei Ursachen lassen sich leicht ausmachen. Da ist zunächst die bekannte Frustrations-Aggressions-Kette, gut dargestellt in unserem Comic. Ärger wird nach unten weitergegeben, nicht erfüllte Wünsche (Enttäuschungen) verstärken den negativen Streß. Der Ärger entlädt sich nicht gegenüber dem Verursacher des Ärgers, sondern wird an die „Schwächeren" weitergegeben, schließlich sogar bis zum Spielzeug. Hierbei kommen die Gründe für die Wut beim Spielen von außen. Da spielt jemand aggressiv als Reaktion auf vorher erlebte Behinderung, Enttäuschung oder Schädigung. Aufgestaute Wut wird im Spiel ausgelebt.

Aber auch das Spiel selbst kann zu aggressivem Verhalten führen: Sofort einsehbar wird das bei Kriegsspielzeug, das nur dazu dient, aggressives Handeln zu spielen.

Die Spielregeln vieler Spiele verlangen ein aggressives Konkurrenzverhalten. Hier liegt der Keim für zusätzlichen, unnötigen Ärger, der sich zumeist als Aggression gegen die siegenden Mitspieler auswirkt.

Aggression in zwei „Spiel"-Arten: regelgerechter Kampf (faire, vereinbarte Aggression) und aber auch Fouls, Schummeln und alle weiteren nicht von den Spielregeln erlaubten Gemeinheiten, Tricks und Bösartigkeiten. Schlimm wird es, wenn aufgestauter Ärger von außen zu diesem üblichen Konkurrenzverhalten in Wettkampfspielen hinzukommt.

Läßt sich die Wut bewältigen, indem man sie im Spiel rausläßt?

Wenn das Spiel viel Bewegung und Aktivität gestattet, kann das zum Abbau von Spannungen, Ärger und Frust führen. Das funktioniert jedoch nur, wenn das Spiel in seinem Inhalt und seinen Formen nicht auch noch unsoziales Verhalten nahelegt. Ist es nämlich z.B. ein Computer-„Ballerspiel“, bei dem Konflikte mit sozialschädlichem Verhalten geregelt werden, gewöhnen sich die Spieler an aggressive Formen der Konfliktlösung.

Erziehen friedliche Spiele zu friedlichen Menschen?
Aggressionsspiele bewirken kein langfristig wirksames friedfertiges Verhalten. Ein Spiel wirkt nach allen Forschungsergebnissen nur dann vorbeugend gegen Aggressionen, wenn man in ihm auch prosoziales, nichtaggressives Handeln üben kann. Doch Spiele sind nicht die einzigen und nicht die wirksamsten Erziehungsmittel. Spiele können nur im Zusammenwirken mit einer allgemein aggressionsmindernden Umwelt zu friedlichem Handeln führen.

Weitere Informationen, Meinungen und praktische Tips zu diesem Thema finden Sie im Kapitel über Kriegsspielzeug und über Gewalt im Computerspiel.
Drei witzige Fallbeispiele möchte ich zu diesem brisanten Thema abdrucken, die man auch in der Erzieherausbildung diskutieren kann – eine unverkrampfte Art, sich der Problematik ‚Aggression und Spiel' zu stellen.
1989 waren diese drei Fälle mit den von mir kommentierten Reaktionsmöglichkeiten das Vorbereitungsmaterial für Fachschulklassen auf einen Besuch des Remscheider Spielmarkts.

Ein Spiel mit drei Aggressionsfällen aus der Erzieher-Praxis:
Ein Entscheidungsspiel für Ausbildungs- und Fortbildungsgruppen zum Thema Aggression und pädagogisches Handeln.

Praxistip:
Machen Sie dieses Entscheidungsspiel mal in einer Fachschulklasse, in der Erzieher/Innen ausgebildet werden. Heiße Diskussionen entstehen um die sinnvollste Lösung.

Spielregel:
Es gibt 3 Praxisfälle. Teilen Sie Ihre Gesamtgruppe (z.B. Ihre Fachschulklasse) in mehrere Kleingruppen. Jede Kleingruppe sollte sich alle drei Fälle und die vorgeschlagenen Reaktionsmöglichkeiten nacheinander vorlesen und sich dann je Fall für zwei Reaktionsweisen entscheiden:
1. Für die Reaktion, die sie am lustigsten finden und 2. für die Reaktion, die sie pädagogisch am sinnvollsten finden.
Dann werden die gewählten Reaktionsweisen in der ganzen Klasse bekanntgegeben und diskutiert. Die Kommentare des Autors können nun mitdiskutiert werden.

Praxistip:
Statt die Fallbeschreibungen nur zum Durchlesen an Gruppen zu geben, könnte man auch 2-3 Lösungen pro Fall im Rollenspiel durchspielen.

Fall Nr. 1
Im Mädchenwohnheim
Irene wohnt im Erziehungsheim. Sie kommt gerade von ihrem Berufsförderlehrgang ins Heim zurück, tritt die Gruppentür ein, schubst einen Stuhl um, stapft in ihr Zimmer, knallt die Tür zu und dreht die Anlage „volle Kanne“ auf. Das Dröhnen der Musik geht durch alle Räume. Die im Nachbarzimmer sitzenden Mädchen beschweren sich, die Bewohner der Gruppe darunter klopfen an die Decke, drei weitere kichern: typisch, Liebeskummer oder wieder mal Druck gekriegt. Die Erzieherin, im ernsthaften Gespräch mit einem Mädchen, versteht ihr eigenes Wort nicht mehr.
Was tun?

A. Du gehst mit den anderen, sich gestört fühlenden Mädchen ins Kino.
B. Du gehst ins Zimmer und ziehst den Stecker von ihrer Anlage heraus.
C. Du beschwerst Dich beim Heimleiter über Irene: „Mit diesen Jugendlichen ist einfach nicht klarzukommen!“
D. Du gehst ins Zimmer und bietest Irene ein Rollenspiel über den vermuteten Konflikt am Arbeitsplatz an.
E. Du holst Malefiz aus dem Schrank und fragst zwei Mädchen, ob sie nicht vielleicht mit Irene spielen wollen.
F. Du bastelst mit der Gruppe „Ohrenstopfer“.
G. Du lädst Irene zu einem Tee ein und versuchst mit ihr über ihren Frust zu sprechen.
H. Du rufst Irenes Freundin aus Haus C an und bittest sie, sich doch mal um Irene zu kümmern und sie etwas zu trösten.
I. Zusammen mit dem Heimpsychologen beraumst Du eine gruppendynamische Sitzung für Irene an.

Praxistip:
Das „Spiel zum Sofortspielen“ in Heft 3/93 der Zeitschrift gruppe & spiel heißt „Null Bock im Jugendzentrum“.

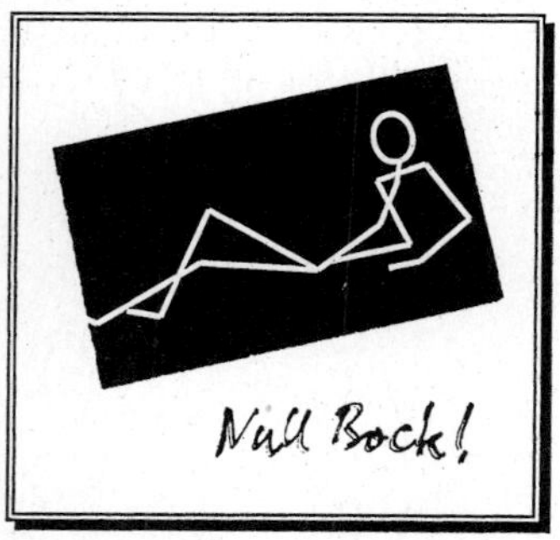

Fall Nr. 2
Jugendzentrum Quarkstadt
Bei uns gibt’s dienstags nur Neigungsgruppen – so haben die Mitarbeiter(innen) des Jugendzentrums von Quarkstadt entschieden. Es gibt eine Siebdruckgruppe, Kochgruppe und eine Schreibwerkstatt. Die anderen Jugendlichen stehen vor der Tür und machen sich lautstark bemerkbar. Peter und Tom rasten aus, zertrümmerte Flaschen liegen herum.
Du kommst von einem anstrengenden Bezirksjugendpflegertreffen zu spät ins Jugendzentrum. Die Jugendlichen drängen sich mit hinein und sitzen nun lärmend und gröhlend an der Bar.
Was tun?

A. Du drohst mit Hausmeister und Polizei.
B. Du gibst ihnen ein Bier aus und bittest sie, ruhig zu sein.
C. Du forderst sie auf, sich als Gruppe ein Programm zu überlegen.
D. Du veranstaltest spontan ein Kicker-Tunier.
E. Du rufst die Jugendpflegerin im Amt an und bittest um Rat.
F. Du setzt Dich dazu und quatscht eine Runde mit.
G. Du hast einen Videoclip von „Prinz“ dabei, – wollt ihr den ansehen?
H. Du zettelst ein Knobelspiel an der Theke an.
I. Du verspricht jedem ein ‚Los der Goldenen Eins‘, wenn sie sich jetzt ruhig verhalten.

Fall Nr. 3
Montagmorgen im Kindergarten
Erna Müller-Wronsky, 33 Jahre, Erzieherin, erwartet die Kinder. Sie denkt darüber nach, wie sie sich verhalten soll. Aus Erfahrung weiß sie, daß die Kinder in der Regel aggressiv geladen aus dem Wochenende kommen. Alles, was sich aus dem Erleben im Elternhaus und im Fernsehen angestaut hat, kommt in dieser Situation zum Ausdruck. Erna sieht folgende Möglichkeiten:
Was tun?
A. Ich melde mich sofort krank.
B. Ich stimme ein fröhliches Morgenlied mit den Kindern an.
C. Ich mache mit allen Kindern einige Tobespiele.
D. Ich suche mir eine ruhige Tätigkeit und lasse die Kinder spielen, was sie wollen.
E. Ich frage die Leiterin des Kindergartens, wie ich mich verhalten soll.
F. Ich verteile Honigknete auf die Tische und bitte die Kinder an die Tische.

Literaturtip:
Peter Thiesen
Das Montagsbuch
Ein Arbeitsbuch zur Überwindung des „Montagssyndroms“ in Kindergarten, Hort und Grundschule
Jede Erzieherin und jede Grundschullehrerin kennt das: aufgedrehte, zappelige, aggressive, schreiende, spiel- und lernunfähige Kinder am Montagmorgen. Mit über 400 Anregungen und Spielvorschlägen bietet das Buch Handwerkszeug zur erfolgreichen Gestaltung des Montags, aber auch anderer Tage, an denen mit Kindern scheinbar nichts anzufangen ist. Das Buch enthält auch Analysen und Konzepte für die Gründe des Montagverhaltens. Ein wirklich nützliches Buch zu einem alltäglichen Problem.

Kommentar zum Fall 1:
zu A: Wenn einem nichts anderes übrigbleibt, ist das eine akzeptable Lösung. Aber eigentlich fliehst Du nur vor dem aggressiven Verhalten.
zu B: Damit beantwortest Du Aggression mit Aggression. In den meisten Fällen schaukeln sich so die Konflikte hoch.
zu C: Damit offenbarst Du Hilflosigkeit und machst Irene schuldig für die Ursache ihrer Aggressionen, ohne die tatsächlichen Gründe berücksichtigen zu können.
zu D: Pädagogisch wertvoll! Aber völlig unrealistisch in einer solchen Situation. Hast Du das auf der Fachschule gelernt?

Praxistip:
Eine Kopie dieser Kommentare zu den einzelnen Lösungen sollte man Ausbildungsgruppen erst verteilen, nachdem sie in Gruppen die Möglichkeiten diskutiert und sich für eine Lösung **begründet** entschieden haben.

zu E: Wenn Irene das ablenkt, ist das eine gute Idee. Aber beim Malefiz kann der Ärger eventuell noch ärger werden. Es gibt auch andere, in diesem Fall bessere Spiele. Schau Dich auf dem Spielmarkt der Akademie Remscheid mal um.
zu F: Blödsinn. Kopfhörer für Irene wären besser.
zu G: Eine gute Idee, wenn Irene Vertrauen zu Dir hat und Du es ehrlich meinst.
zu H: Für Irene die beste Hilfe. Wenn sich Jugendliche untereinander helfen können, benötigen sie nicht die Pädagogen und lösen ihre Probleme selbständig.
zu I: Damit reitest Du aber ganz schön auf der Psycho-Welle!

Kommentar zum Fall 2
zu A: Parke Dein Auto demnächst in entsprechender Entfernung vom Jugendzentrum.
zu B: Auf Dich wirkt Bier wahrscheinlich beruhigend, in Gruppen kann es oft auch anders sein.
zu C: Die Jugendlichen hatten durch ihr Verhalten deutlich gemacht, daß sie keine Neigungsgruppe wollen.
zu D: Das kann eine Lösung sein. Aber was kommt danach?
zu E: Damit gibst Du die Verantwortung weiter. Wie entwickelt sich dann Deine Personalakte?
zu F: Du hast eine Chance mitzubekommen, was sie wollen und darauf zu reagieren.
zu G: Ab sofort bist Du der King!
zu H: Das könnte auch eine Möglichkeit sein! Noch mehr Ideen lernst Du auf dem jährlichen Remscheider Spielmarkt kennen!

Kommentar zum Fall 3
zu A: Für heute ist das Problem gelöst, aber was machst Du nächsten Montagmorgen?
zu B: Das geht sicher, aber das Problem ist nur ein paar Minuten aufgeschoben.
zu C: Genau das. Du sorgst dafür, daß die Kinder ihre Aggressionen ausleben können, das aber nach vorgegebenen fairen Regeln.
zu D: Damit bist Du aus der Schußlinie. Die Kinder aber haben keine andere Wahl, als aufeinander loszugehen.
zu E: Du schiebst die Verantwortung ab. Also sowas!
zu F: Das Material ist sicher angebracht, aber ohne Methode wirkungslos. Und es werden bloß Wurfgeschosse geknetet.

Worum geht es bei beliebten Gruppenspielen?

11

- Spielmethoden
- Regelspiele
- Gruppenspielformen
- Brettspiele

Wie Spielaktionen geplant werden, worauf Spielleiter/innen bei der Eingabe oder beim Mitspielen achten sollten, wie bestimmte Spiele bei besonderen Gruppen ankommen – alle diese allgemeinen Fragen werden an anderen Stellen dieses Buches ausführlich angesprochen.
Was aber ist bei einigen Spielen besonders zu beachten? Was sind Kim-Spiele? Warum sind ‚Blindspiele' so nützlich? Was ist das Gemeine an ‚Ätsch'-Spielen? Was muß ein Kennenlernspiel alles leisten? Welche Brettspiel-Typen sind auf dem Markt? – Diese und noch viel mehr Fragen zu ausgewählten Gruppenspielformen werden in diesem Kapitel behandelt. Extra-Kapitel haben wir für die Formen des darstellenden Spiels (Theaterspiel, Szenisches Spiel, Pantomime, Plan- und Rollenspiel), für Computerspiele, Spielaktionen und Spielzeug reserviert.
Hier geht es darum, Hinweise zu einigen ausgewählten Regelspielformen zu geben.

‚Action'- und Bewegungsspiele

‚Action'- und Bewegungsspiele
In der Straßenbahn soll man stillstehen. In der Schule darf man nicht mal mit dem Stuhl ‚kippeln'. Auf dem Schulhof ist Herumrennen verboten. Im Auto kann man nur stillsitzen. Im Restaurant ist Rennen unfein. Auf der Rolltreppe soll man rechts stehen. An der Kasse vom Supermarkt muß man anstehen.
Bewegen ist gestattet: Auf dem Spielplatz, im Sportverein, auf dem Bürgersteig, im Wald, beim Militär, in der Diskothek, auf dem Rummelplatz …
Bewegungsspiele sind für Kinder, Jugendliche und auch Erwachsene eine geregelte Möglichkeit, zusammen mit anderen Bewegungsdefizite auszugleichen, zu kompensieren, und damit dem natürlichen Bedürfnis nach körperlicher Motorik nachzukommen.
Die verschiedenen Bewegungsspiele können nach dem Grad ihrer Geregeltheit und nach den dabei verwendeten ‚Materialien' eingeteilt werden:

Spiel-Beispiel:
Drei Leute mit drei Füßen
Eine bestimmte Strecke (evtl. mit Hindernissen wie Tisch, Stühle, Treppe) soll von Dreiergruppen absolviert werden unter der Bedingung, daß die Gruppe zusammen niemals mehr als drei Füße auf der Erde hat. Bei mehreren Gruppen: Jede startende Gruppe soll sich eine neue Möglichkeit einfallen lassen.

Bei diesem Spiel, zu dem man sich viele Varianten vorstellen kann, müssen die Bewegungen sehr überlegt miteinander kombiniert werden. Wichtig wird dabei die Hilfe untereinander und nicht die Zeit, die für die Strecke gebraucht wird. Originalität wird wichtiger als der übliche Zeit-Wettkampf.
Vom stark einer Spielregel unterworfenen Sportspiel, über Kreis- und Gruppenspiele (z. B. Fangenspiele) bis hin zu freier Bewegungsimprovisation. Und von Ballspielen über Schnurspiele (‚Gummitwist') bis zu Tanzspielen (mit dem ‚Material' Musik).

Bewegungsspiele ohne Material
In nicht vorbereiteten Spielsituationen wird der Spielpädagoge Bewegungsspiele vorschlagen, bei denen er nicht besonderes Material heranschaffen muß. Vorzuziehen sind Bewegungsspiele, bei denen alle gleichermaßen die Möglichkeit haben, die Bewegungsaufgabe geschickt zu erfüllen und Wenigergeschickte nicht durch Ausscheiden bloßgestellt werden. Es ist ein Irrtum zu glauben, daß ältere Kinder und Jugendliche nur an Bewegungsspielen Spaß hätten, die einen starken Wettbewerbscharakter besitzen. Auch im Sportunterricht an den Schulen und in der Jugendarbeit der Sportvereine setzen sich immer mehr Spiele durch, bei denen die Bewegung allein, der Körperkontakt und das Zusammenspiel mit anderen großen Spaß bereiten.

Geländespiele
Geländespiele sind allein schon durch die mannigfaltigen Naturformen spannend. Bäche, Hügel, Gestrüpp, Bäume, Bänke, Zäune – alles kann als Versteck, Hindernis oder Begrenzung dienen. Alle Spiele können außerdem auch nachts veranstaltet werden, was die Sache noch aufregender macht! Bewegungsspiele im Gelände sind besonders verbreitet bei den Pfadfindern, auf Klassenfahrten und Wandertagen, sind aktuell auch ein beliebter Bestandteil der Erlebnispädagogik geworden.
Drei Typen von Geländespielen sind am meisten verbreitet:
- das Wettkampfspiel, bei dem Mannschaften sich gegenseitig jagen, suchen und abschlagen müssen;
- der Hindernisparcours, bei dem eine bestimmte Strecke über alle natürlichen Hindernisse hinweg bewältigt werden muß;
- das Orientierungsspiel, bei dem der Weg zu bestimmten Stationen gefunden werden muß (Orientierungs-Rallye).

Bei Geländespielen sind einige Hinweise zu beachten:
- Das Gelände sollte begrenzt sein oder eine Abgrenzung mit der ganzen Gruppe vereinbart werden.

• Der Spielleiter sollte sich vorher das Gelände angesehen haben, Gefahrenpunkte und eventuelle Naturschutzbestimmungen festgestellt haben.
• Ein klares (am besten akustisches) Signal für Spielende oder -abbruch, ein Versammlungsort und eine Zeitgrenze müssen vereinbart werden.
• Der Spielleiter sollte immer erreichbar sein und eine kleine Erste-Hilfe-Ausrüstung mitführen.

Praxistip:
Turnhallen lassen sich zur Not mit vielen Großgeräten und Seilen auch in ‚wilde Gelände' verwandeln!
Das beliebte Computerspiel „Super Mario" läßt sich auch mit vielen Geschicklichkeitsgeräten in der Turnhalle nachspielen – live!

‚Action' mit den ‚new games'
Für motorisch sehr aktive, oft aggressiv gestimmte Kinder sind besonders wild, schnell und intensiv gespielte Bewegungsspiele (‚Action'-Spiele) geeignet, bei denen sie sich richtig austoben können. Womit die Ursachen für das aggressive Verhalten allerdings nicht beseitigt werden.
Einen ganz neuen Aufschwung haben sehr dynamische ‚Action'-Spiele durch die „New Games"-Spielebewegung erhalten.

Literaturtip:
Die „Klassiker" der New-Games-Spiele-Sammlungen sind zwei Bände: New Games - Die neuen Spiele. Band 1 und 2. Ahorn Verlag, 1979 (jetzt Verlag an der Ruhr)

Die Riesenraupe:
„Legt euch alle nebeneinander auf den Bauch, so dicht wie möglich; kleine Leute drücken sich am besten zwischen zwei große. Die Bewegung beginnt am Schwanzende; der äußerste Spieler rollt sich auf seinen Nachbarn und weiter über die ganze Körperreihe, bis er vorne wieder auf dem Bauch liegt. Inzwischen hat sich schon der nächste in Bewegung gesetzt, und so einer nach dem anderen ... Wie wär's mit einem Querfeldeinrennen zweier Riesenraupen?"
Vielleicht kannten Sie dieses Spiel schon? Die wenigsten ‚new games' sind tatsächlich neu. Neu ist vor allem die Einstellung, mit der sie gespielt werden. Es sind Bewegungsspiele, oft für riesig große Gruppen (‚Schoßsitzen' mit 1000 Menschen), einige mit Wettkampfcharakter, manche mit besonderen Materialien (Erdball, Fallschirm, ‚Laufendes A') und immer mit Körperkontakt. Diese Spiele werden nicht gespielt, um zu gewinnen, und wenn, dann wechseln die Gruppen ständig, sondern um zu toben, um Freude mit anderen zu genießen, um was zusammen zu machen. ‚New games' sind nicht nur eine Spielesammlung, sondern eine Bewegung, die 1973 mit einem großen Spielfest der kalifornischen Alternativszene und Friedensbewegung begann. Der Erfolg dieser Spielfeste beweist, daß die ‚Zeit reif' ist, d. h., daß die Einstellung von vielen Jugendlichen und

Erwachsenen soweit entwickelt ist, daß man solche Spiele mit einer veränderten Spielmotivation spielen kann.
Der Leitspruch der ,new games':
„Spiel fair. Spiel intensiv. Tue niemandem weh!"
Leider wurden die ,new games' im deutschsprachigen Raum weitgehend ihres alternativen Hintergrunds beraubt und praktisch domestiziert, seit sie von den Sportorganisationen aufgegriffen und zur Propagierung von Breitensport verwendet wurden.

,Ätsch'-Spiele

Ein ,historisches' Spielbeispiel für diese Gruppe von Spielen: Flaschen steigen: Einem werden die Augen verbunden, er soll dann so eine Strecke gehen, auf der lauter Flaschen hingestellt wurden, ohne eine umzuwerfen. „Er gibt natürlich schrecklich acht und macht dabei schon eine lächerliche Figur, ... So haben wir was zum Lachen, besonders dann, wenn wir inzwischen still und leise die Flaschen weggenommen oder bei günstigen Umständen uns ganz aus seiner Nähe verduftet haben." G. Wolfbauer: Volks- und Bauernspiele. Bad Godesberg 1953

,Ätsch'-Spiele ist ein Sammelbegriff für alle Spiele, bei denen der Spaß am Spiel für die Gruppe auf Schadenfreude beruht, bei denen einer oder mehrere ,hereingelegt' und ,blamiert' werden.

,Ätsch'-Spiele ist ein Sammelbegriff für alle Spiele, bei denen der Spaß am Spiel für die Gruppe auf Schadenfreude beruht, bei denen einer oder mehrere ,hereingelegt' und ,blamiert' werden. Diese Spiele werden oft als aggressive Streiche untereinander veranstaltet, besonders in Gruppen, die auf diese Art und Weise Rivalitäten und Rangordnungen austragen.
Ein Gruppenleiter sollte solchen Spielvorschlägen einen unmißverständlichen, aber klar begründeten Widerstand entgegenbringen: „Ich hab' was gegen Verarschungsspiele, u. a., weil ich nicht selbst mal der Dumme sein will!" Diese Spielformen können bei Kindern und Jugendlichen, die darauf nicht sehr selbstsicher reagieren können, große Spielängste aufbauen. Wenn solche Spiele vorgeschlagen werden, kann das vom Gruppenleiter oder Lehrer als Analyse der Beziehungen in der Gruppe mit herangezogen werden: möglicherweise müssen dann in der Gruppe Diskriminierungs-, Außenseiter- oder Dominanzprobleme geklärt werden. An diesem Beispiel wird deutlich, daß auch das genaue Beobachten des Spielgeschehens einer Gruppe zur Gruppendiagnose beitragen kann.

Blindspiele

Ich mag Blindspiele. Warum? Viele Spiele gewinnen eine zusätzliche Spannung, Konzentration und sogar Ruhe, die mich das Spiel intensiver erleben läßt. Sie fördern die Vorstellungskraft, die Phantasie und Orientierungsfähigkeit. Gerade auch bei Jugendlichen, die allenfalls noch zu wilden ‚Action'-Spielen zu bewegen sind, ist bei Spielen mit geschlossenen Augen ein besonderes Interesse zu bemerken.
Damit die genannten Wirkungen bei Blindspielen auch tatsächlich eintreffen, bedarf es einiger kleiner Hinweise, mit denen aber der Nutzen dieser Spielform steht oder fällt:
Die Augen mit einem Tuch verbinden oder nicht?
Prinzipiell biete ich es als Spielleiter gar nicht erst an. Aber stelle natürlich Tücher zur Verfügung, wenn jemand fragt. Ich bin der Meinung, daß Tücher zum Augenverbinden dem Spieler die ganze Verantwortung für das Schließen der Augen nehmen. Viele der neueren Blindspiele sind zugleich Vertrauensspiele. Und dabei sollten die Spieler jederzeit die Augen öffnen können – zum einen, um sich sicher fühlen zu können und zum anderen, damit das Geschlossenhalten der Augen ein bewußter Willensakt ist und nicht durch das Tuch verursacht wird. Der Spieler sollte zu sich sagen können: „Um diese Erfahrungen machen zu können, lasse ich jetzt die Augen zu." Spiele mit geschlossenen Augen bedeuten neue Erfahrungen für die Spieler, und man kann sich dabei neue Wahrnehmungsdimensionen, eröffnen. Aber eines sollten die Spieler nicht und niemals lernen: blindes Vertrauen. Jedes Spiel vermittelt auch soziale Erfahrungen, ist soziales Lernen. Und sich blindlings anderen (Spiel-)Partnern auszuliefern, sollte meiner Meinung nach kein Spielziel sein. Darum also: möglichst den Spielern die Freiheit lassen, die Augen öffnen und schließen zu können, wenn immer sie es selbst wollen. Ich meine sogar, daß das auch für Kinder im Vorschulalter gelten muß – sie dürfen mit zu lange dauernden Blindspielen nicht überfordert werden.

Spiele mit geschlossenen Augen bedeuten neue Erfahrungen für die Spieler, und man kann sich dabei neue Wahrnehmungsdimensionen eröffnen. Aber eines sollten die Spieler nicht und niemals lernen: blindes Vertrauen.

Ein Trick, um Blindspiele wirklich unverkrampft spielen zu können:
Bei allen Blindspielen, wo die Spieler die Augen länger als etwa 3 Minuten geschlossen halten müssen, sage ich: „Bitte schließt jetzt die Augen. Und zwar nicht zukneifen, das strengt auf die Dauer zu sehr an. Sondern einfach die Augenlider fallen lassen. Das ist dann sehr bequem. Viele Menschen machen das täglich etwa 8 Stunden hintereinander!"
Ein Grund, weshalb das Augenschließen von manchen als anstrengend empfunden wird, ist nämlich, daß sie die Augenmuskulatur verkrampfen, besonders in unbekannten, Angst auslö-

senden Situationen. Wenn man nicht müde ist, ist das Schließen der Augen ein nicht üblicher Willensakt. Und dabei verkrampfen sich die Muskeln durch die ungewohnte Anspannung sehr leicht. Aber – und das ist fast paradox – durch eine Bewußtmachung, also einen erneuten Willensakt kann jeder Spieler dieser Verkrampfung entgegensteuern: ganz bewußt die Augenlider, wenn man spürt, daß man die Augen nicht einfach schließt, sondern zukneift, wieder öffnen und bewußt entspannt nur leicht zuklappen! Probieren Sie das mal jetzt sofort aus: Es klappt.

„Jede Entspannung muß scheitern, wenn die Gruppe dabei die Augen zukneift!"

Bei allen Entspannungsspielen, Phantasiereisen und ähnlichem, sollten Sie das unbedingt mit den Teilnehmern üben oder ihnen erklären. Jede Entspannung muß scheitern, wenn die Gruppe dabei die Augen zukneift!

Probieren Sie als Variante zu üblichen, bekannten Spielen diese mal mit geschlossenen Augen in der Gruppe aus: Häufig entstehen dadurch ganz neue, spannende Spielerfahrungen.

Brettspiele, Gesellschaftsspiele

Bei den meisten Brettspielen handelt es sich um symbolische Wettkämpfe zwischen zwei bis sechs Mitspielern. Zufallsfaktoren (Würfel, Reihenfolge von Ereigniskarten usw.) und individuelle taktische Fähigkeiten der Spieler (Vorausplanen, Kombinieren, Erinnern, Gegner einschätzen) bestimmen den Ablauf, dessen Möglichkeiten von einem meist recht komplizierten Regelwerk bestimmt wird. Neben formalen Brettspielen (wie z.B. Schach, Mensch-ärgere-dich-nicht, Malefiz) sind auch inhaltlich geprägte Brettspiele sehr beliebt (z. B. Monopoly, Sagaland, Scotland Yard).

Eine besondere Stellung nehmen die zahlreichen Quizspiele ein, die in letzter Zeit in kaum noch zählbaren Varianten auf den Markt gekommen sind (z.B. Spiel des Wissens, Trivial Persuit).

In den letzten Jahrzehnten sind auch eine Reihe von kooperativen Spielen herausgebracht worden, zunächst vor allem für jüngere Kinder (z. B. Wundergarten), dann aber auch für Jugendliche und Erwachsene (darunter viele Kennenlern- und Einschätzungsspiele, wie z.B. Lifestyle).

Eine besondere Kategorie von Brettspielen bilden die Fantasy-Spiele: Bei ihnen wird der Spielablauf entscheidend von einem ‚Spielmeister' bestimmt, der häufig über die Abenteuer, die die Spieler in einer Geschichte zu bestehen haben, entscheidet. Um die Fantasyspiele herum hat sich eine Fangemeinde mit Clubs, Zeitschriften und vielen Gruppentreffs gebildet. Fantasyspiele haben allerdings den Ruf, eine Unmenge an Gewalthandlungen zu simulieren, was jedoch nicht auf alle Spielgeschichten zutrifft.

Wie kann man passende Brettspiele für seine Einrichtung anschaffen? Neben einer Zusammenstellung von klassischen, bei allen Gruppen sehr beliebten Spielen bilden die Rezensionen in Zeitungen, in der größten Zeitschrift für Brettspiele „spielbox" und die alljährlichen Beurteilungen der Kritikerjury „Spiel des Jahres" eine gute Informationsbasis. Das beste, freilich aufwendigste und wiederum sehr subjektive Mittel der Orientierung auf dem Brettspielangebot ist das Selberspielen, also das Erproben z. B. in Spielausleihstellen (Spieliotheken, Büchereien) und bei großen Spielemessen wie den „Tagen des Spiels" in Essen (Oktober) oder beim „Spielmarkt" in der Akademie Remscheid (Februar). Einige wichtige Kriterien nenne ich im Kapitel „Was ist ein gutes Spiel?"

Bei der Anschaffung für Einrichtungen oder Spielberatungs- oder -ausleihstellen ist besonders auf die Verständlichkeit der Spielregeln, die Haltbarkeit des Materials, der Nachbestellmöglichkeit für verlorene Kleinteile zu achten.

Praxistip: Wie animiere ich Gruppen, mal neue Brettspiele auszuprobieren?

Weil das Durcharbeiten einer neuen Spielregel einen so sehr komplizierten Lernvorgang darstellt und oft die Grenzen unseres Vorstellungsvermögens ausschöpft, lassen sich neue Brettspiele in Gruppen am besten einführen, indem bei jemandem mitgespielt wird, der das Spiel gut kennt (und dieses Vorwissen aber nicht für bessere Spielchancen ausnutzen darf!).

In größeren Gruppen (z. B. Schulklassen) könnte man auch einen Test von neuen Brettspielen durchführen. Welche sollen für die Klassenfahrt mitgenommen werden? Eine solche Brettspiel-Begutachtung sollte zu jeder Gruppenleiterausbildung gehören.

Praxistips:
Wie kann man Jugendgruppen für neue Brettspiele interessieren?

1. Jede Einführung eines neuen Spiels muß situations- und gruppenangemessen erfolgen (d. h. auf Altersangemessenheit besonders sorgfältig achten!).
2. Die Meinungsführer in einer Gruppe sollten möglichst vorher in kleinen Einzelgesprächen auf das Spiel neugierig gemacht oder dafür begeistert werden.
3. Mehrere Spiele sollten von dem neuen vorhanden sein (täuscht eine große Nachfrage vor).
4. Mitarbeiter (Spielleiter) muß bei der Einführung unbedingt selbst mitspielen und sollte auch selber Spaß dran zeigen und die Spielregeln mündlich erklären (mit Vormachen).
5. Evtl. Spielregeln in verständlichem Deutsch abschreiben.
6. Turnier mit dem Spiel machen, evtl. auch Preise aussetzen, sofern es dabei einen Gewinner geben kann.
7. Ein Spiel wählen, das nicht total neu und unkonventionell für die Gruppe ist, sondern im Prinzip des Spiels oder in der Aufmachung oder in der Spieltechnik (Spielregeln!) oder im Anforderungsgrad an bekannte Spiele anknüpft.
8. Spielphase innerhalb eines offenen Abends einbauen, dort das neue Spiel mit viel Brimborium vorstellen.
9. Denkbar ist auch eine Hit-Parade der Spiele: Gewählt werden die bei den Besuchern der Einrichtung beliebtesten Spiele.

Diskussions-, Entscheidungs- und Lesespiele

Was sind das für Spiele – und vor allem, warum werden sie hier extra herausgestellt?

Ein großes Anwendungsfeld der Spielpädagogik ist die Bereitstellung spielerischer Verfahren in Situationen, wo man mit ernsthafteren Methoden nicht weiterkommt oder bei weitem nicht denselben Effekt erzielt. Wenn ich Themen bearbeiten möchte, die eine intensive und vor allem breite Beteiligung möglichst aller, ein starkes Interesse und eine farbige Vielfalt an Ideen benötigen, zugleich auch den Witz und Spaß des

Ein großes Anwendungsfeld der Spielpädagogik ist die Bereitstellung spielerischer Verfahren in Situationen, wo man mit ernsthafteren Methoden nicht weiterkommt oder bei weitem nicht denselben Effekt erzielt.

Spiels, seine Realitätsdistanz und Einfachheit vertragen, dann bin ich mit Diskussions- und Entscheidungsspielen genau auf der richtigen Spur.

Spielerische Meinungsumfragen, Einschätzungsspiele zu Themen oder Menschen, Entscheidungen in symbolischen Lebensläufen, Prioritätenspiele – viele Spielformen sind von Kollegen und mir in den letzten Jahren entwickelt worden, um mit Kindern, Schülern, Jugendlichen und Erwachsenen soziale, politische, weltanschauliche oder andere Meinungsfragen in höchst motivierender und alle engagierender Form ansprechbar zu machen.

Zwei große Vorzüge haben alle diese Spielformen:

Durch individuelle Entscheidungen oder Meinungsäußerungen sind alle am Gesamtergebnis der Gruppe interessiert – das ist derselbe Effekt, der Telefonumfragen im Fernsehen (TED) so populär und attraktiv macht.

Weil es sich ja „nur" um ein Spiel handelt, also keine ernsthaften Konsequenzen zu fürchten sind, können Entscheidungen gefällt und Einschätzungen geäußert werden, die sonst einem Tabu, sozialen Sanktionen oder moralischen Verurteilungen unterliegen.

Wie funktionieren Diskussionsspiele?

Die Grundstruktur ist häufig die, daß einzelne oder Kleingruppen ihre Meinung zu Behauptungen fragen oder Einschätzung zu Bildern abgeben und das Meinungsbild aller am Schluß auf eine einfache Weise ersichtlich wird.

Ein komplexes Spiel – auch gerade sinnvoll zum Thema Vorurteile – ist das „Personenraten" oder in erweiterter Form „Heiratsinstitut".

Spiel-Beispiel „Heiratsinstitut": 10 Männer- und 10 Frauen-Fotos werden von nach 4 Fragen mit Klebepunkten bewertet: 1. Welcher Mann / welche Frau wäre guter Arbeitskollege? 2. Welcher Mann / welche Frau wäre guter Ratgeber bei Problemen? 3. Welcher Mann / welche Frau ist sexuell am attraktivsten? 4. Welcher Mann / welche Frau ist am unsympathischsten? Dann machen alle Vorschläge für Paar-Zusammenstellungen. Evtl. Paare bei erster Begegnung als kleine Spontan-Rollenspiele spielen.

Mit Entscheidungsspielen können die typischen Prozesse in Gruppen beim Fällen von Entscheidungen erlebt und reflektiert werden. Die exemplarische Mangel-Situation: Es ist weniger zur Verfügung, als sich alle Beteiligten wünschen. Hier wurde eine klassische gruppendynamische Übung („Dienstwagenproblem" von Klaus Antons) auf Familienprobleme umgewidmet: Lottogewinn: In jeder Kleingruppe werden Familienrollen verteilt: Vater, Mutter, 2 Kinder. Unsere Familie hat im Lotto gewonnen. Jeder hat seinen Wunsch, den er versucht durchzusetzen. Es ist aber nur soviel gewonnen worden, daß nicht alle Wünsche erfüllt werden können. Wer setzt sich durch? Wie? Werden Koalitionen gegründet? Welches Machtverhältnis wird in der Familie simuliert? Welche Tricks nutzen die Kinder? Wie erfolgt eine Einigung? Beobachter einsetzen! Bei mehreren

Kleingruppen können zum Schluß die Gruppenergebnisse und das Verhalten gleicher Rollen (alle Väter usw.) verglichen werden. – Es können zu Beginn Rollenbeschreibungen verteilt oder vereinbart werden.
Anhand solcher Entscheidungsspiele kann man auch das Verhalten bei Entscheidungen in politischen oder wirtschaftlichen Gremien thematisieren.

Bei Lesespielen geht es nicht so sehr um den Entscheidungsprozeß oder Gruppeneinigungsprozeß, sondern um individuelle Entscheidungen, die Lebensabläufe verändern oder vorzeichnen. Bei Adventure-Spielen und Orientierungsrallyes habe ich das Verfahren abgeschaut. Mitte der 80er Jahre erschienen mehrere Romane von Thea Lust im Rowohlt-Taschenbuchverlag, die das Prinzip der interaktiven Geschichte anwendeten: Der ganze Roman ist in rund 400 Abschnitte aufgeteilt. Der Leser identifiziert sich mit dem Held der Geschichte und muß am Ende vieler Abschnitte entscheiden, wie es weitergehen soll (dann muß man je nach Entscheidung bei anderen Abschnitten weiterlesen). Ziel ist es, seinem Helden zu einen glücklichen Lebensweg und der Geschichte zu einem guten Schluß zu verhelfen. Je nach Entscheidung und vorgebenen Verzweigungen ist das nicht so einfach, kann es durch auch in einer Sackgasse enden oder zu einem unglücklichen Schluß führen.
Der witzige und sehr lebensnahe Inhalt der Romane war in meinen Augen schon ein Fortschritt gegenüber gewaltstrotzenden Fantasy-Abenteuerspielen, bei denen es bloß darum ging, irgendwelche Kämpfe mit Monstern und Zauberern zu bestehen, um der Prinzessin den verlorenen Ring wiederzuholen. Aber solche Romane kann man ja nun in der Jugendgruppenarbeit

Entscheidungsprozesse, die im Spiel bewußtgemacht werden können:
Phasen:
1. Vorsichtige individuelle Argumentation
2. Massive egoistische Durchsetzungsversuche
3. Arrangementvorschläge für andere
4. Bündnisversuche, erfolglos
5. Chaos
6. Resignation, Überdrüssigkeit, Verzicht, Fluchttendenzen, Verlagerung an andere Entscheidungsträger, Vertagungswünsche
7. Annäherung, Kompromiß

Diese sieben Phasen beschreiben den idealtypischen Gruppenprozeß in einer Situation, wie sie beim Entscheidungsspiel „Lottogewinn“, „Einzelzimmer“ u. ä. vorgegeben ist. Beim tatsächlichen Spielablauf können einzelne Phasen übersprungen, in der Reihenfolge vertauscht werden oder nebeneinander ablaufen.
Die Situation ist dadurch gekennzeichnet, daß mehrere Menschen Anspruch auf nur begrenzt zur Verfügung stehende Mittel bzw. eine Sache haben.
Also: Alle wollen dasselbe, aber alle können nicht alles haben, es müssen Prioritäten getroffen werden. Bei Interessengegensätzen, auch sachlicher Art, läuft der Entscheidungsprozeß in einer Gruppe ganz ähnlich.

Claudia, was nun?

Ihr könnt jetzt alle in die Rolle eines Mädchens schlüpfen. Du bist Claudia und 16 Jahre alt. Du hast Deinen Realschulabschluß gerade hinter dir und allmählich läßt dein Lebensmut etwas nach. Du hast keinerlei Berufsperspektive und wirst von allen Seiten gefragt, was Du machen wirst.Wirst du mal an der Seite eines Multi-Millionärs durch die New Yorker Schicki-Micki-Bars ziehen oder wirst du ein Fall fürs Sozialamt - wer weiß. Du hast die Wahl. Entscheide dich richtig! Wenn man bloß vorher wüßte, was richtig ist. Hier im Spiel könnt ihr als Claudia mehrere Wege ausprobieren. Nicht alle enden glücklich.
Also, was macht ihr als Claudia jetzt? Drei Möglichkeiten stehen zur Wahl:

a) Du suchst einen Berufsberater auf.
Weiter mit Karte 1)

b) Du entscheidest Dich für die weiterführende Schule.
Weiter mit Karte 2)

c) Du läßt alles auf Dich zukommen und machst nichts.
Weiter mit Karte 3)

Beispiel für den Beginn eines Lesespieles (aus gruppe & spiel, Heft 2/88)

nicht nutzen. Also mußte eine vereinfachte Form her. So entstand das Lesespiel. Die einzelnen Abschnitte (ca. 25 bis 50) werden in Umschlägen auf die Gruppe aufgeteilt, wenn sie drankommen vom Gruppenmitglied vorgelesen, und steht eine Entscheidung an, leitet dieser Teilnehmer die Diskussion und Abstimmung. So wie sich die Mehrheit entscheidet, wird weitergelesen. Viele Lesespiele zu zahlreichen Jugendsituationen sind inzwischen von Kollegen entwickelt und mit großem Erfolg in Gruppenarbeit und Schule (vom Konfirmandenunterricht bis zur Sexualerziehung) eingesetzt worden.
Inzwischen finden wir diese Spielform in vielen Computerspielen und den neuen interaktiven Filmen und Comics auf CD-ROM.

Erkundungsspiele, Rallyes

Andere Namen für diese Spielform: Detektivspiel, Stadtspiel, Orientierungsspiel, Forscherspiel …
Geht es bei Rallyes traditionell zwar auch um die Orientierung im Gelände, aber doch vor allem darum, als erstes Team ohne Punktabzug ans Ziel zu gelangen, stehen bei Erkundungsspielen die Aufgaben im Vordergrund und nicht die Schnelligkeit.
Typisch ist für fast alle Erkundungsspielformen: Unbekannte Gegend, der Weg muß erkundet werden (es gibt nur rudimentäres Kartenmaterial oder (manchmal verklausulierte) Streckenplanhinweise), gespielt wird in Paaren oder kleinen Teams, fortbewegt wird mit vereinbarten Mitteln (zu Fuß, Fahrrad, öffentliche Verkehrsmittel, Autos oder sogar Skateboards, BMX-Räder, Kanus …); Aufgaben zu einem Thema sind zu erfüllen.
Gerade für Klassenfahrten, Projektwochen, Ferienaufenthalten und für Stadterkundungsspiele ist diese Spielform hervorragend geeignet. Sie verbindet Bewegung, Orientierung, Kooperation und ein Thema in fast idealer Weise miteinander. Je nach Aufgaben und Streckenlänge ist dieses Spiel für jüngere Kinder, für Schulklassen, für Jugendliche und Erwachsene gleichermaßen geeignet. Einen Haken hat diese beliebte, variantenreiche Spielform aber doch: Sie erfordert eine aufwendige Vorbereitung, die nach meinen Erfahrungen aber selbst sehr spannend sein kann. Aufgabentypen:

- Kreative Aufgaben, bei denen die Gruppe gemeinsam zum Thema etwas produzieren soll (Verse, Musikstücke, Fotocollagen …);
- Erkundungsaufgaben, bei denen selbständig etwas zum Thema herausgefunden werden soll (Stadtarchiv, Befragung, Telefoninterview …);

• Gag-Aufgaben, die mit dem Thema nur indirekt oder symbolisch etwas zu tun haben sollen und vor allem der Auflockerung dienen;
• Orientierungsaufgaben, bei denen ein bestimmter Weg, eine bestimmte Stelle oder bestimmte Leute gefunden werden sollen.
Die Aufgaben können auch teilweise in Gruppen vorher von den Teilnehmern erarbeitet werden (die Aufgaben werden dann bei Beginn des Spiels an die jeweils andere Gruppe weitergegeben). Bei diesem Verfahren ist jedoch sehr darauf zu achten, daß der Schwierigkeitsgrad der Aufgaben vergleichbar ist und keine „Reinlege"-Aufgaben entwickelt wurden.

Interaktionsspiele

Mir gefällt der Name eigentlich überhaupt nicht, schließlich gibt es bei fast allen Spielen Interaktionen zwischen den Spielenden. Ich nenne diese Spiele lieber „Spiele zum sozialen Lernen". Darum geht es nämlich bei Kommunikations- und Interaktionsspielen: Das soziale Verhalten soll geübt werden, auf spielerische Weise steht das Miteinanderumgehen im Mittelpunkt.
Sich hineinfühlen in andere Menschen, verschiedene Reaktionsweisen ausprobieren, durchsetzen und kooperieren, Körpersignale verstehen, Vertrauen und Sympathie entwickeln, sich genauer wahrnehmen lernen – alles Ziele von Interaktionsspielen.
Interaktionsspiele können Beziehungen zwischen Menschen symbolisch abbilden, auf einige wenige Kommunikationselemente reduzieren und dadurch soziales Handeln bewußtmachen und aus dem alltäglichen Zusammenleben herausheben. Wie geht es mir, wenn ich im „Führen und Folgen"-Spiel alles machen muß, was mir der Spielpartner diktiert? Wie kann ich in einen geschlossenen Kreis ohne Gewaltanwendung eindringen? Kann ich mich ganz auf meinen Partner beim „Blind führen" verlassen?
Mit Jugendlichen sind diese und andere Themen des sozialen Verhaltens oft nur sehr schwer zu thematisieren. Manchmal können sie bei aktuellen Konflikten angesprochen werden, aber dann ist diese Lernsituation oft vom aktuellen Fall viel zu sehr belastet und mit Emotionen oder existentiellen Fragen verknüpft.
Im Rollenspiel und in Interaktionsspielen kann soziales Handeln auf einer mittleren Distanz- bzw. Erlebensstufe vor Augen geführt und reflektiert werden.

„Erfahrungen sind Einfälle zu Erlebnissen." Max Frisch

Auswertungsgespräche gehören zu Interaktionsspielen unbedingt dazu, um einzelne Erlebnisse, Handlungen und Gefühle verständlich zu machen, zu verarbeiten und auch in einen Erfahrungszusammenhang einordnen zu können.
Entwickelt wurden Interaktionsspiele bei den vorbereitenden Übungen im holländischen Zentrum für Amateurtheater (NCA), vom Berliner Institut für Theaterpädagogik (Hans-Wolfgang Nickel) und dann sehr intensiv erprobt und publiziert von Klaus Vopel (Therapeut in Hamburg). Inzwischen haben zahlreiche Interaktionsspiele als Übungen Eingang gefunden in die Gestalttherapie.

Mit Interaktionsspielen können in einem längeren Gruppenprozeß intensive Erfolge im sozialen Lernen erreicht werden.

Interaktionsspiele können nicht vereinzelt und isoliert eingesetzt werden, sondern sollten in einem Seminar, einem längeren Gruppenprozeß oder Training durchgeführt werden. Nur mit erfahrenen und sozialpsychologisch oder therapeutisch ausgebildeten Gruppenleitern sollten Interaktionsspiele gespielt und reflektiert werden. Sehr wirkungsvoll ist ihre Anwendung in Gruppen mit sogenannten schwierigen Kindern oder Schülern, lassen sich doch mit Interaktionsspielen ganz allmählich und vorsichtig abgestuft Prozesse sozialen Lernens erreichen, die von allen nicht diskriminierend, sondern lustvoll, relativ angstfrei und Spaß bereitend erlebt werden.
Viele Anregungen für Interaktionsspiele, Themen des sozialen Lernens und für aufschlußreiche Reflexionsfragen habe ich in dem Buch von Herbert Gudjons u. a. „Auf meinen Spuren. Das Entdecken der eigenen Lebensgeschichte“ gefunden. Die vielen Bände mit Interaktionsspielen von Klaus Vopel liefern zwar auch eine Unmenge an Spielideen, sind aber so, wie sie beschrieben werden (nämlich in wortwörtlicher Wiedergabe der Trainerinstruktionen) nicht zu übertragen auf andere Situationen, Gruppen oder Spielleiter/innen.

Kennenlern- und Abschiedsspiele

Wenn ich ehrlich bin: Also für mich ist zu Beginn einer Tagung alles andere interessanter als das Thema selbst: Wer ist noch da? Woher kommen die anderen? Was ist das für ein Typ, mit dem ich das Zimmer teile? Wann gibt es hier was zu essen? Was hat der Referent für eine Art zu reden? Warum guckt mich die Frau da drüben so kühl an? Sind die da rechts eine Clique? Werden die mich akzeptieren? …
Wenn sich Menschen, die sich vorher noch nicht getroffen haben, das erste Mal begegnen, stehen eine Vielzahl von Unklarheiten, Ängsten, Unsicherheiten, Orientierungswünschen, spontanen Einschätzungen der anderen im Raum. Da braucht noch

keiner ein Wort gesprochen zu haben. Das ist bei einer neuen Schulklasse so, auf einem Seminar, bei einer internationalen Jugendbewegung, überall stehen zunächst Kennenlernprobleme an.

Eine neue Gruppe benötigt untereinander zahlreiche Informationen und Erfahrungen, um halbwegs angstfrei miteinander arbeiten oder gesellig und interessant die Freizeit genießen zu können:

• Informationen über Eigenschaften und Hintergrund/Herkunft der Teilnehmer

• eine Einschätzung über das Verhältnis zueinander; Erfahrungen, wie man mit den anderen umgehen kann

• Informationen über die Gefühle und Erwartungen zum Thema und zum Ablauf

• Kenntnisse über die Weltanschauung und soziale Position

• Einschätzung über gegenseitige Attraktivität, Sympathien und sexuelle Interessen

Wenn ich als Gruppenmitglied zu diesen Informationen komme, dann kann ich mich leichter den anderen zuordnen, erlebe sie weniger als Bedrohung und kann mich in der Gruppe orientieren. Erhalte ich diese Informationen erst, wenn bereits wichtige Entscheidungen (z. B. Bildung von Untergruppen) gefallen sind oder erst bei der konkreten thematischen Zusammenarbeit, dann wird diese erheblich behindert und verzögert oder von nicht themenbezogenen Interessen überlagert, weil erstmal so viele nicht sachbezogene Klärungsprozesse im Mittelpunkt meines Interesses stehen.

Kennenlernspiele können diesen Informations- und Orientierungsprozeß abkürzen, erleichtern und in entspannter Atmosphäre bewältigen helfen. Dabei ist folgende Reihenfolge im allgemeinen recht nützlich:

Einige Praxistips für die Gestaltung der Kennenlernphase:

• Gruppengröße
Die Obergrenze für die Teilnehmerzahl liegt bei 25 bis 30 Personen; bei zu großen Gruppen wird der face-to-face-Kontakt zu spät und zu langsam erreicht.

• Alter der Teilnehmer
Im Unterschied zu Kindern ist bei Jugendlichen und Erwachsenen unter Umständen mit ausgeprägten Spielhemmungen zu rechnen. Je jünger die Teilnehmer sind, desto leichter werden Bewegungsspiele angenommen.

• Thema der Veranstaltung
Wenn irgend möglich, sollte die Einstiegsübung so ausgewählt werden, daß sie einen mehr oder weniger deutlich erkennbaren Bezug zum Thema der Veranstaltung aufweist.

• Form und Dauer der Veranstaltung
Eine warming-up-Situation sollte die Dauer von 10 % der Gesamtveranstaltung nicht überschreiten; so wird man einen zweistündigen Vortrag niemals mit einer warming-up-Übung beginnen, sie jedoch in jedem Fall an den Anfang eines Wochenseminars setzen.

• Räumliche Bedingungen
Günstig ist es auf jeden Fall, wenn die warming-up-Situation im gleichen Raum hergestellt wird, in dem auch die Veranstaltung beginnt.

1. Namenkennenlernspiele;
2. Spiele mit häufigem, schnellem und simultanem Bewegungskontakt (Kinder, jüngere Jugendliche) oder sprachlichem Kontakt (ältere Jugendliche und eher konventionelle Verfahren gewöhnte Erwachsene);
3. Informationsaustausch-Spiele in Kleingruppen mit längerem Kontakt oder kleine, als harmlos empfundene Kooperationsaufgaben in Kleingruppen;
4. Spielerisches Verfahren zum Zusammentragen und Austausch von Erwartungen und Meinungen zum Thema;
5. Abschluß des Einstiegsblocks mit einem gemeinsamen Regelspiel, das keinerlei Ausscheidungs- oder Wettbewerbselemente enthalten darf.

Daran anschließend können Entscheidungen über die Inhalte und die Organisation einer Tagung getroffen werden: sie werden engagierter, motivierter und von den meisten selbstsicherer besprochen werden.

Praxistip: Es gibt Zusammenkünfte traditionell eingestellter Menschen, die durch Kennenlernspiele eher noch verunsicherter werden, und es wäre widersinnig, deren Abwehrmechanismen zu ignorieren. Also: In solchen Situationen auf Kennenlernspiele verzichten!

Abschiedsspiele

Ähnlich wie Kennenlernspiele die Anfangssituation in Seminaren, in Schulklassen oder bei der Gruppenarbeit erheblich erleichtern können, so kann gerade die oft emotional schwierige Abschiedssituation durch einige Spiele entkrampft bewältigt werden.

Was ein pädagogisch gut vorbereiteter Abschluß des Gruppenprozesses leisten soll:

- Rückkehr in den Alltag vorbereiten;
- Erfahrungen aus dem Gruppenprozeß sichern;
- „Reste" aufarbeiten;
- Gelegenheit für persönliche Abschiede geben.

Zum inhaltlichen Abschluß der Gruppenarbeit:

Damit die thematische Arbeit abgerundet erscheint, ist zum Schluß eine der folgenden Aktionen notwendig:

- Zusammenfassung der inhaltlich erarbeiteten Teilergebnisse
- Präsentation von Kleingruppenergebnissen: Das könnte doch auch mal in Form eines szenischen Spiels erfolgen.
- Erstellung von Forderungen, politischen Konsequenzen, Resolutionen o.ä.
- Diskussion des Transfers des Gelernten auf die Alltagssituati-

on: Back-home-Rollenspiele oder andere Auswertungsmethoden bieten einen abwechslungsreichen Gesprächseinstieg.
Der emotionale Abschluß des Gruppenprozesses:
Parallel zur inhaltlichen Zusammenarbeit in der Gruppe entwickeln sich Beziehungen zwischen den Gruppenmitgliedern und beeinflussen sehr stark die Stimmungen, Wünsche, Ängste, Erwartungen und Lernprozesse in der Gruppe. Auch dieser Teil des Gruppenlebens muß abgeschlossen werden.
In der emotionalen Abrundung könnten folgende Aspekte behandelt werden:

- Beziehungs- und Kommunikationsreste zwischen Teilnehmern äußern („Was ich dir noch sagen wollte ...")
- Phantasieren und Darstellen der erwarteten Situation zu Hause („Back home")
- Gemeinsamer harmonischer Ausklang („Abschlußfeier", „Schlußkreis", „Abschiedsessen")

Je dichter die Beziehungen der Gruppenmitglieder waren, desto aufmerksamer muß man sich diesem emotionalen Abschluß widmen. Je umfangreicher die persönlichen „Reste" zwischen den Teilnehmern, um so schwerer fällt die Trennung. Diese „Reste" sind insbesondere dann bedeutsam, wenn man sich vorher zuwenig Zeit für die Beziehungskultur genommen hat. Abschlußspiele können hier hilfreich sein, z. B. einen Brief an andere in der Gruppe schreiben oder symbolische Abschiedsgeschenke in der Natur sammeln und mitgeben.

Materialtip:
Zusammen mit Kollegen habe ich vier Materialmappen mit Abschiedsspielen, -ritualen und -methoden erarbeitet, aus denen viele Spiele in dieser letzten Phase des Gruppenprozesses eingesetzt werden können.
Die Bände enthalten Bildserien, eine Maxi-CD, Spiel-Poster und Hunderte neuer Spiel-ideen.
Erhältlich beim Robin-Hood-Versand (Adresse siehe Material-Kapitel).

Materialspiele

Hierzu zählen nicht nur Spiele mit alltäglichen oder spielspezifischen Materialien, sondern auch alle Spiele, bei denen Material bearbeitet wird, also auch alle Bau- und Bastelspiele mit Ton, Papier, Naturmaterial oder anderen Gestaltungsmitteln. Im breitesten Verständnis dieser Kategorie müßte man auch Musikspiele (Töne als Material) und sämtliche Ballspiele mit einbeziehen.
Aus zwei Gründen sollen die Materialspielformen hier erwähnt werden: Erwähnenswert sind vor allem die in den letzten Jahren hinzugekommenen neuen Materialien, die zum Teil völlig neue Spielmöglichkeiten eröffnet haben. Beispielsweise Erdbälle und Fallschirmkappen, mit denen vor allem große Gruppen verschiedenartigste kooperative Bewegungsspiele veranstalten können. Bekannt gemacht haben diese Materialien die „new games"-Spielebewegung und die Spielfeste des Deutschen Sportbundes. Einfach ins Riesenhafte vergrößerte Kleinspielmaterialien (z. B. Riesenmikado) und wiederentdeckte Spielmateriali-

en (z. B. Diabolo, Viktorianische Halbmasken) sind die großen „Renner“ in den letzten Jahren geworden. Ganz neue, technische Materialien sind hinzugekommen: z. B. Overheadfolien für Schattenspielhintergründe oder leicht zu brennende Knetmasse. Im Zusammenhang mit einem verbesserten Umweltbewußtsein wurden jedoch auch gerade Alltagsgegenstände und Materialien aus Abfällen, Verpackungen u.dgl. zu beliebten, phantasieanregenden Spielmaterialien.

Der zweite Grund, Materialspiele hier besonders zu erwähnen, liegt in ihrer herausragenden Bedeutung für die Animation zum Spiel, vor allem in Gruppen, die sich noch nicht so gut kennen, die spielungeübt sind oder Spielhemmungen haben.

Ungewöhnliche Materiaien wecken die Phantasie, machen neugierig, stiften leicht neue Beziehungen

Ungewöhnliche Materialien wecken die Phantasie, machen neugierig, stiften leicht neue Beziehungen. Man hat einen gemeinsamen „Anknüpfungspunkt“: Gerade ein Spielmaterial, das nur sinnvoll von mehreren genutzt werden kann, wie z. B. ein Schwungtuch (Fallschirm), verschafft auch z.B. Jugendlichen wieder einen leichten Zugang zum Spiel.

Wenn ich als Seminarleiter die Spielgruppe nicht kenne, vor allem nicht weiß, wie sie auf eher unbekannte Spielsituationen reagieren werden, dann halte ich mich gern an Materialspiele, bei denen sich die Teilnehmer nicht so beobachtet fühlen (weil jeder mit dem Material beschäftigt ist) und dadurch Spielhemmungen (die von Blamierängsten herrühren) verlieren. Luftballonspiele, Spielideen mit Rhythmikstäben oder Softbällen und Schaumstoff-Frisbees – und dazu klare, einfache Spielinstruktionen – das hilft die Anfangsspannungen zu überwinden. Aber man muß die Regeln auch klar und mit Bestimmtheit eingeben und in der Anfangssituation nur ja nicht aus einem falsch verstandenen demokratischen Erziehungsstil zu offen lassen: „Probieren Sie doch einmal aus, was man mit diesem tollen Material alles machen kann!”

Mal-, Musik- und Tanzspiele

Ein heikles Kapitel sind diejenigen Spiele, die mit Formen verbunden sind, die auch zu etablierten Kunstsparten gehören. Ein Maler, ein Musiker, ein Tänzer spielt nicht, sondern schafft ein Kunstwerk oder interpretiert es. Trotzdem hat doch gerade die Kunst – wird sie souverän gehandbabt – soviel Spielerisches, Phantasievolles, Experimentelles und Improvisatorisches, daß die Nähe zum Spiel eigentlich nicht verwundern kann. Und doch werden hier naserümpfend dicke Trennwände von den Vertretern der Hochkultur und des kommerziellen Kunstbetriebs errichtet.

Gerade das Spiel bietet einen leichten Einstieg in das Verständnis ästhetischer Produktion und Produkte

Dabei bietet doch gerade das Spiel solch einen leichten Einstieg in das Verständnis ästhetischer Produktion und Produkte.
All die Hemmschwellen, die von einer schlechten Musikpädagogik oder völlig falsch angefaßten schulischen Kunsterziehung aufgetürmt wurden, können mit Spielformen in Kinder-, Jugend und sogar Erwachsenengruppen wieder abgebaut werden. Das zeigen zahlreiche Projekte in fortschrittlichen Musikschulen oder in Kunstschulen sowie in den Aktionen „Künstler in der sozialen Kulturarbeit" (Projektberichte und Infos: Institut für Bildung und Kultur, Küppelstein 34, 42857 Remscheid).
Was unterscheidet denn nun eigentlich ein Malspiel vom ‚richtigen' Malen?

Was unterscheidet eigentlich ein Malspiel vom ‚richtigen' Malen?

Nehmen wir ein typisches Malspiel-Beispiel:
Die Gruppe sitzt im Kreis, jeder hat ein Blatt vor sich und malt seinen Vornamen – so, wie es jeder möchte – mit Wachsmalkreide auf das Blatt. Verzierungen oder Muster drumherum sind eher erwünscht. Dann rutscht jeder einen Platz weiter im Uhrzeigersinn und malt eine Kleinigkeit auf das Blatt seiner Nachbarn, vielleicht etwas, was er ihm wünscht, oder er verwendet Farben, die typisch für ihn sind oder oder ... Alle wechseln so lange, bis sie wieder vor ihrem eigenen Bild angekommen sind. Abschließend kann nun jeder „sein" Bild vervollständigen. Über einzelne Aktionen wird gesprochen. Die Bilder werden eine Zeit im Gruppenaum hängen bleiben.
Hierbei sind Bilder entstanden. Was unterscheidet diese spielerische Form der Bildproduktion vom professionell erstellten Kunstprodukt?
Die Antworten. Hier haben Laien/Amateure gearbeitet; es wurde sehr stark improvisiert; es handelt sich um Gruppen- statt Einzelarbeit; der Prozeß („Was malt der mir da in mein Bild?") war wichtiger als das Produkt; es gab für alle verbindliche Regeln, die einen Rahmen boten und damit Sicherheit angesichts der leeren Malfläche vermittelte; die Bilder sind ungeachtet historisch entwickelter oder vom kommerziellen Kulturbetrieb bestimmter ästhetischer Gesetze entstanden; für Menschen geeignet, die glauben, nicht malen zu können; ein einfacher Einstieg in kulturelle Ausdrucksweisen; eine sehr schnell vorzeigbare Ergebnisse herstellende Produktionsweise – was gerade in der Jugendarbeit wichtig ist.
Angesichts dieser vielen Vorzüge ist es mir völlig egal, wenn irgendwelche Kunstkritiker meinen, daß sowas doch keine Kunst sei, allenfalls eine nette Spielerei.

Worauf ist beim darstellenden Spiel zu achten?

12

- Rollenspiel
- Theaterspiel
- Pantomime
- Szenisches Spiel
- Planspiel
- Simulationsspiele
- Spielformen
- Einstiegsspiele

Eine der herausragendsten und beliebtesten Spielkategorien sind alle Formen des darstellenden Spiels. Den Anmerkungen und Hinweisen zu den einzelnen Formen des darstellenden Spiels haben wir deshalb zwei Kapitel bereitgestellt:
Zwei große Gruppen sind dabei zu unterscheiden, die etwas mit der Funktion der Spielformen zu tun haben:
1. Spielformen, bei denen es um das Darstellen, das Ausdrücken, das Vorführen von Handlungen oder ganzen Szenen geht: Vom pantomimischen Ratespiel über Stegreifszenen, Sketch, Kabarett, Revue bis hin zu allen Vorführ- und Mitspieltheaterformen. (Dieses Kapitel!)
2. Spielformen, bei denen soziale Interaktionen in Szenen umgesetzt werden, um soziales Verhalten zu lernen, Konfliktlösungen zu finden und Handlungsalternativen zu erproben: Angeleitetes Rollenspiel; komplexe Spielprojekte; Planspiel; Forumtheater.

Pantomimisches Spiel

Eine Gruppe von Kindern sitzt aufgeregt auf ihren Stühlen, alle in einer Reihe. Plötzlich springt einer auf, deutet stumm auf etwas in der Ferne, plötzlich jubeln alle, ohne auch nur einen Laut von sich zu geben ... Was ist los? Die Kinder geben einer anderen Gruppe eine pantomimische Rateaufgabe: ‚Zuschauer bei einem Fußballspiel‘ war herauszufinden.
Ebenso wie manche Wahrnehmungsspiele durch den bewußten Verzicht auf einen menschlichen Sinn (z. B. bei Blindspielen) besonders reizvoll werden, macht es Spaß, auch ein Ausdrucksspiel unter Verzicht auf die übliche Ausdrucksform, die Sprache, zu spielen, also pantomimisch. Nur durch Mimik, Gesten und Körperbewegungen, allenfalls nur einige Geräusche, sich verständlich zu machen, ist schwierig. Viele pantomimische Spiele sind deshalb Ratespiele. Zwar kommt es auf eine verständliche Darstellung an, aber die Präzision der künstlerischen Darstellungsform ‚Pantomimisches Theater‘ braucht nicht angestrebt zu werden. Aber dennoch tragen pantomimische Spiele nebenbei zur Ausdrucksschulung bei, genauso wie Wortspiele rhetorische Übungen sind.

Auch Jugendlichen können pantomimische Spiele noch viel Spaß machen, z. B. die Fernsehsendung ‚Montagsmaler' umfunktioniert zu ‚Montagsschauspieler': Begriffe, zusammengesetzte Worte, Sprichwörter, Werbeslogans, abstrakte Wörter werden stumm gespielt und von den anderen geraten. Auch eine Diskussion über geschlechtsspezifisches Verhalten und Körpersignale kann durch eine pantomimische Vorführung der verschiedenen Sitzweisen und Haltungen von Jungen und Mädchen eingeleitet werden.

‚Klamauk'-Spiele, Sketche, Nonsensspiele, Stegreifspiele
Opa (gespielt von Stephan, 11 Jahre) klingelt an der Wohnungstür. Mutter (Sabine, 10 Jahre) öffnet und wundert sich lautstark darüber, daß Opa nicht allein zum sonntäglichen Kaffeetrinken gekommen ist. Opa hat seine neue Freundin mitgebracht: das gibt ein Spektakel in der Familie! Dem Vater fällt die Tasse aus der Hand, die Tochter fragt: „Wieso soll er nicht?" und die Tante geht mit dem Schirm auf Opa los …

Die wichtigsten Mittel der Darstellung sind:

Bühnenbild / Projektionen, Musik/Töne – Zusatzmittel: Masken, Schatten, Schminke, Puppen

'Klamauk'-Spiele sind kleine, spontan inszenierte Stegreifspiele, bei denen es hoch hergeht: alle Darsteller dürfen maßlos übertreiben, das Spiel darf im Tumult enden, und es kann ein blöder Witz nach dem anderen kommen. Wichtig aber ist, daß die Kinder Rollen spielen, sich in eine kurze Szenenvorgabe hineinfinden und sich freispielen, ihrer Phantasie freien Lauf lassen.

'Klamauk'-Spiele sind eine Bezeichnung von Hoffmanns Comic Teater in ihrem Rollenspielbuch für Spiele, mit denen Kinder zum Rollen- und Theaterspiel hingeführt werden können. Zum Gelingen der 'Klamauk'-Spiele gehört die witzige Überzeichnung der Rollen, der Gag in der Anlage der Szene und die turbulenten Einfälle der Spieler, mitunter auch das Anfeuern durch die Zuschauer. Kleine Requisiten und Verkleidungen können den Spielspaß erhöhen und den Mut zum Vorspielen stärken. Hier kann richtig derb Quatsch gemacht werden, karikiert werden, es können Klischees produziert werden bis sie umkippen. Freie Bahn dem Blödsinn!

'Klamauk'-Spiele sind kleine, spontan inszenierte Stegreifspiele, bei denen es hoch hergeht: alle Darsteller dürfen maßlos übertreiben.

Praxistip: Weitere Szenenvorschläge:
- Der Fernseher geht mitten im Krimi kaputt.
- Mutter kommt betrunken von einem Skatabend nach Hause.
- Vater will nicht zur Arbeit gehen und stellt sich krank, was aber von der Familie durchschaut wird.
- Ein Mann belästigt eine Frau in der Eisenbahn. Zwei weitere Frauen kommen hinzu.

Voraussetzungen für darstellendes Spiel

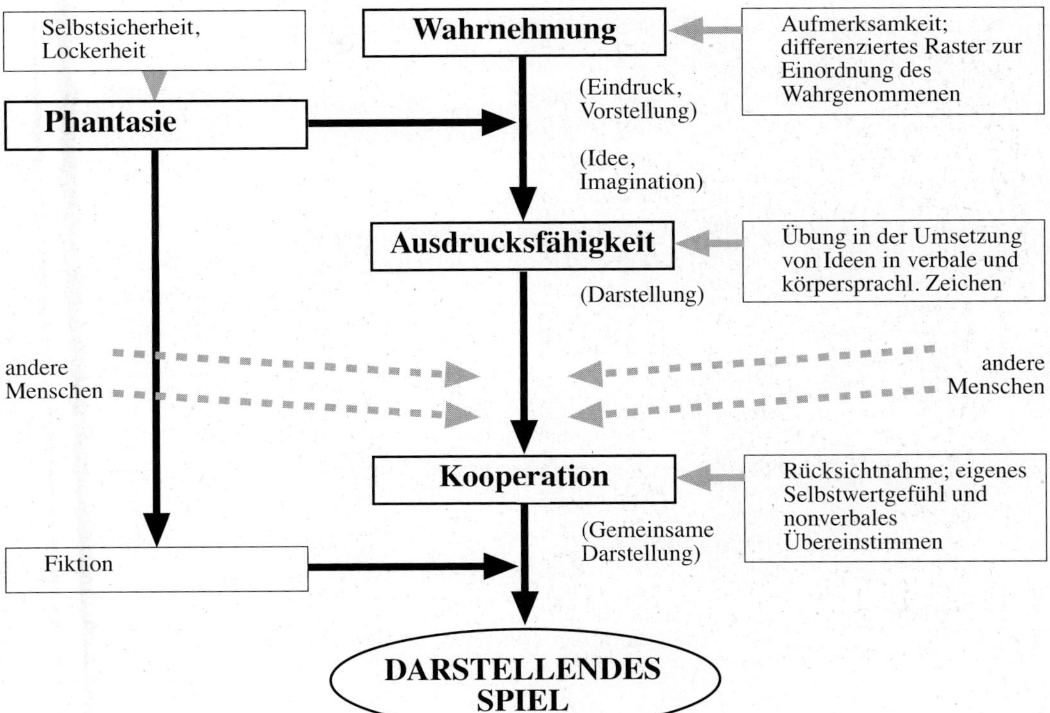

Die Fähigkeiten in den Kästchen werden beim Darstellenden Spiel geübt.

Szenisches Spiel, Sketch

Praxistip:
Ablauf einer Szenen-Entwicklung in Gruppen:

1. Thema finden
   Alle machen Vorschläge für Thema, Überschrift, Titel, Motto (möglichst immer mehr als einen Begriff nennen) mittels Brainstorming. Dann über Vorschläge abstimmen.
2. Gruppen bilden
3. Szenen entwickeln
   In jeder Gruppe wird entweder (a) mit einem Gespräch eine Szene in Stichworten erarbeitet oder (b) mit der Methode „Gespieltes Brainstorming" -zig Einfälle erspielt und dann aus einer Kombination von einigen sich anbietenden Einfällen die Szene entwickelt.
   Oder (c) eine Szene wird mit der Ein-Satz-Methode erspielt (jeder spielt und sagt einen Satz), möglicherweise wieder verworfen und neu erspielt.
4. Spielleiter in jeder Gruppe wählen, Spiel-Rollen verteilen
5. Szenen proben
   Ca. drei- bis viermal wird dann die Szene unter dem Feedback des Spielleiters geprobt.
6. Gruppenprobe
   Jede Gruppe führt einer Partnergruppe ihre Szene vor, erhält dann ein Feed-back von der (Publikums-) Gruppe. Erneutes Ausfeilen und Proben gruppenintern.
7. Koordination
   In einer Plenumssitzung wird die Kombination, Übergänge, Reihenfolge, Rahmen, Musik, Beleuchtung, Dekoration, Bühnenbild besprochen. Vor Anfang an daran denken, daß Technik-Interessierte für Licht, Musik usw. bei Aufführungen gebraucht werden!
8. Evtl. gruppeninternes Ausfeilen der Szenen aufgrund der notwendigen Übergänge.
9. Stellprobe, Generalprobe
10. Aufführung

Spielszene: Einem Kind ist ein Geldstück in den Gully gefallen. Es steht am Straßenrand und weint, ein Mann kommt hinzu und versucht mit seinem Stock das Geldstück herauszuangeln, stößt es aber immer tiefer hinein. Mehrere Passanten bleiben stehen, streiten sich über die beste Angelmethode. Das Kind wird völlig vergessen ...

Szenisches Spiel ist die Darstellung kurzer Handlungsabläufe durch mehrere Spieler. Es kommt dabei nicht so präzise auf das Rollenverhalten der Spiele an wie beim Rollenspiel, es muß auch nicht unbedingt nur stumm und mit Gesten wie bei der Pantomime dargestellt werden, aber den Zuschauern soll etwas vermittelt werden, und damit geht das Szenische Spiel einen Schritt über das ‚Klamauk'-Spiel hinaus in Richtung auf das Theaterspiel.

Der Sinn und Zweck des szenischen Spiels kann recht verschieden sein:

- das Anspiel, um weiteres Nachdenken in der Gruppe zu provozieren (z. B. Straßentheaterszenen);
- das Kabarett und die Revue, die sich aus mehreren, oft nicht zusammenhängenden Szenen zusammensetzt;
- kurze Darstellungen aus dem Gruppenleben als Teil einer Öffentlichkeitsarbeit;
- als Umsetzung einer Textstelle aus einer literarischen Vorlage (Bibel, politische Texte, Verordnungen ...);
- Kabarettszenen, die karikierend Mißstände in Schulen, Werbung, Rollenverhalten, Erziehungsstile aufzeigen.

Dramaturgische ‚Kunstgriffe' können das szenische Spiel verfremden, kommentieren und die Zuschauer in lerneffektive Wahrnehmungswidersprüche bringen:

- Deutliche Übertreibung einer Rolle, eines Abschnitts; Unterbrechung durch Kommentar, Bänkellied, Dias, Musik ...;
- Einfrieren: alle verharren in der Bewegung für einige Momente;
- pontomimische Darstellung (ohne jegliche Sprache);
- Zeitlupen-Spiel;
- Wiederholung besonders bedeutsamer Sätze;
- Double (ein Spieler, das Double, sagt immer, was der Spieler denkt);
- durch Punktscheinwerfer einzelne Personen hervorheben oder blackout setzen;
- einen Chor auftreten lassen (Sprechchor).

Methoden der Szenen-Entwicklung

Als weiteren Hinweis sollen einige Methoden stichwortartig genannt werden, die bei der Entwicklung von Szenen in der Gruppe helfen können:

• Geschichte oder Erzählung nachspielen;
• Geschichte mit offenem Schluß, mehrere Gruppen spielen den Schluß;
• aus Fotos Rollen entwickeln, alle Personen sollen in Szenen vorkommen;
• Gedichte, Sprichwörter, Literaturzitate in ein darstellendes Spiel umsetzen;
• Stegreifsituationen oder Erlebtes der Teilnehmer nachspielen;
• aus einer Liste je ein Ort, zwei Personen und zwei Eigenschaften auswürfeln; vier ausgesuchte Begriffe sollen in Szenen vorkommen, evtl. später raten lassen;
• nach Karikaturen oder Comics Personen spielen;
• Gegenstände im Haus suchen und dann in eine Szene einbauen;
• Masken (möglichst gegensätzlich) auftreten lassen;
• Musik, Geräusche (die evtl. erst noch zu erraten sind) in Szene einbauen;
• Zeitungsmeldungen zu einer Szene umbauen.

Hilfreich, auch gegen die Spielangst, können Requisiten und Verkleiden sein: Oft genügen Hut, Schal, Stoffbahn, Taschen, Stöcke.

Die Entwicklung und Regie der Szene sollte von der ganzen Gruppe übernommen werden. Aus der Aneinanderfügung von Szenen kann leicht ein ganzes Theaterstück aufgebaut werden (dazu ist ein ‚roter Faden', z.B. mehrere durchgängige Hauptpersonen, erforderlich).

Theaterspiel

„Die eifersüchtige Konkurrenz um die Hauptrollen, die Betonung der eigenen Leistung, die Starrheit der auswendig gelernten Rollen, die durch ihre Fixierung auf die Aufführung bestimmte Probenarbeit, überhaupt die ganze Orientierung an der äußeren Wirkung an einem oder zwei Abenden sind nach meinen Erfahrungen die Kennzeichen der traditionellen Theaterarbeit an Schulen. Wie sollen Kinder dabei lernen, Spaß am Spielen selbst zu haben und daraus folgend: Spaß daran, aufeinander zu achten, auf andere spontan zu reagieren, in wechselnden Situationen eigene Gefühle zum Ausdruck bringen, ohne ständig auf die erhoffte Wirkung bei der Aufführung zu schielen?" (Daublebsky, B.: Spielen in der Schule. Stuttgart 1973, S. 162)

Unterschiede zwischen verschiedenen Formen des darstellenden Spiels

Unter vier Gesichtspunkten sollen die verschiedensten Formen des darstellenden Spiels betrachtet werden:

1. Wie stark ist die Handlung festgelegt?
2. Wie weit ist der Mensch das wesentlichste Darstellungsmittel?
3. Wie stark sind die Zuschauer beteiligt?
4. Welche Funktion will das darstellende Spiel erfüllen?

Festlegungsgrad der Handlung

Von der Möglichkeit, daß die Handlung völlig festgelegt ist, reicht die Formenvielfalt des darstellenden Spiels bis zum Spontanspiel, bei dem die Handlung im Moment des Spielens entwickelt wird: Aufgeschriebenes Theaterstück – Improvisation nach einigen Vorgaben – In der Gruppe selbst erarbeitetes Stück – Stegreifspiel / Rollenspiel.

Darstellung durch Menschen?

Von der Pantomime, wo nur die Körpersprache des Menschen im Mittelpunkt steht bis zum Figurentheater, wo eine Puppe statt des Menschen zur Darstellung kommt, reicht die Formenfülle: Pantomime – Tanztheater – Sprechtheater – Oper – Menschenschattenspiel – Maskenspiel – Figurentheater (Puppen, Marionetten, Schattenfiguren).

Grad der Zuschauerbeteiligung

Die Formen gehen unter diesem Gesichtpunkt vom Vorführtheater über Formen mit kurzen Bühne-Zuschauer-Dialogen (Kasperletheater!) über das Mitspieltheater (Kinderzirkus!) bis zum reinen Gruppenspiel, bei dem ohne Zuschauer nur für sich selbst gespielt wird (z.B. auch beim Planspiel).

Funktion und Absicht des darstellenden Spiels

Die verschiedenen Formen des darstellenden Spiels lassen sich im Dreieck Unterhaltung – Kunst - Vermittlung von Inhalten ansiedeln. So liegt z.B. Kabarett zwischen *Unterhaltung und Inhalte vermitteln.* Wo die Komödie, wo Brecht?

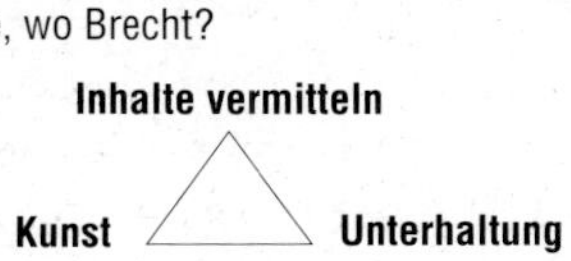

Theaterspiel – ist das überhaupt noch Spiel? Der allgemeinen Spieldefinition widerspricht es an mehreren Stellen: Theaterspiel ist produkt-orientiert und nicht prozeß-ausgerichtet (die Aufführung, das fertige Stück ist das Produkt); man kann nicht spielen, was und wie man es will, sondern muß sich nach festen Texten und Regieanweisungen richten ... schließlich bestimmen künstlerische, aufführungstechnische und ästhetische Gesichtspunkte das Spiel.
Allerdings muß das nicht so sein!
Benita Daublebsky beschreibt, wie die Ziele der Spielpädagogik auch mit dem Theaterspiel von Kindern realisiert werden können, allerdings müssen dann einige heilige Kühe der konventionellen Theaterproduktion geschlachtet werden:
Das Stück, die Texte und Rollen können zusammen mit den Kindern selbst erarbeitet, geschrieben und bei den Proben weiterentwickelt werden. Denkbar ist sogar, mit Kindern ein Mitspielstück zu entwerfen, das immer erst mit mitspielenden Zuschauern fertiggespielt wird. Die Stücke müssen so offen gehalten werden, daß neue Einfälle leicht integriert werden können. Am leichtesten fällt das bei Handlungsrahmen, die entweder direkt dem Alltag der Kinder oder ganz utopisch-phantastischen Milieus entstammen.
Die Rolleninterpretation und die Darstellungsformen auf der Bühne (einschließlich Bühnengestaltung) dürfen nicht von einem Regisseur allein, sondern von der ganzen Gruppe bestimmt werden. Das geschieht am besten dadurch, daß sich der anfänglich nötige und Unsicherheit nehmende Spielleiter immer weiter zurücknimmt, Diskussionsleitung abgibt, die Vorschläge aus der Gruppe fördert und ständig Alternativen zur Diskussion und Abstimmung stellt!
Nützlich ist es auch, Rollen ab und an zu wechseln, auszulosen und Verantwortlichkeiten nicht für die gesamte Probenzeit bei denselben zu belassen (und diejenigen, die für die Bühnengestaltung zuständig sind, sollten stets als Team arbeiten und entscheiden).
So entwickelt und gespielt, kann Theaterspiel für die Gruppe nicht nur die erhoffte Selbstbestätigung bei der Aufführung, sondern zahlreiche Erfolge im sozialen Lernen bringen.

Wie führe ich Rollen- und Planspiele durch?

13

- Spielformen
- Rollenspiel
- Planspiel
- Forumtheater

Eine der herausragendsten und beliebtesten Spielkategorien sind alle Formen des darstellenden Spiels. Den Anmerkungen und Hinweisen zu den einzelnen Formen des darstellenden Spiels haben wir deshalb zwei Kapitel bereitgestellt:
Zwei große Gruppen sind dabei zu unterscheiden, die etwas mit der Funktion der Spielformen zu tun haben:
1. Spielformen, bei denen es um das Darstellen, das Ausdrükken, das Vorführen von Handlungen oder ganzen Szenen geht: Vom pantomimischen Ratespiel über Stegreifszenen, Sketch, Kabarett, Revue bis hin zu allen Vorführ- und Mitspieltheaterformen. (Vorhergehendes Kapitel!)
2. Spielformen, bei denen soziale Interaktionen in Szenen umgesetzt werden, um soziales Verhalten zu lernen, Konfliktlösungen zu finden und Handlungsalternativen zu erproben: Angeleitetes Rollenspiel; komplexe Spielprojekte; Planspiel; Forumtheater. (Dieses Kapitel!)

Hinführung zum Rollenspiel

Angst vor dem Spielen abbauen, die Ausdrucksfähigkeit und das Zusammenspiel verbessern

Mit dem Rollenspiel als pädagogischem Mittel kann man nicht einfach anfangen – das steht in jedem Rollenspiel-Handbuch und wird von jedem aus der Praxis bestätigt. Rollenspiel ist für die meisten Gruppen, ob Kinder, Jugendliche oder Erwachsene, eine viel zu ungewohnte und unbekannte Methode. „Einfach mal anfangen", das erzeugt in der Regel bei den Spielern Angst, Hemmungen und Leistungszwänge. Man fürchtet, nicht gut genug zu spielen. Man glaubt, sich zu albern zu benehmen. Und schon ergibt sich der Teufelskreis: Aufgrund der Ängste entstehen Spielhemmungen und das Vorurteil „Es kann eben nicht jeder Theater spielen" wird scheinbar bestätigt.
Rollenspiel braucht eine allmähliche Hinführung der Gruppe zu dieser speziellen Form des darstellenden Spiels. Dabei sollen die Spieler Spielhemmungen verlieren und gleichzeitig ihre Ausdrucks- und Darstellungsfähigkeit verbessern. Und vor allem ihre konsumtive Erwartungshaltung verlieren:
Ein Rollenspiel setzt eine ganze Reihe von Qualifikationen bei den Spielern voraus, ohne die der Spielablauf unbefriedigend

„So ein Haufen disziplinierter, pflichttreuer oder gelangweilter Leute, gleich welchen Alters, erwartet, daß etwas mit ihnen geschieht; wartet auf Belehrung, Information oder auf die Vermittlung von Erlebnissen. So ein Haufen ist immer passiv. Und daran ändert kein Appell an die Kreativität etwas und keine noch so munter vorgetragene Aufforderung, nun mal ganz gelöst zu sein ..."
(Hoffmanns Comic Teater: Will dein Chef von dir mal Feuer. Rollenspiele. Berlin 1974, S. 26).

werden würde und dadurch nicht gerade zu einer Fortsetzung oder Weiterführung motivieren könnte. Gemeint sind hier freilich spieltechnische Qualifikationen, nicht Kompetenzen im sozialen Handeln!
Beispiele für spieltechnische Qualifikationen fürs Rollenspiel: Eine Handlungsidee in die hierzu nötige Motorik umsetzen können; zur Sprache die beabsichtigten mimischen und gestischen Äußerungen hinzufügen können; trotz Beobachter sich trauen zu spielen; Vorstellungskraft (Phantasie) für angenommene Situationen und Personen entwickeln; für die Reflexion vom Rollenspiel wieder abstrahieren zu können; den Anreiz zum Gag und Sketch und Spielen-um-der-Wirkung-willen kanalisieren können; ...
Diese Beispiele hören sich erschreckend anspruchsvoll an. Sie sollen deutlich machen, daß es naiv wäre, ein Rollenspiel mit Problemorientierung unvorbereitet in einer Gruppe initiieren zu wollen. In welcher Gruppe auch immer: eine Vorbereitung auf das problemorientierte Rollenspiel muß geleistet werden. Mit welcher Intensität und mit welchem Zeitaufwand in einer Gruppe diese Hinführung zum Rollenspiel geschieht, hängt von den sozialen Fähigkeiten, der Dauer des Zusammenseins und den Vorerfahrungen mit anderen Spielen ab. In dem folgenden dreiphasigen Modell für eine Hinführung zum Rollenspiel gehe ich von Gruppen aus, die relativ voraussetzungslos zu einem problemorientierten Rollenspiel gelangen sollen.
Die Autoren jener Bücher, in denen auch auf die Hinführung zum Rollenspiel eingegangen wird, sind sich darin einig, daß Spielhemmungen abgebaut werden müssen, daß die Ausdrucksfähigkeit der Spieler geübt werden sollte und daß ein Einstieg in das problemorientierte Rollenspiel gut über lustige Kurzrollenspiele erfolgen kann. Ich möchte dazu noch ergänzen, daß für die Hinführung zum problemorientierten Rollenspiel auch ein spielerisches Kennenlernen, ein Informations- und Meinungsaustausch, auch Feedback-Spiele notwendig sind. Diese Notwendigkeiten (Ziele) könnte man modellhaft drei Phasen der Hinführung zum Rollenspiel zuordnen.

Die erste Phase: Kennenlernen und Spielhemmungen abbauen
In dem praktischen „Rollenspielbuch" von Michael Kramer werden viele – vor allem nonverbale (pantomimische) Ratespiele beschrieben, die für eine Rollenspiel-Einstiegsphase nützlich sind. Ein Beispiel soll hier zur Verdeutlichung genügen.
Spielbeispiel: Berufe-Raten.

Es lassen sich fast alle Berufe mit wenigen Bewegungen darstellen. Für jüngere Spieler empfehlen sich einfachere Berufe: Koch, Tischler, Schornsteinfeger, Polizist, Krankenschwester, Uhrmacher, Kellner, Maler ... Für ältere Spieler sollte man Themen anderer Art verwenden: Tankwart, Telefonistin, Filmvorführer, Chemiker, Beamter, Detektiv, Regisseur. Man kann aus diesem Spiel auch ein Improvisationsspiel machen, indem der Spielleiter die Spieler fragt, ob sie selber Themen wissen, die sie vorspielen können. Das ist vor allen Dingen auch beim Tätigkeitsraten möglich.
Den Einstieg über das Verkleiden und damit in eine Rolle schlüpfen und dann in der Rolle herumzualbern („Blödelspiele") beschreibt sehr gut Hoffmanns Comic Teater. Wichtigste Voraussetzung: Viele, animierende Verkleidungen bereithalten. Manchmal reichen auch schon ganz viele verschiedene Hüte.
Gerade mit Jüngeren wird dadurch Spielfreude und Rollenübernahme sehr leicht möglich.

Die zweite Phase: Ausdruck- und Spielfähigkeit verbessern
In dieser Phase kommt es überhaupt nicht darauf an, perfekt Theater spielen zu lernen, es geht nur um die Übung von Wahrnehmung, Ausdruck (auch: Gestik, Mimik, Motorik) und evtl. auch um Beobachtungsübungen, damit beim Rollenspiel vielleicht notwendige Beobachter einige Techniken beherrschen. Diese Phase setzt das Warming up (= Aufwärmphase, Einstieg) der ersten Phase fort, wenngleich der Ablauf stärker strukturiert werden muß, damit systematisch die Kommunikationsfähigkeit geübt werden kann. Mancher wird fragen, ob denn für einen solchen Übungszweck nicht gerade das Rollenspiel geeignet sei. Sicherlich ist ein Nebenbei-Effekt des Rollenspiels das Üben der Kommunikationsfähigkeit, aber tritt dies Ziel beim Spiel zu sehr in den Vordergrund bzw. ins Bewußtsein der Rollenspiel-Teilnehmer, können sie leicht überfordert werden (wenn Rollenspiel für die Teilnehmer neu ist!).

Die dritte Phase: Komplexe Spiel-Zusammenarbeit üben
Die für diese Phase vorgeschlagenen methodischen Möglichkeiten sollen einen gleitenden Übergang zum problemorientierten Rollenspiel ermöglichen. Es handelt sich dabei bereits um richtige Spielszenen, die auch die komplexe Kommunikation (verbal und nonverbal, dialogisch und kooperativ) üben, aber sie sollten noch möglichst kurz und vom Spaß an Inhalt und Form getragen sein.

Spielbeispiel:
Hüte probieren.
Alle setzen sich auf den Boden und bekommen vom Spielleiter Kopfbedeckungen aufgesetzt. Sie sollen dann aufstehen und so herumlaufen, wie derjenige sich benehmen würde, dessen Kopfbedeckung sie tragen. Wenn jemand genug von seiner Rolle hat, tauscht er die Kopfbedeckung mit jemand anderem.

Spielbeispiel:
Schaufensterdekoration.
Eine Gruppe mit bis zu 14 Teilnehmern wird in zwei Untergruppen geteilt: die einen spielen Schaufensterpuppen, die anderen ein Dekorateursteam eines Kaufhauses. Die Dekorateure bewegen und verformen die Puppen zu einem gemeinsam gestalteten Schaufenster. Die Puppen sollen es „mit sich machen lassen" und dürfen selbst nicht aktiv werden. Ein zweiter Durchgang mit Rollenwechsel sollte sich anschließen (Puppen sind dann Dekorateure und umgekehrt).

Spielbeispiel:
Stegreifszenen.
Ein Mann an der Kasse vom Lebensmittelsupermarkt. Es ist Freitagabendbetrieb. Er findet seine Geldbörse nicht. Auf dem Markt hat eine Frau den Stein aus ihrem Ring verloren. Sie meint, er müsse in eine Tomatenkiste gefallen sein. Opa hat sich eine Freundin angeschafft und bringt sie mit nach Hause.

Sehr gut eignen sich dazu die Klamauk- und Stegreifspiele, die ich im vorigen Kapitel beschrieben habe.

Pädagogisches Rollenspiel

Im Rollenspiel werden konflikthaltige Geschichten gespielt, Lösungen gesucht und neue Verhaltensweisen erprobt und vorgeführt. Durch verschiedene methodische Mittel wird ein Rollenspiel pädagogisch fruchtbar gemacht (Rollenwechsel usw., siehe weiter unten!).

Drei wichtige Ziele können mit der Spielform Rollenspiel in Gruppen angegangen werden:

• Verbesserung von Kommunikation, Interaktion und Zusammenarbeit

• Verständnis von verschiedenen Positionen, Rollen, Zwängen, Motiven bei Partnern

• Entwicklung von Konfliktlösungen, auch Entwicklung von Fähigkeiten in der Interessenwahrnehmung, Taktik und Strategie, Durchsetzungsfähigkeit

Das Anstreben dieser Ziele mit dem Rollenspiel geht einher mit viel Spaß an der Übernahme und dem spielerischen Ausfüllen von Rollen, dem experimentellen Erproben von Schlüssen und der Spannung, die Geschichten nunmal vermitteln, wenn sie aus unserem Alltag stammen.

Der Ablauf eines Rollenspiels in Phasen:
1. Konflikt ausdenken, dazugehörige Rollen kurz skizzieren (Rollenspielplanung)
2. Einstieg in Spielform und Thema mit der Gruppe (Rollenspielvorbereitung, Hinführung)
3. Spieler auswählen, auslosen oder zuordnen lassen
4. Alle Spieler lesen sich kurz in die Geschichte und ihre Rollenvorgabe ein, währenddessen bereitet der Spielleiter die Zuschauer auf ihre Beobachteraufgaben vor (vereinbart Fragen oder methodische Techniken zur Unterbrechung bzw. Reflexion)
5. Rollenspiel, evtl. mit zwischendurch Zuschauerbefragungen, Rollenwechsel, Spielereintausch usw.
6. Gemeinsame Diskussion des Spiels
7. evtl. Erspielen weiterer Varianten

Im Rollenspiel können jedoch nur individuelle Beziehungen zwischen Menschen exemplifiziert werden – die dahinterstehenden Zwänge, Ideologien, Machtverhältnisse, Interessenkartelle usw. lassen sich nicht personell auf die Spielfläche bringen. Das bedeutet: Ein Rollenspiel kann nur aufklärerisch wirken, wenn wir es mit anderen Erfahrungsmethoden kombinieren: Interviews mit Konfliktpartnern aus der Wirklichkeit; Studium von Gesetzen, Verordnungen, Positionspapieren; Erlebnisschilderung von echten Beteiligten; Filme zum Thema usw.

Der zweite Vorwurf gegen das Rollenspiel: Es ist ja nur Spiel, also vorgestellte Wirklichkeit, die Übertragung auf das persönliche Leben der Spieler bzw. auf die gesellschaftliche Realität sei nicht gegeben.

Dieser Vorwurf stimmt – es sei denn, man nutzt vor allem Konfliktgeschichten aus der direkten Erfahrungswelt der Kinder und Jugendlichen und reflektiert mit ihnen anschließend die Frage, was denn in der Wirklichkeit dazugehört, daß man sich tatsächlich so verhält, wie die eben erspielte Lösung es nahelegt.

Probleme beim Rollenspiel

Rose Götte, eine sehr erfahrene Autorin in der Rollenspielliteratur, beschreibt sechs Hindernisse, die insgesamt beim Einstieg ins pädagogische Rollenspiel mit Kindern und Jugendlichen überwunden werden müssen. Seien Sie also gewarnt!

1. Die Kinder sind aufgeregt, laut, kämpfen um die Rolle und machen Unsinn, wenn sie nicht drankommen.
2. Kinder sind schüchtern, haben plötzlich Spielhemmungen, halten das Gefühl des Beobachtetseins nicht aus.
3. Kinder können Rollen nicht ausreichend mit Gestik und Mimik darstellen, Rolle ‚kommt nicht rüber'.
4. Kindern fällt mitten im Spiel kein Text ein; Spielblockaden.
5. Es wird im Spiel nicht aufeinander eingegangen. Jeder spielt ohne Kooperation oder Interaktion vor sich her.
6. Es drängen sich immer dieselben Kinder zum Spiel und zur Übernahme einer Rolle.

Was in den Fällen 1 bis 6 helfen kann, steht im Praxistip.

Techniken zur pädagogischen Qualifizierung eines Rollenspiels

• Rollentausch (Spieler A übernimmt die Rolle von Spieler B und umgekehrt, um Konflikt mal aus der anderen Perspektive zu erleben)

• Spieler einwechseln

• Hilfs-ICH (Einem oder mehreren Spielern werden Hilfspersonen zugeordnet, die hinter ihnen stehen und immer das sagen, was in der Rolle nicht gesagt werden kann: Gefühle äußern, heimliche Gedanken usw.)

• Spiel mit Gruppen-Schutz (Bei einem Rollenspiel mit 2-3 Rollen sitzen hinter jedem Spieler im Halbkreis etwa 3 Berater. In einer Beratungspause dreht sich jeder Rollenspieler zu seinem Beratungsteam und erhält Tips für sein weiteres Vorgehen.)

• Zwischenbefragung (In Spielunterbrechungen befragt der Spielleiter das Publikum, was es denn nun anstelle von XY machen würde. Die Spieler hören zu. Evtl. dann auch Vorschlagende einwechseln.)

• Interpretation (Bei Spiel-Unterbrechung frieren die Spieler ein und jemand aus dem Publikum beschreibt, was er gesehen hat. Die Unterbrechung kann auch vom Publikum durch STOP-Sagen erfolgen.)

• Mitspielen des Spielleiters (Kurzfristige Übernahme einer weiteren Rolle, um den Gang der Handlung zu beeinflussen, die Spieler zu provozieren oder dem Publikum eine bestimmte Situation zu verdeutlichen.)

Gerade die letztgenannte Technik kann als eine der Methoden angewendet werden, um ein übliches Imitations-Rollenspiel von jüngeren Kindern zu einem Konflikt-Rollenspiel zu verwandeln. Rose Götte beschreibt ein Beispiel aus dem Kindergarten:

Praxistip:
Was hilft bei den von Rose Götte beschriebenen Problemen mit Rollenspielen:

zu 1
Stuhlkreis mit Spielfläche in der Kreismitte; Konzentrationsspiele.

zu 2
Einfache pantomimische Übungen; Mitspielgeschichten für alle.

zu 3
Beobachtungsübungen, Pantomime; kleine Gestik-Mimik-Übungen.

zu 4
Hilfs-Ich (siehe weiter unten) zur Verfügung stellen.

zu 5
Viele Sprachspiele; zwischendurch Publikum befragen, wie XY reagieren könnte; Rollentausch.

zu 6
Zettel ziehen lassen; Rollen werden vom Spielleiter zugeordnet; Rollen werden öfter eingewechselt.

Literaturtip:
Rose Götte: Zur Praxis des Rollenspiels in Kindergarten und Schule. In: Spielpädagogik [Hrsg. Norbert Kluge]. Verlag Julius Klinkhardt: Bad Heilbrunn 1980).

„Die ‚Cowboys‘, deren Spiel sich darin erschöpft, ‚schießend‘ und knallend durch den Kindergarten zu laufen, werden von der Erzieherin um ein Lagerfeuer aus Bauklötzen versammelt. Dort gibt es eine Lagebesprechung: Die Nahrungsmittel gehen zu Ende, einige Kühe sind krank, ein Tierarzt muß aus der nächsten Stadt geholt werden ...“

Das ABC-Rollenspiel

Eine der interessantesten Rollenspielformen habe ich vor einigen Jahren kennengelernt und dann weiterentwickelt: das ABC-Rollenspiel. Es hat den Vorteil, daß alle gleichzeitig spielen, also kein Publikum mehr – oder oft auch weniger – interessiert zusieht, sich also keiner von allen beobachtet fühlt und dadurch, daß parallel mehrere Kleingruppen denselben Konflikt durchspielen, kommt es leicht zu unterschiedlichen Lösungen, die anschließend ausgetauscht und sehr motiviert reflektiert werden können.

Der Ablauf und ein Beispiel:
Die Geschichte: „Thomas (17 Jahre alt) und Sabine (15 Jahre alt) sind seit drei Monaten fest befreundet. Thomas wohnt in der Großstadt und Sabine in einem kleinen Ort, 20 km entfernt. Am kommenden Wochenende wollen die Eltern von Thomas zu Tante Anna fahren. Thomas will eine kleine Fete am Samstag abend geben, lädt selbstverständlich Sabine dazu ein. Der letzte Bus für Sabines Heimfahrt geht um 21 Uhr. Die beiden kommen auf die Idee, daß Sabine bei Thomas übernachten könnte, weil ja die Eltern weg sind. Keine schlechte Idee. Aber den Eltern muß man das schon beibringen ...“
Soweit die Vorgeschichte zu unserem ABC-Rollenspiel-Beispiel. Die ganze Gruppe wird in Dreiergruppen aufgeteilt. In jeder Kleingruppe gibt es dann eine/n „A“, eine/n „B“ und eine Person „C“.
Alle Kleingruppen spielen dieselbe Geschichte in drei Abschnitten durch. Jedesmal handelt es sich um Dialoge, die dritte Person in jeder Gruppe ist Beobachter/in und macht Notizen zum Spielablauf – darf sich auf keinen Fall einmischen. Da die Rollen von Spielabschnitt zu Spielabschnitt wechseln, ist jeder mal Beobachter/in.

Spielabschnitt:	Person A	Person B	Person C
1. Spielteil	Sabine	Sabines Vater	Beobachter
2. Spielteil	Thomas' Mutter	Beobachter	Thomas
3. Spielteil	Beobachter	Thomas‘ Mutter	Sabines Vater

Im 1. Spiel spricht abends (Dienstag) Sabine mit ihrem Vater, um sein Einverständnis für diesen Plan einzuholen. Der Spielleiter läßt nun den Dialog ca. 8 Minuten spielen (in jeder Gruppe spielen die A-Menschen die Sabine, die B-Menschen spielen Sabines Vater uznd C beobachtet das Geschehen). – Im 2. Spiel will Thomas die Einwilligung am Mittwoch abend von seiner Mutter, die gerade beim Abwaschen ist. Nach ca. 5 Minuten bricht der Spielleiter ab und erklärt den Einstieg in das 3. Spiel: Die beiden Elternteile kannten sich mal von früher und treffen sich zufällig in einem „Bau- und Hobby-Markt" in der Großstadt am Freitag abend. Sie kommen schnell auf den Plan der Kinder zu sprechen. Das Spiel ist beendet, wenn eine Lösung gefunden wurde.

Reflexion des Spiels:
Alle kommen zusammen, und diejenigen, die im letzten Spiel Beobachter/in waren (die „A"- Teilnehmer/innen) berichten, wie es in ihrer Gruppe ausgegangen ist.
Jetzt soll die Gesamtgruppe über folgende Fragen sprechen:
Welche Art von Eltern sind in den Gruppen gespielt worden? Wie war der Erziehungsstil der Eltern? Gab es Schicht-Unterschiede? Wieweit wurden die eigenen Eltern oder die Erfahrungen mit ihnen nachgespielt? Wurde mit dem Mädchen anders umgegangen als mit dem Jungen?
Welche Durchsetzungstaktiken haben die Kinder angewendet? Welche waren erfolgreich? Warum? Wie sollte man sich als Kind in einem solchen Fall gegenüber den Eltern verhalten?
Wurde das Thema „Risiko Kinderkriegen" in den Spielen angesprochen? Welche Meinungen wurden dazu vertreten?
Wenn man selbst Eltern wäre, wie würde man sich verhalten? Wovon hängt dieses Verhalten ab?

Spieldauer:
Das Erklären der Geschichte und die drei Spieldurchgänge dauern 30-45 Minuten. Je nach Auswertungsintensität braucht man in der Jugendgruppe oder Schulklasse mindestens nochmal dieselbe Zeit zum Gespräch. In unserer Beispiel-Geschichte könnten die Hauptthemen sein: Erziehungsstile, Sexualerziehung, Durchsetzungstaktiken von Kindern.

Die pädagogischen Vorteile des Rollenspiels
Sie kennen die übliche Rollenspielmethode: Einige knappe Rollenbeschreibungen werden an eine Gruppe gegeben, die zu spielende Situation wird kurz besprochen und dann wird die

Szene vor allen gespielt. Rollentausch und Beobachtungsfragen dienen dann der pädagogischen Aufbereitung. Das Verfahren „ABC-Rollenspiel“ macht mit einem großen Nachteil dieser Standardmethode Schluß: Die Aufteilung zwischen aktiven Spielern und mehr oder weniger motivierten Zuschauern.
Beim ABC-Rollenspiel sind alle Spielende, und das auch noch in wechselnden Rollen innerhalb derselben Geschichte. Dadurch handelt man innerhalb des Konflikts mal aus dieser, mal aus jener Position heraus. Es entsteht ein höchst komplexes Gemisch aus heimlichen (und unheimlichen) Rollenklischees, verschiedenen Interessenslagen, momentanen Stimmungen und weltanschaulichen Grundüberzeugungen.
Dieses Paket an Handlungsmotiven und Konfliktinteressen im Reflexionsgespräch auseinanderzudröseln, das ist mehr wert als zwei Schulstunden Sozialkunde! Mädchen füllen die zu spielenden Figuren anders aus, als sie von Jungen gespielt werden. Wer die zu spielende Geschichte von Geschwistern her kennt, oder schon mal eine ähnliche Situation erlebt hat, spielt anders als ein Jugendlicher, der frei drauflos phantasiert. Der eine oder die andere reagiert im Spiel auch den aufgestauten Haß auf Familienmitglieder ab, und so wird der Vergleich der Spiele mit der Realität besonders brisant diskutiert. Die unterschiedlichen Lösungen bieten jedenfalls eine Fülle von Anknüpfungspunkten für fruchtbare Diskussionen und weitere Recherchen und mediale Bearbeitungen (Film, Literatur, Plakate usw.).

Simulationsspiele

Das Super-Rollenspiel „Mini-München“
Wie wäre es denn, wenn man ein Rollenspiel nicht auf 10 Minuten begrenzen würde und nicht bloß einen kleinen Konflikt, sondern das Leben in einer ganzen Stadt mit allen Kindern gleichzeitig spielen würde? Das ist das Spielprojekt „Mini-München“ – entwickelt als mehrwöchige Ferienspielaktion von der Pädagogischen Aktion München (vor allem von Haimo Liebich, Gerd Grüneisl und Wolfgang Zacharias) und inzwischen oft wiederholt, in anderen Städten nachgemacht oder in kleinerem Maßstab variiert. Diese Form ist zu komplex, um sie hier auf wenigen Zeilen darstellen zu können – die Entwickler haben ein dickes Taschenbuch dazu geschrieben, das sich lohnt zu lesen! Aber die hervorragende Idee sollte hier auf jeden Fall im Zusammenhang mit pädagogisch relevanten Rollenspielen erwähnt werden.

11.15 Uhr. Spielschritt 21: Die Gruppe ‚Bürgerinitiative' schickt einen Brief mit ihren Forderungen an die Stadtverwaltung. Kopie geht an die Presse.
11.18 Uhr. Spielschritt 22: Die Gruppe ‚Presse' veröffentlicht das Schreiben als offenen Brief. An alle Gruppen.
11.30 Uhr. Spielschritt 23: Die Stadtverwaltung ladet zu einer Pressekonferenz und erklärt, daß hinter den Forderungen der Bürgerinitiative und Einrichtung eines Abenteuerspielplatzes kommunistisch gelenkte Gruppen stünden und im übrigen in diesem Haushaltsjahr kein Geld mehr für derartig zweitrangige Projekte vorhanden sei …

Schriftliches und mündliches Planspiel

Ein Planspiel ist die Simulation eines gesellschaftlichen Konflikts durch Spielgruppen und Spielleitung, der durch schriftliche und/oder mündliche Spielschritte zwischen ihnen dargestellt wird.
Für das Planspiel wird die Ausgangslage eines Konflikts beschrieben, dann die teilnehmenden Gruppen – und schon kann es losgehen: die Gruppen überlegen sich ihre Strategie, und es beginnt mit Briefen, Berichten, Pressekonferenzen, Sitzungsprotokollen, Telefonaten und Unterredungen, Sanktionen und Forderungen …
Seit Beginn der siebziger Jahre werden Planspiele in der Bildungsarbeit mit Jugendlichen und Erwachsenen in der BRD durchgeführt. Planspiele können in der Lehrerausbildung (Konfliktspiele für Lehrer), in der Lehrlingsarbeit (DAG-Scheinfirmen), in der Bewußtseinsbildung für Arbeitslose (Aufklärung von Wirtschaftsmechanismen in der Marktwirtschaft), für Schülergruppen (Strategie der Schülervertretung) und Bürgerinitiativen u.v.a. genutzt werden.
Der Vorteil einer Bildungsarbeit mit Hilfe der Planspielmethode liegt im Spiel: es macht Spaß, ermöglicht eine hohe Erlebnisdichte durch die Identifikation mit einer Gruppenrolle und verhilft durch die Diskussion über Handlungsschritte in den Gruppen und während der Schlußreflexion zu intensiven Erfahrungen, die die normale politische Bildung sonst nicht zu vermitteln vermag.
Zur Erläuterung wollen wir die Spielregeln für schriftliche Planspiele wiedergeben:

Mit einem Planspiel können die Teilnehmer lernen, …
- wie man taktisch-politisch handelt,
- wie Konflikte eskalieren,
- wie sich Kompromisse auswirken,
- welche Rolle Macht- und Herrschaftsstrukturen spielen,
- wie man sich als Gruppe durchsetzen kann.

Spielregeln für das Planspiel
1. Handlungspartner sind die drei bis sechs Spielgruppen und die Spielleitung. Jede Spielgruppe besteht aus drei bis sechs Teilnehmern. Sie erhält zu Beginn die Beschreibung der Aus-

gangslage, d. h. schriftliches Material über den Fall und die Rolle, die sie spielt.
2. Zu Beginn des Spiels formulieren alle Gruppen ihre beabsichtigte Politik und Spielstrategie.
3. Alle Entscheidungen der Gruppen werden auf Formulare mit zwei Durchschlägen geschrieben (Spielschritt). Ausgangsuhrzeit, Absender und Adressat(en) sind zu vermerken. Einen Durchschlag behält die Gruppe, einer die Spielleitung.
4. Außer dem schriftlichen Kontakt (Spielschritte) ist eine direkte, mündliche Kommunikation von Spielgruppen möglich, diese muß aber der Spielleitung mitgeteilt werden.
5. Die Gruppe sollte sich in der Regel an die für sie formulierte Rollendefinition halten. Variationen und Fraktionierungen sind möglich, müssen aber der Spielleitung mitgeteilt werden.
6. In den Pausen darf über das Spiel gesprochen werden. Informationen aus solchen Gesprächen dürfen aber nicht in den weiteren Spielphasen berücksichtigt werden.
7. Die Spielleitung leitet die Spielschritte weiter, dokumentiert den Spielablauf und beruft (auch auf Antrag von Teilnehmern) die Reflexionsphase(n) ein.
Die Spielleitung kann im Verlauf des Spiels weitere Informationen einspielen. Sie simuliert damit die gesellschaftliche Umwelt. Wenn es nötig wird, kann sie auch selbst die Darstellung weiterer Gruppen übernehmen.
8. In der Reflexionsphase stellen die Gruppen ihre Politik und Taktik dar, die Spielleitung veranschaulicht den bisherigen Spielablauf und das Plenum diskutiert und entscheidet, ob Spielabschnitte wiederholt werden, Zeit übersprungen wird, die Gruppenzusammensetzung geändert wird und dergleichen. Kern der Auswertung ist der Vergleich zwischen Spiel (Simulation) und gesellschaftlicher Wirklichkeit.

Das Forum-Theater

Im Forumtheater, entwickelt von Augusto Boal, wird Zuschauern ein Konflikt vorgespielt, jemand wird unterdrückt, „fertig gemacht". Diese Szene wird öfter wiederholt. Die Zuschauer wissen, daß sie eingreifen können, indem ein Zuschauer die Hauptfigur ersetzt und eine andere Konfliktlösung vorspielt bzw. im Spielen ausprobiert. Nicht verbale Vorschläge, wie man denn sich besser verhalten könnte, sind gefragt, sondern Handlungsalternativen werden im Spiel erprobt. Die Hauptfigur kann mehrmals von anderen Zuschauern ersetzt werden – solange bis eine zufriedenstellende Lösung gefunden ist. Wer einmal ein Forumtheater-Konfliktspiel erlebt hat, den läßt der Fall nicht soschnell wieder los. Eine sehr eindrucksvolle, aufwühlende Spielmethode.

Die Regeln des Forumtheaters:

• Hauptfigur ist die „unterdrückte“ Person

• Die Hauptfigur muß im Szenenauftakt massiven Druck erfahren.

• Der Szenenauftakt sollte nicht zu lang sein (3 - 5 Min).

• Der Zuschauer, der die Handlung unterbricht, muß weiterspielen!

• Die Hauptfigur wird als erste ersetzt.

• Sobald die Hauptfigur souveräner wird, muß die Gegenseite verstärkt werden.

• weitere Varianten: Dopplung, Hinzuerfinden weiterer Figuren oder Rollentausch.

Was sollten Spielpädagogen über Computerspiele wissen?

14

- Spielformen
- Elektronische Spiele
- Spielmittel
- Spiel und Gewalt

„Er gibt sein ganzes Taschengeld für Gameboy-Spielecassetten aus! Und wenn mein Mann sich einen Computer für zu Hause anschafft, dann sollen wir ihn unbedingt mitnehmen, damit wir auch für seine Spiele die richtige Soundkarte mitkaufen! Das geht doch nun wirklich zu weit. Ich weiß nicht, warum er (und auch seine Schwester!) an Computerspielen solch einen Narren gefressen hat ..."
Wir wissen es. Das steht in diesem Kapitel. Und wie man als Pädagoge reagieren soll.

Die verschiedenen Typen elektronischer Spiele
a) Elektronisch gesteuerte Spielzeuge (fernlenkbare Autos, Schiffe, Flugzeuge; elektronische Regler in Modelleisenbahnsystemen)
b) Elektronik-Lehrbaukästen; Kinder-Computer
c) Schachcomputer
d) Elektronische Handheld-Spiele (Gameboy, LCD-Spiele, Game-Gear u. a.)
e) Videospiele mit eigenen Spielkonsolen (Sega; CD-I u. a.)
f) Spiele-Software für Personalcomputer
g) Spielautomaten in Spielhallen („Arcade-Games"; Cyber-space-Spielräume)
Für unsere Problemstellung sind besonders d) bis f) interessant, weil diese neuen Spielmittel andere Verhaltensweisen beim Spielen bewirken und für viele Eltern und Lehrer eine große Herausforderung darstellen. Die Videospielgeräte in Spielhallen bieten ähnliche oder z.T. dieselben Spiele wie es sie inzwischen auch als Cassetten für Spielconsolen oder als Computersoftware gibt – hier für uns nicht so relevant, weil Spielhallen erst ab 18 Jahren betreten werden dürfen (Stand des Jugendschutzgesetzes 1994).

Inhaltlich unterscheidet man folgende Spielkategorien:
• Geschicklichkeitsspiele mit mehreren Unterkategorien wie Abschießspiele (sog. ‚Ballerspiele'), Sportsimulationen, Autorennen, Flugsimulationen, Kriegsspiele

• System-Simulationen (z. B. Konstruieren von Städten)
• Adventure-Spiele (z. B. Geschichten durchspielen mit zahlreichen Entscheidungssituationen)
• Spielerische Grafik-, Musik- u. Textprogramme (von Hausdruckerei bis Karaoke)
• Wissensspielsoftware (z. B. Quizspiele, interaktive Info- oder Edutainmentprogramme)

Materialhinweis: Wirklich hilfreiche kommentierte Liste mit pädagogisch eher unbedenklichen Computerspielen werden – jährlich aktualisiert – vom Berliner Senator für Jugend und Sport und von der Aktion Jugendschule NRW herausgegeben.

Warum Computerspiele für Kinder so attraktiv sind:
• Elektronische Spiele sind spannend
• Die Spiele vermitteln ein Gefühl von „action“
• Die Faszination von Technik, Neuem und die mystische Anziehungskraft des Geheimnisses
• Die Illusion, Herr des Apparats zu sein
• Spielgeräte auf der Höhe unserer technischen Entwicklung
• Medien für die Kinderwelt

Gründe für die Attraktivität elektronischer Spielmittel:

a) Elektronische Spiele sind spannend, weil der Computer ständig wechselnde, neue Konstellationen darstellt, auf die zu reagieren ist.

b) Die Spiele vermitteln ein Gefühl von „action“: Sich schnell ändernde optische und akustische Reize erfordern häufig Geschicklichkeitsreaktionen und vermitteln dadurch das Gefühl, daß „etwas los ist“.

c) Die Faszination von Technik, Neuem und die mystische Anziehungskraft des Geheimnisses: Wie es genau funktioniert, kann kaum jemand erklären – einer der Gründe, die Geräte interessant zu finden. Das erklärt auch, weshalb viele Spiele dann an Attraktivität verlieren, sobald die Spielanforderungen und der Ablauf bekannt und geübt sind.

d) Herr des Geschehens: Eine Steigerung des Selbstwertgefühls wird durch das rein manuelle Beherrschen der Abläufe hervorgerufen: mit ein paar Knopfdrücken soviel bewirken zu können. Die Illusion, Herr des Apparats zu sein, wird durch ständige Rückmeldung gefördert.

e) Zeitgemäß: Es sind Spiele und Spielgeräte auf der Höhe unserer technischen Entwicklung und unserer zunehmend mehr visuellen und medienvermittelten Wahrnehmungsweisen (visuelles Zeitalter). Der Zugang zu diesen Spielen ist für Kinder und Jugendliche an keine besonderen Voraussetzungen geknüpft, es ist für alle Schichten sehr schnell erlernbar, von fast allen Haushalten auch bezahlbar!

f) Medien für die Kinderwelt: Computerspiele sind zudem etwas, worin viele Erwachsene sich nicht auskennen und worin Kinder aufgrund schnellerer Wahrnehmungs- und Reaktionsfähigkeit besser sind. Deshalb sind die Spiele in Abgrenzung zu den Eltern Objekte ihrer Identifikation.

Die Lernwirkung elektronischer Spielmittel:
Wir wissen: Das Spiel ist generell ebenso ein Erziehungsfaktor wie die Worte der Großeltern oder die Beschaffenheit der Wohnumwelt. Durch ständiges Wiederholen werden im Spiel Verhaltensweisen gelernt und geübt und nebenbei Werte, Normen und Gewohnheiten vermittelt.
Welche Erfahrungen machen Kinder und Jugendliche beim Spiel mit Computerspielen?
Fernsehgewohnte visuelle Wahrnehmungsfähigkeit und feinmotorische Reaktionsschnelligkeit wird beim Umgang mit elektronischen Spielen trainiert und gefördert. Bei einigen Spielen kommen Gedächtnis-, Kombinations-, Denk- und Strategieleistungen hinzu.
Zahlreiche elektronische Spiele (vor allem Videospiele) simulieren aggressive Handlungen (abschießen, zerstören, auffressen, kämpfen mit Waffengewalt). Sie sind bei vielen Spielen der einzige Spielablauf und symbolisierte Inhalt. Die Wirkung dieser Spiele besteht nicht unbedingt in einer Steigerung des Aggressionspotentials beim Spieler, sondern in der Vermittlung und Gewöhnung an aggressive und destruktive Wertvorstellungen.
Besonders wichtig ist es, festzuhalten, welche Verhaltensweisen – im Gegensatz zu den meisten anderen Spielen – bei elektronischen nicht gelernt und geübt werden: direkte Interaktion (Gespräch, gemeinsames Tun), kooperatives soziales Verhalten, sinnlich-haptisch vermittelte Erfahrungen, materielle Veränderung von Wirklichkeit und Umgang mit Material und Werkzeugen.

Welches Verhalten beim Computerspiel nicht gelernt wird.

Was tun?
Wenn Eltern oder Pädagogen einen Einfluß darauf nehmen, welche Spiele die Kinder spielen, dann sollten sie diejenigen fördern oder bevorzugen, bei denen der Spielende möglichst viele Gestaltungs-, Entscheidungs- und Eingriffsmöglichkeiten hat (Adventures, Kreativ-Software, interaktive Programme) und möglichst wenig einfach nur auf vorprogrammierte Reize reagieren muß. Eine solche Priorität stärkt das aktive Handeln, das Denken und eigenschöpferische Fähigkeiten.
Als Erwachsener sollte man öfter mal mitspielen, sich Spiele erklären lassen, sich einfach interessiert zeigen. Nur so bleibt man im Kontakt mit der Spielwelt der Kinder und behält einen Einfluß darauf. Wer gegen diese Einstellung argumentiert, daß man damit den Kindern eine ihrer letzten autonomen Bereiche nähme und ihre freien Spielvorlieben manipulieren würde – dem

sei versichert, daß die Computerspielehersteller diese angeblich freie Kinderwelt längst erobert haben.

Computerspiele für sich als Erwachsener entmystifizieren: Relativieren Sie für sich die Bedeutung der technischen Medien, indem Sie sie als Werkzeug begreifen. Je mehr diese Geräte durchschaubar und selbstverständlich werden, desto weniger Ängste lösen sie aus. Also gilt besonders für Menschen, die diesen technischen Medien distanziert gegenüberstehen, Berührungsängste zu verlieren. Das gilt auch für die Schule: Statt zu verbieten, sollte mal ein Gameboy-Spieletest in der Klasse veranstaltet werden.

Praxistips für die Alternativen zum **Computerspiel:**
Aktivitäten, die dramatischere sinnliche Erfahrungen vermitteln als jedes Computerspiel, selbst im virtuellen Raum, je ermöglichen könnte.

Eine der wichtigsten Begleitvorhaben, wenn die Kinder nicht vom Computerbildschirm wegzukriegen sind, sollte die Vermittlung direkter Erfahrungen sein. Abenteuer und sinnliche Erlebnisse sich zusammen mit den Kindern verschaffen: Ein Gewitter auf einer Fahrradtour erleben, ein Scotland-Yard-Spiel mit öffentlichen Verkehrsmitteln in der Stadt spielen, ein Bürgerfest in der verkehrsberuhigten Straße organisieren, ein Meerschweinchen-Wettrennen veranstalten oder ein Hubschraubermodell bauen – alles Aktivitäten, die dramatischere sinnliche Erfahrungen vermitteln als jedes Computerspiel, selbst im virtuellen Raum, je ermöglichen könnte.

Informieren Sie sich über spielerische Gestaltungssoftware für Personalcomputer – mit ihr schafft man einen fließenden Übergang für Kinder und Jugendliche von reinen Computerspielen zu ‚ernsthafterer' Gestaltungsarbeit mit Computern:

Gestaltungsprogramme,
Simulationsspiele,
Lern- und Wissensspiele

- Da haben wir zunächst die für Kinder und Jugendliche gleichermaßen interessanten verschiedenen Gestaltungsprogramme, die selbst den nüchternsten Erwachsenen Spaß machen (zum Malen, für Bildschirm-Animationen und zum Herstellen von Druckerzeugnissen – von der Visitenkarte bis zur kompletten Schülerzeitung). Aktuelle Beispiele für diese Kategorie: Kid Pix, Rockford, BeckerPage, Mini Picasso, Cartooners ...
- Die zweite Kategorie bilden faszinierende Simulationsspiele, mit denen sich ganze Welten erschaffen lassen und die sogar unfaßliche globale Zusammenhänge durchsichtig machen. Aktuelle Beispiele für diese Kategorie: Ökolopoly, Sim City, Sim Earth, Sim Ant, Civilization ...
- Schließlich eine Reihe toll aufgemachter Lern- und Wissensspiele – viel besser als die zahllosen trockenen, witzlosen Vokabeltrainer, die immer als Beispiele für pädagogisch sinnvolle Computerprogramme herhalten mußten. Aktuelle Beispiele für diese Kategorie: Reisespiel ‚Take a Trip to Britain', PC Umwelt, Reporter, Geo Jigsaw, Microsoft Dinosaurier ...

Materialhinweis:
Regelmäßig berichtet unsere Zeitschrift „gruppe & spiel" (Kallmeyer) über neue spielerische Programme dieser Kategorien für Kinder und jüngere Jugendliche.

Wie stellt man ein erfolgreiches Spielprogramm zusammen?

15

- Spielplanung
- Spielkette
- Spielauswahl

Eine Spielkette ist eine Folge mehrerer Spiele in einer bestimmten Reihenfolge, die zu einem gemeinsamen pädagogischen Ziel beitragen und aufeinander aufbauen.
Wie wähle ich für das Ziel, die Gruppe, die örtlichen und zeitlichen Bedingungen die richtigen Spiele aus und bringe sie in eine sinnvolle Reihenfolge? Welche Spiele ermöglichen der Gruppe einen leichten Einstieg, worin besteht der „rote Faden", der von Spiel zu Spiel führt? An welchen Stellen können Einfälle aus der Gruppe hinzugenommen werden? Was stellt dann den Höhepunkt der Spielkette dar?
Diese Fragen von Spielauswahl, -planung und Programmkonzeption werden in diesem Kapitel erörtert.

Der wichtigste Bestimmungsfaktor für die Planung einer Spielkette ist natürlich das Ziel des zu planenden Spielprogramms: Eine solche Spielkette kann z. B. das Ziel haben, daß sich neue Gruppenteilnehmer untereinander besser kennenlernen sollen. Ab Anfang steht vielleicht ein einfaches Namenlernspiel, dann ein Spiel, das Bewegung und Interaktion in die Gruppe bringt (z. B. Luftballontanz), danach ein intensiver Austausch mit einem Kleingruppenspiel und zum Abschluß der Spielkette ein Spiel, bei dem schon alle kooperieren müssen, damit es gelingt (z. B. ein Gruppenmalspiel). Jedes Spiel baut auf den vorangegangenen auf, indem es Teile der Spielregel wieder aufnimmt und neue Schwierigkeiten eingebaut werden oder indem das Gruppengeschehen oder wenigstens Inhalt bzw. Thema fortgeführt werden.
Spielketten stellen Spiele in einen pädagogischen Zusammenhang. Sie können als Spielgeschichte, die aufeinander aufbaut, eingeführt werden.
Zwar sind einzelne Spiele der Kette austauschbar, aber die Reihenfolge ist keineswegs beliebig, eine Spielkette besitzt einen vorausgeplanten Aufbau. Raum für spontane Einfälle der Gruppe oder für das Umdisponieren des Spielleiters muß trotzdem vorhanden sein: ob das vorgesehene Ziel erreicht wird, hängt von so vielen Umständen ab (z. B. von der Gruppenzusammensetzung, von der Laune des Spielleiters, von den räumlichen

Verhältnissen, von der Situationsangemessenheit des Ziels usw.), daß nur eine Zielperspektive angegeben werden kann. Wir haben die Spielketten in der „Remscheider Spielkartei" so zusammengestellt, daß ungefähr 90 Minuten Spiel- und Auswertungszeit benötigt wird. Allerdings kann man nie präzise vorhersagen, ob die Zeit so hinkommt wie geplant, darum gibt es immer Angaben über Reservespiele und darüber, welche man notfalls weglassen könnte. Wir hoffen, daß diese Darstellung von Spielvorschlägen mehr nützt als die beziehungslose Auflistung irgendwelcher Spiele.

Praxistip:
Zu Beginn einer Spielkette sollten Spiele, Formen und Spielbedingungen gewählt werden, die wenig Ängste und Hemmungen hervorrufen.

Wir wollen an dieser Stelle einige Hinweise zum Aufbau und zur Zusammenstellung einer Spielkette geben, damit die Struktur der von uns vorgeschlagenen Spielkette durchschaubar wird und damit Sie vielleicht sich selbst weitere Spielketten zusammenstellen können.

Zum Aufbau einer Spielkette

Spielen ist für viele ältere Kinder, für Jugendliche und Erwachsene eine nicht allzu übliche Beschäftigung (von konventionellen Unterhaltungsspielen einmal abgesehen). Deshalb muß mit Ängsten und Spielhemmungen gerechnet werden. Unter bestimmten Spielbedingungen fällt es einem auch etwas schwerer zu spielen und einige Spielformen sind schwieriger als andere. Das ist ein wichtiger Aspekt für den Aufbau.

Welche Spiele zum Anfang?

Wenig Angst machen einer Gruppe Spiele, von denen sie glaubt, daß deren Anforderungen gut zu bewältigen sind. Das heißt: nicht allzu neue Spiele oder nicht zu komplizierte Spielregeln sind zu bevorzugen.
Welche Spielformen rufen wenig Hemmungen hervor? Spielformen mit klar umrissener Regel, bei denen das Spielergebnis absehbar ist und bei denen man nicht einzeln vor den anderen etwas vorführen muß. Also alle Spiele mit Vorführcharakter und zu großen kreativen Anteilen sollte man zu Beginn vermeiden.

Und welche Spielbedingungen erleichtern einen Einstieg?

Wenn man zu mehreren gleichzeitig spielt, fühlt man sich unbeobachteter, also angstfreier (simultanes Spielen). Die Form der Gruppierung und wie man sitzt oder steht, sollte nicht zu ungewohnt sein. Und die wichtigste erleichternde Spielbedingung ist ein klares, souveränes Spielleiterverhalten, das einer unstrukturierten Anfangsgruppe Sicherheit vermittelt. Nach einfachen, simultanen Anfangsspielen muß die Schwierigkeit gesteigert werden, damit ein Spannungsbogen entsteht. Eine gute Dramaturgie einer Spielkette steigert die Schwierigkeiten allmählich mit einer Auswertung oder einem harmonischen Simultanspiel für alle.

Die wichtigste erleichternde Spielbedingung ist ein klares, souveränes Spielleiterverhalten

Wann werden Spiele für den Gruppen-Durchschnitt schwieriger?
• Je offener die Spielregel, desto schwieriger.
• Je mehr einem Spieler eine Rolle zudiktiert wird, desto schwieriger.
• Je mehr sich ein Spieler auf viele Mitspieler (evtl. auch noch wechselnde Leute) einstellen muß, desto schwieriger für ihn.
• Und je stärker die Leistungskontrolle bei einem Spiel ist, z.B. beim Vorführen vor anderen ist sie extrem hoch, desto schwieriger wird das Spiel in der Regel empfunden.
Aber aufpassen: Das Spiel darf auch nicht zu leicht werden, dann wird es als langweilig empfunden.
Am besten ist ein Spiel so schwierig, daß für den Spieler jederzeit noch die Zuversicht besteht, es bewältigen zu können.
Folgende Reihenfolge hat sich gut bewährt: Simultanspiel, dann ein Paar-Spiel, dann Kleingruppenspiele und schließlich ein Spiel für alle mit Kooperationsanforderungen. Ein letzter Tip: In der Form möglichst abwechslungsreich aufbauen. Und die Geschichte schön ausschmücken, das erleichtert den Übergang von Spiel zu Spiel.
Eine kürzlich entwickelte und erprobte Spielkette, die mehrere Spiele in Form einer gemeinsamen Geschichte verknüpft, soll hier als exemplarische Spielkette abgedruckt werden:
Weitere Spielketten werden in loser Folge in unserer Zeitschrift „gruppe & spiel" (Kallmeyer) veröffentlicht.

Exemplarisches Spielprogramm

Dinos geh'n nach Hollywood
Eine witzige Spielkette zu einem aktuellen Thema für 10 – 30 Kinder und Jugendliche ab etwa 10 Jahren.
Zu den Absichten dieser Spielfolge: Natürlich sollen die Mitspieler an den kooperativen Darstell- und Bewegungsspielen viel Spaß miteinander haben. Die Geschichte, die bei dieser Kette durchgespielt wird, greift mehrere Versatzstücke aus der aktuellen kommerziellen Kinder- und Jugendkultur auf, z. B. das Thema Dinosaurier, den weltweit erfolgreichsten Film aller Zeiten „Jurassic Park" und den z.Zt. (1994) in vielen Ländern an erster Stelle der Hitparaden stehenden Popmusiktitel „Go West" der Pet Shop Boys.

Diese Mosaiksteine aus der Kommerzkultur werden im Spiel aus ihrer Ernsthaftigkeit herausgelöst und verulkt. Das ermöglicht es den Mitspielern, eine ironisierende Distanz zu den Produkten zu gewinnen.
Die Distanz zur Medien- und Kommerzkultur wird hier nicht gepredigt, sondern im Spiel aktiv und lustvoll handelnd selbst aufgebaut – wirkungsvoller als jeder noch so kritische Vortrag!
Der Einfluß von Massenmedien, modischen Trends und Konsumkultur auf die Bewußtseinsinhalte und Verhaltensgewohnheiten junger Menschen wird damit zwar nicht verhindert, aber abgeschwächt und von ihnen selbst mitgesteuert.

Einleitung des Spielleiters:
Herzlich Willkommen! Meine Damen und Herren, Ihnen steht heute hier etwas ganz Ungewöhnliches bevor. Wir werden die Ergebnisse unserer langjährigen Forschungsarbeit endlich der Öffentlichkeit mitteilen. Nämlich die Beantwortung der Frage, die allen immer wieder auf den Nägeln brennt: Wie kamen eigentlich die Dinosaurier nach Hollywood und dann in diesen bekannten Spielfilm Jurassic Park?
Wir werden das nicht bloß erklären, sondern Sie können das jetzt sofort miterleben. Allerdings muß man sich dazu richtig in einen Dinosaurier hinversetzen können. In seine Sorgen um das tägliche Fressen zum Beispiel.
(Ihr könnt jetzt ein richtiges Dino-Abenteuer erleben. Man braucht immer nur gleich mitzuspielen.)

Räumliche Voraussetzungen für die Spielaktion:
Entweder ein großer Raum, der auch Bewegungsspiele mit allen Teilnehmern zuläßt oder ideal wären sogar zwei solche Räume mit langem Flur dazwischen.

Wir schreiben das Jahr 200 Mill. vor unserer Zeitrechnung. In Sibirien leben viele Saurier. Große und kleine. Jetzt müßt ihr erstmal herausfinden, ob ihr ein Riesensaurier „saurus magnus“ oder ein typischer Vertreter der sogenannten Babysaurier „saurus bebirus“ seid. Und wer mit wem zusammengehört.
Material: Vorbereitete Kärtchen mit großem und kleinem Saurierbild darauf.

Paare bilden und Rolle zuweisen mit Puzzle, die aus zwei zusammengehörigen Teilen bestehen:
Jeder nimmt ein Teil und muß zusammenpassenden Partner finden. Auf der Hälfte aller Teile sind kleine und auf der anderen Hälfte große Dinos abgebildet. Dadurch wird einer von jedem Paar Riesensaurier, der andere Babysaurier.

Damit die Saurier sich bewegen können, müssen sie zunächst einmal laufen lernen. Ich will mal kurz den Riesensauriern beibringen, wie man sich standesgemäß bewegt – ihr könnt das Wissen nachher an eure Babysaurier weitergeben.

Riesensaurier lernen laufen:
Spielleiter macht den im Halbkreis stehenden Riesensauriern in drei Schritten vor, wie man als Saurier läuft. Die machen jeden Schritt gleich mit: 1. Arme anwinkeln, auch Unterarme an Körper pressen, Hände vor (wie kleine Pfötchen). 2. Oberkörper nach vorn neigen, Hals strecken, Kopf geradeaus, Mund leicht öffnen. 3. Po rausstrecken und 4. mit Riesenschritten schreiten. Dabei sollte gebrüllt werden.

Die Babysaurier müssen nun erst noch aus dem Ei schlüpfen. Die Riesensaurier wärmen und schützen die Babysauriereier.
Falls vorhanden: Urwaldgeräusche-Cassette oder -CD abspielen als Hintergrundmusik.
Babysaurier schlüpfen aus den Eiern:
Babysaurier sollen sich klein zusammenigeln und dann unter Knackgeräuschen die Eierschale sprengen und „schlüpfen".
Die Riesensaurier suchen jetzt für die Kleinen was zum Fressen.
Grüne Pflanzenteile: Grüne Papierschnipsel wurden vorher im Raum versteckt.
Fressen suchen I:
Jeder Riesensaurier sucht grüne Zettel und bringt (bewegen wie Saurier!) den Kleinen die Nahrung. Die strecken und recken sich und werden größer.

Nun können die Riesensaurier den Babysauriern das Laufen beibringen.
Babysaurier lernen Laufen:
Wie Spiel oben, diesmal paarweises Beibringen der Bewegungen: Riesensaurier machen schrittweise vor, die Babysaurier machen gleich mit.

Jetzt können die Babysaurier laufen und sie bedanken sich bei den Riesensauriern, indem sie ihnen auch was zum Fressen besorgen.
Fressen suchen II:
Babysaurier suchen grüne Zettel im Raum, hocken sich dann daneben hin und stoßen Schreie aus. Dann können ihre Partner kommen und fressen. Gemeinsam kehren sie zu ihrem Platz zurück.

So ging das Dinosaurierleben seinen Gang. Jahrhundertelang und jahrtausendelang. Dummerweise setzte dann ziemlich plötzlich eine fürchterliche Eiszeit ein. Die Dinos sagten sich: die Sonne ist im Westen untergegangen, dort ist es vielleicht warm geblieben. Alle machen sich nach Westen auf. Voran der größte Riesensaurier mit seinem Babysaurier, dann der nächstgrößte usw. Damit es ihnen auf der langen Reise quer durch Sibirien und Europa nicht langweilig wurde, hatte einer der Saurier seinen CD-Spieler mitgenommen. Und zur passenden Musik marschierten sie los. Immer westwärts.
Musikstück „Go West“ in der aktuellen Version von den Pet Shop Boys abspielen.
Saurier laufen westwärts:
Alle Dino-Paare sortieren sich zu einer langen Marschkolonne (vom größten bis zum kleinsten Mitspieler) und laufen beim Einsatz der Musik los (entweder auf einer Kreisbahn oder aus dem Raum raus, einen möglichst langen Flur entlang). Durch plötzliches Musikabstellen unterbrechen!

Plötzlich macht es vorne „Plumps“ und „Platsch“ und der erste Saurier ist in den Atlantischen Ozean gefallen. Man beschließt noch weiter westwärts zu kommen und will über das riesige Wasser gelangen. Dazu bauen die Saurier aus sich selbst große Flöße.
Evtl. Musik „Atlantischer Ozean“ oder „Gesang der Buckelwale“ oder eine ruhige Musik. Man kann auch eine dazu witzig wirkende Musik nehmen (z. B. Donauwellenwalzer).
Floßfahrt über den Atlantik:
Immer drei hocken sich in Bankstellung ganz dicht nebeneinander und der vierte legt sich (bäuchlings oder rücklings) quer darüber. Das„Floß“macht vorsichtig leichte Wellenbewegungen zur Musik. 3 x Rollenwechsel, so daß jeder mal oben liegen kann.

Da kommen sie an die Küste von Nordamerika. Schon von weitem weist ihnen die Freiheitsstatue den Weg. Sie gehen in New York an Land, laufen über den Broadway, und weil sie so komisch aussehen und laufen, werden sie sofort für eine Show entdeckt und verpflichtet.
Musikstücke, die sich hierzu besonders gut eignen: „Oh, when the Saints go marching in“, „I like to be in America“, „New York, New York“.
Saurier-Ballett am Broadway:
Riesensaurier und Babysaurier bilden je eine Linie und stehen sich gegenüber. Zu der Musik bewegen sich die beiden Reihen

aufeinander zu und wieder zurück (als „Chorus-Line"), dazu einige typische Bewegungen.

Aber sie bleiben nicht in New York – es ist ihnen zu laut und zu dreckig. Es zieht sie weiter westwärts und so machen sie sich wieder auf den Weg.
Musik wieder „Go West" (Pet Shop Boys).
Saurier laufen westwärts:
Spiel wie oben.

Der Weg wird unterbrochen durch das Klettern über die Rocky Mountains. Das passiert auch noch mitten in der Nacht. Nun sind die großen, älteren Riesensaurier ziemlich nachtblind. Aber die Babysaurier haben noch gute Augen und führen die Riesensaurier sicher über die Berge.
Hindernisse wurden aufgebaut: Stühle, Tische, Sofas o.ä. Evtl. langes Seil über Hindernisse legen.
Nachts über die Rocky Mountains:
(„Blind führen")
Die Riesensaurier schließen die Augen, die Babysaurier geleiten ihre Partner vorsichtig über Hindernisse.

Und schon sind alle in Los Angeles angekommen. Hier wollen alle Babysaurier sofort die großen Filmstudios von Hollywood besichtigen. Etwas widerwillig stimmen die Riesensaurier schließlich zu. Und wie der Zufall es so will, läuft ihnen der berühmte Regisseur Steven Spielberg über den Weg und dreht gleich einen Film mit ihnen: „Jurassic Park".
Für die Szene brauchen wir zunächst einige Saurier. Ihr seid hier in einem riesigen Gehege untergebracht. Dann brauchen wir Touristen, die vor dem Zaun stehen und euch bestaunen. Dann große Bäume und Büsche, die sich in einem aufkommenden Gewittersturm kräftig hin und her neigen. Dann Bewachungspersonal mit Betäubungsgewehren, die am Zaun patroullieren. Dann einen Genforscher, der die Saurier immer mit einer riesigen Spritze piekt, damit sie immer für eine halbe Stunde als Attraktion im Park richtig wild sind.

Falls eine Urwaldgeräusche-Cassette oder -CD zur Verfügung steht, könnte diese leise im Hintergrund spielen. Keine Requisiten! Alles wird von den Spielteilnehmern gespielt!
Filmszene drehen (auch als Spiel „Heimatfilm" oder „Vorhang auf, Vorhang zu" bekannt):
Ein Regisseur stellt eine Szene mit allen Mitspielern zusam-

men. Jede Rolle wird kurz geprobt, dann kommt die nächste hinzu. So wird Rolle um Rolle eine ganze Szene aufgebaut.

Nun die Handlung der kleinen Filmszene:
Der Genforscher spritzt, die Saurier werden wild – und als ein Saurier sich besonders wild gegen den Zaun wirft, legt einer der Bewachungsbeamten sein Betäubungsgewehr auf ihn an. In diesem Moment wird er von einem Blitz des plötzlich heraufgezogenen Gewitters so geblendet, daß er den bösen Genforscher trifft, der betäubt zu Boden geht.

Stegreifspiel:
Nachdem alle Rollen bekannt sind und immer wieder von vorne geübt wurden, kann jetzt eine kleine Handlung als letzter Durchgang gespielt werden.

Das freut alle anderen – und Saurier, Touristen, selbst die Bäume und der Zaun tanzen zum Abschluß miteinander den Tanz, den die Saurier am Broadway gelernt hatten.
Nochmal ein kurzes Stück von der Musik zum Broadway-Tanz von vorhin.

Abschlußtanz:
Im großen Kreis nochmal ein kleiner Tanz mit allen.

An dieser wiedergegebenen Spielkette wird modellartig klar, wie die Geschichte als in sich logisch begründete Handlungskette den Rahmen bildet. Die Spielformen bauen in Komplexität, Zunahme von Körperkontakt und sich verstärkenden Kooperationsleistungen aufeinander auf. Durch die inhaltliche Umwidmung der Spiele machen auch Jugendlichen selbst solche Spiele einen Riesenspaß, die sie sonst als Kinderkram abtun würden.

Praxistip:
Die folgenden Auswertungsfragen können nach dem Erproben einer selbst zusammengestellten Spielkette von den Mitspielern beantwortet werden.

Auswertung einer Spielkette
1. Was hat uns an Spiel 1, 2, 3 usw. gut gefallen, was hat uns nicht gut gefallen?
2. Welche Ziele können mit Spiel 1, 2, 3 usw. verwirklicht werden?
3. Für welche Zielgruppe und welche Situationen ist Spiel 1, 2, 3 usw. gut geeignet?
4. Welche Varianten fallen uns zu den einzelnen Spielen ein?
5. Welche Gründe hat die Reihenfolge der Spiele? War sie so günstig?
6. Welche Rolle haben Rahmenhandlung und Geschichte gespielt?
7. Wie ist das Verhältnis von Nutzen (vermutete Wirkung) und Aufwand (einschl. Vorbereitung) einzuschätzen?

Wie plane ich Spielprogramme, -aktionen und Feste?

16

- Spielplanung
- Spieldidaktik
- Spieleinheiten
- Spielorganisation
- Spielauswahl
- Veranstaltungsplanung
- Spielfest

Wir wollen das Spielen im Kindergarten, in der Jugendgruppe oder in der Schule nun wirklich nicht mit der ganzen erziehungswissenschaftlichen Theoriebildung belasten ... Aber, eben mal schnell ein Spiel spielen' – das ist noch keine Spielpädagogik. Denn dazu sind verschiedene didaktische Entscheidungen zu fällen.
Hier wird vorgeschlagen, die Entscheidungen, wann, was, warum und wie mit Spiel gelernt werden soll, an der lerntheoretischen Didaktik von Heimann, Otto und Schulz ('Berliner Schule') zu orientieren, weil uns diese Didaktik die rationalste Richtschnur für unser spielpädagogisches Handeln bereithält. Und kritische Rationalität tut einer Spielpädagogik nur gut, deren Wurzeln noch deutlich in der musischen Bildung stecken.

Literaturhinweis
Heimann / Otto / Schulz: Unterricht – Analyse und Planung. Hannover 1965

Planung und Spiel – verträgt sich das?
Spielstunden müssen geplant werden, auch wenn ihr tatsächlicher Ablauf oft von der Planung abweichen wird (kann und darf), weil ohne Planung die Ergebnisse (Spaß und Erfahrungen der Spieler) rein zufällig und die Stunden ohne Zusammenhang mit vorangegangenen und nachfolgenden pädagogischen Ereignissen blieben.
Es gibt ja unter ‚Spielpädagogen' auch diese Auffassung: „Ich muß mich mit der Gruppe auf das Spielgeschehen einlassen, abwarten, was sich entwickelt, das Spiel aus sich heraus kommen lassen, Spiel ist eine nicht planbare Bewegung."
Wenn Spielpädagogen jedoch professionelle Pädagogen sind, so haben sie einen gesellschaftlichen Auftrag und leiten daraus ihre Ziele ab. Und ein Spielpädagoge, der sich in seinem Beruf Ziele steckt, wäre ein dem Zufall ausgelieferter Ignorant, wenn er sich nicht auch Gedanken über die Erreichung der Ziele machen würde. Weil aber Spiel eine freiwillige Tätigkeit ist, weil es Spaß machen soll und in sich selbst prozeßorientiert ist – aus allen diesen Gründen gelten für die pädagogische Planung zwei Kriterien ganz besonders: die Berücksichtigung der Bedürfnisse und Interessen der Gruppe und das Prinzip der offenen Planung (Varianten; Alternativen; keine rigide Lernzieltaxomonie und -kontrolle).

„Man kann den Verlauf und den Erfolg von Spiel-Einheiten nicht vorausplanen, aber man muß planen, wenn man über den Augenblick hinaus handlungsfähig bleiben will"
(Jürgen Kleindiek)

„So unerläßlich die Flexibilität ist, ohne Planung wird sie orientierungslos."
(Benita Daublebsky)

Spielbedingungen klären

Vor der Entscheidung über Inhalte, Spiele usw. muß sich der Spielpädagoge über die Bedingungen klar werden, unter denen die Spiele ablaufen werden. Diese Bedingungen nennen die Voraussetzung, unter denen ich dann Entscheidungen über Ziele, Inhalte, Methoden (Spiele) und Medien (Materialien) zu treffen habe.

Diese Planung darf – wie schon betont – keineswegs spontane Einfälle, kreative Spielvarianten und stimmungsabhängige Veränderungen behindern. Da bekanntlich ein Spiel nicht wegen irgendwelcher Ziele, sondern weges des Spaßes am Prozeß, am Ablauf gemacht wird, sich ein Ziel also quasi ‚nebenbei' ergibt, kann die stringente Verfolgung des geplanten Ziels nicht Aufgabe des Spielpädagogen sein. Das Spiel entwickelt ja oft eine nicht vorhersehbare Eigendynamik, die dann nicht umgelenkt oder unterdrückt werden darf, nur weil einmal etwas ganz anderes geplant worden ist.

Die Qualifikation eines Spielpädagogen liegt einerseits in einer präzisen Planung und aber andererseits im souverän-flexiblen Umgang mit ihr.

Die Planungsschritte

1. Welche Bedingungen liegen vor?

• Wie ist die Gruppe zusammengesetzt? (Alter, kulturelle Hintergründe, Schichtzugehörigkeit, Vertrautheit, Beziehungen zu Gruppenleiter/in)

• Welche Vorerfahrungen hat sie mit Spiel und dem Thema?

• Welche räumlichen und zeitlichen Möglichkeiten?

• Welche Vorstellungen hat der Schulträger, Jugendverband, Veranstalter, der Tagungsleiter o.ä.?

• Welche Denk- und Verhaltensgewohnheiten oder aktuellen Konflikte bestehen in der Gruppe?

2. Welche Ziele kann ich mit der Gruppe vereinbaren?

• In welchem pädagogischen Kontext steht diese Spiel-Einheit?

• Wem nützt die Erreichung der Ziele tatsächlich?

• Welche Bedürfnisse und Interessen habe ich?

3. Welche Spiele in welcher Reihenfolge?

• Welche Spielformen sind für die einzelnen methodischen Schritte geeignet; Welche Spiel-Inhalte?

• Welche kann ich eingeben, welche sollen noch ausprobiert werden – mit welchen Reaktionen ist dabei zu rechnen?

• Was für Material muß bereitstehen?

• Wie gebe ich die Vorschläge und Anregungen ein?

• Welche Gruppierung ist spiel-, gruppen- und ziel-gemäß?

4. Alternativ-Planung

- Was mache ich, wenn Spiele nicht akzeptiert werden oder nicht so verlaufen, wie ich es mir dachte?
- Welche ‚Störfaktoren' könnten auftreten?
- Welche Reservespiele könnte ich vorschlagen?
- Welche ‚Gefahren' (körperliche und psychische) bergen die Spiele?

5. Transfer-Planung

- Mit welchen Mitteln können die Erfahrungen aus den Spielen verbalisiert, vertieft, ergänzt, verifiziert und geübt werden?
- In welchem Projekt können die Themen der Spiele weitergeführt und wieder aufgegriffen werden?

Hier können nicht zu allen diesen Fragen Hinweise gegeben werden, aber einige Praxistips zur Reihenfolge von Spielen:

Es ist günstig, mit einem Aufwärm-Begegnungsspiel zu beginnen; dabei ist es am angstärmsten, wenn es ein ‚Action'-Spiel mit Material ist, das simultan von allen gespielt wird. Jetzt mit einem Paarspiel fortzusetzen, erleichtert die Konzentration der Spieler auf zunächst einen Partner. Danach dann mit Kleingruppenspielen weitermachen. Je spannender (d. h. risikoreicher), je schwieriger und angstauslösender es der Gruppe vorkommt, desto eher sollte es gegen Ende der Spieleinheit vorgeschlagen werden. Der Abschluß kann von einem Kreis- oder kooperativen Gruppenspiel gebildet werden. Eventuelle Pausen und Reflexionsgelegenheiten nicht vergessen! Bei einem Rollenspiel, Plan- und Konfliktspiel lösen sich die Reflexionsphasen und Spielphasen ständig ab. Diese vorgeschlagene Reihenfolge ist nur eine Standardregel und kein allgemeingültiges Erfolgsrezept.
Wenn immer es sich einrichten läßt, sollte man die Planung nicht allein vornehmen, sondern mit anderen Spielpädagogen gemeinsam: die Einfälle vervielfachen sich und der Spielpädagoge fühlt sich sicherer. Voraussetzung für die Teamplanung ist allerdings ein funktionierendes Team mit wenig Konkurrenz untereinander, konstruktiver und akzeptabel formulierter Kritik und einer ähnlichen spielpädagogischen Zielvorstellung.
Zum Umgang mit dieser Planung bei der Durchführung der Spieleinheit siehe ‚Spielleiterverhalten'!

Thematische Spielaktionen planen
Spiel-Beispiel: Spielaktion ‚Filmstadt' mit Filmstudios (Video), Maskenbildnerei, Kulissenwerkstätten, Probebühne, Schau-

spielagentur, Kino, Snackbar, ‚Emma'-Verleihung, Filmmusikfestival, Stuntmanausbildung ...

Eine Spielaktion ist das Arrangement mehrerer Spiele und Spielmöglichkeiten unter einem gemeinsamen Thema

Eine Spielaktion ist das Arrangement mehrerer Spiele und Spielmöglichkeiten (Materialien) unter einem Thema. Dieses Thema muß verschiedenste angeleitete und freie Gruppen- und Materialspiele ermöglichen. Eine solche Spielaktion erfordert viele Spielteilnehmer, viel Platz und Material, eine genaue Planung sowie Aufgabenverteilung unter den beteiligten Spielpädagogen und Helfern. Da die einzelnen Aktivitäten nicht vorher planbar sind, durch die Eigendynamik der Spiele und die Einfälle der Kinder ständig sich verändernde Abläufe ergeben, müssen die Spielleiter/innen flexibel mit neuen Situationen umgehen können. Ein Koordinator ist erforderlich. Dauert die Spielaktion über mehrere Tage, so ist eine tägliche Auswertung und Weiterplanung nützlich.

So könnte man im Planungsteam vorgehen:

1. Auswahl des Themas
(z. B. Unsere Stadt um 1900; Zirkus; Ausflug nach Gespensterhausen; Indianerleben; Bauernkriege; Handwerker im Mittelalter; Auf der Venus; Weltreise)

2. Sammlung von Einfällen zum Thema mittels eines Brainstormings
Einfälle (Ereignisse, Eigenschaftswörter, Gegenstände, Personen) dann in Spielmöglichkeiten umsetzen.

4. Strukturierung der Aktionsmöglichkeiten
Verschiedene Spiele für alle nacheinander oder mehrere Spielstationen gleichzeitig, evtl. mit gemeinsamem Schlußspiel aller Gruppen. (Einzelheiten der Ablaufstruktur haben wir weiter unten extra aufgeführt)

5. Klärung von Verantwortlichkeiten
Aufgabenverteilung, benötigten Materialien, Reservespiele(!), Vorbereitungsarbeiten und Zeitablauf.

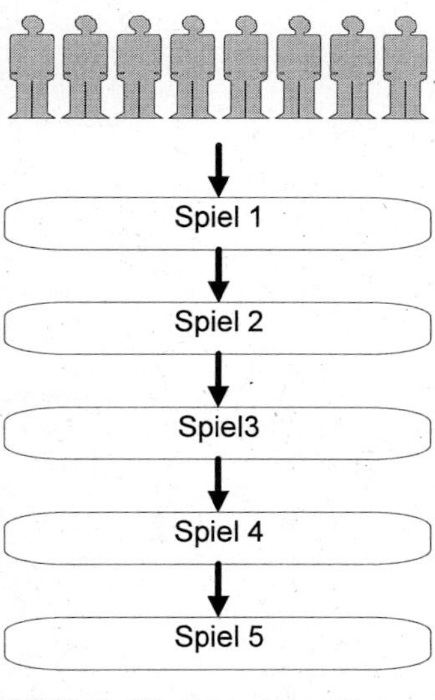

Spielkette: Alle Spieler/innen führen alle Spiele nacheinander durch.

Mögliche Ablaufstrukturen für Spielaktionen

Spielkette, Spielstunde

Dies ist die einfachste und häufigste Form, in der ein Spielprogramm geplant wird und abläuft: Die gesamte Gruppe spielt nacheinander mehrere Spiele, wobei diese Spiele durch einen roten Faden (eine Geschichte, dasselbe Material, ein bestimmter Anlaß o.ä.) verbunden sein sollten. Diese Struktur ist bei einer Gruppengröße bis zu rund 20 Mitspielern von einem Spielleiter überschaubar und durchführbar. Wie das im einzelnen durchgeführt werden kann, habe ich in einem extra Kapitel beschrieben und auch ein witziges, längeres Spielketten-Beispiel finden Sie dort abgedruckt.

Parallele Spielgruppen
Nach einer Einteilung in mehrere kleinere Spielgruppen spielt jede Gruppe parallel zu den anderen ein oder mehrere Spiele. Wie die Aufteilung in Gruppen geschieht, ist für den weiteren Ablauf entscheidend:
a) nach Interessen frei gewählt (das müssen die Teilnehmer wissen, was sie erwartet und es besteht das Risiko, daß die zahlenmäßige Verteilung eventuell sehr ungleichmäßig erfolgt);
b) nach dem Zufall (z. B. wer gerade in Grüppchen zusammensteht oder mittels Kärtchen, Losen oder Abzählen zufällig eingeteilt. Hier kann es zu sehr ungleichmäßigen Aufteilungen kommen z. B. alle Mädchen in einer Gruppe oder die Clique ist mal wieder zusammen...);
c) mit Zuordnung durch den Spielleiter (was immer problematisch ist, weil er in der Regel seine Kriterien der Gruppe gegenüber nicht äußert oder einzelne damit dann nicht einbverstanden sind);
d) mit Zuordnung nach Kriterien, die mit der Gruppe abgesprochen sind (z. B. wer beim letzten Mal dies und das gemacht hat, sollte heute besser in die Gruppe gehen usw.).
In vielen Fällen beginnt ein Programm mit dieser Ablaufstruktur mit einem gemeinsamen Großgruppenspiel zum ‚Aufwärmen', dem sich ein Gruppenaufteilungsspiel anschließen kann (z. B. verteilte Puzzle zusammenfügen). Ein gemeinsames Abschlußspiel (ggf. Mit Vorstellen von Gruppenergebnissen) erfordert, daß das Spielprogramm in allen Gruppen etwa zur gleichen Zeit beendet werden kann – oder man muß für diejenigen, die schon fertig sind, noch eine Reserve- oder Pausenaktion bereithalten.

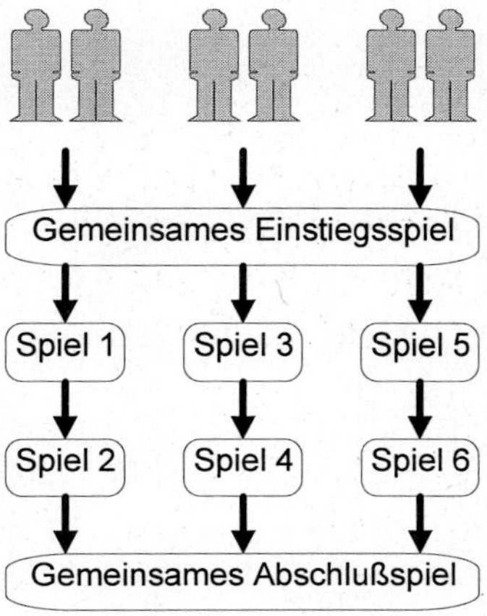

Parallele Spielgruppen mit einem gemeinsamen Beginn und Ende

Spielmarkt (frei wählbare Spielstationen)
Hier wird eine freie Wahl von Spielstationen angeboten und ein Wechsel zu weitgehend beliebigen Zeiten zu anderen Stationen. Jede Spielstation hat ihr eigenes Angebot und ändert dies auch nicht. Die Spieler kommen und gehen wie es ihnen gefällt. Wenn sich Wartezeiten bei besonders beliebten Spielstationen ergeben, so wird inzwischen eine andere besucht.
Diese Form ist die freieste und flexibelste, allerdings auch eine Form, die die Spielaktivitäten und die Beteiligung völlig in der Beliebigkeit der ‚Besucher' beläßt. Am besten eignet sich diese Ablaufstruktur für Feste, Großveranstaltungen und offene An-

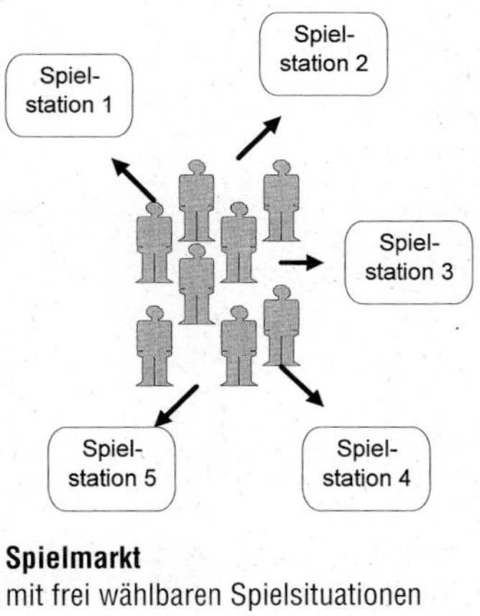

Spielmarkt
mit frei wählbaren Spielsituationen

Praxistip:
Wichtig ist hier ein ‚Auffangangebot' für Wartende oder Unbeteiligte – das könnte eine Mal-, Info-, Lese- oder Imbißecke sein.

gebotssituationen wie sie z. B. bei einem Tag der Offenen Tür oder einem Markt der Möglichkeiten erwartet werden.
Typisch ist für diese Form, daß neben angeleiteten Spielprogrammen oft auch sog. ‚Selbstläufer' angeboten werden: Aktivitäten oder Geräte, die man nicht erklären oder beaufsichtigen muß.

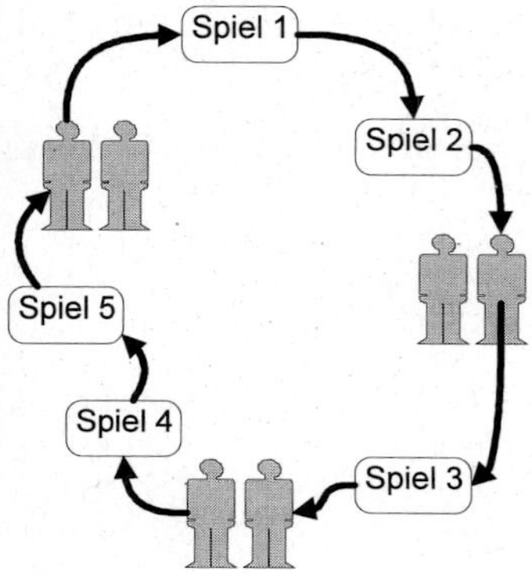

Spielkarussell: Alle Gruppen besuchen alle Stationen nacheinander

Das Spielkarussell
Die komplizierteste Ablaufstruktur: Wie beim Markt gibt es auch hier Spielstationen, aber die Gesamtgruppe wird in Spielgruppen aufgeteilt, die (a) alle oder (b) eine begrenzte Zahl von Spielstationen in einer vereinbarten Reihenfolge besuchen. Im Gegensatz zu der Form „Parallele Spielgruppen" können hier alle an allen Spielaktivitäten teilnehmen. Da der Wechsel von Station zu Station nicht individuell (wie beim Markt), sondern mit der Spielgruppe, die immer gleich zusammengesetzt bleibt, erfolgt, muß das Programm an den Stationen so gut koordiniert sein, daß es ungefähr gleich lange dauert, damit nicht ‚Staus' beim Wechseln den Spielaktivitätenfluß unterbrechen.

Ein Beispiel für ein Spielkarussell: Eine Weltreise zu den verschiedenen Kontinenten (Stationen) wird von mehreren Touristengruppen (Spielgruppen) unternommen.
Dabei besuchen alle sämtliche Kontinente, aber die einen beginnen in Amerika, die anderen in Europa usw.! Eine solche Spielaktionsform haben wir auch in dem am Schluß dieses Kapitels geschilderten Bericht angewendet.

Spiele und anderes planen
Oftmals werden Spielaktionen auch nicht isoliert von anderen Aktivitäten durchgeführt: bei einem Fest gibt es noch viele andere Angebote, ebenso bei großen Informationsveranstaltungen u. dgl. Dann muß ein Spielprogramm im Zusammenhang mit den anderen Aktivitäten geplant werden. Dafür habe ich vor einigen Jahren ein Planungsinstrument entwickelt, das sich besonders gut für die Planung von größeren Veranstaltungen im Team eignet. Diese Checkliste wird zusammen mit einigen kurzen Gebrauchshinweisen im folgenden auch hier zur Verfügung gestellt.

Checkliste für die Planung von Veranstaltungen

Gebrauchshinweise
Wozu diese Checkliste? Eine weise Einsicht: Eine gute Planung garantiert noch nicht, daß die Veranstaltung gut gelingt, macht es aber wahrscheinlicher.
Dummerweise hat eine gute Planungsarbeit häufig einige Nachteile: Sie dauert einie Zeit, man muß sich ziemlich disziplinieren, es ist verdammt viel zu bedenken – und zum Schluß hat man dann doch die Blumen für die auftretende Künstlerin vergessen...

Mit der Checkliste geht die Planung schneller, es wird nicht so leicht etwas vergessen... – bloß ein bißchen Disziplin braucht ihre Handhabung auch.
Was können Sie mit diesem Instrument tun? Veranstaltungen und Spielaktionen planen und vorbereiten. Klar. Aber Sie können damit auch Projekte und Seminarreihen, Konferenzen und Kulturfeste, Tagungen und Kirchentage, Fortbildungen und Feiern planen. Und nicht nur Sie allein, sondern vor allem im Team. Gerade in der Gruppenarbeit fördert die Checkliste eine engagierte und rationelle Planung.
Vor Gebrauch der Checkliste: Kopieren Sie hier aus dem Buch alle Fragenzettel (möglichst dabei vergrößern!) und schneiden Sie dann die Zettel auseinander und legen Sie sie in kleinen Stapeln abschnittweise bereit.
Jetzt geht's los: Die Zettel des ersten Abschnitts der Planung „Inhalte" auf dem Tisch ausbreiten, möglichst für alle gut lesbar. Arbeiten Sie mit der Checkliste nicht allein, dann muß die Gruppe jemand bestimmen, der die Absprachen und Beschlüsse zu den einzelnen Fragen schriftlich festhält!
Wie nutzen wir die Checkliste am effektivsten? Wichtig: Abschnittweise vorgehen! Ist ja auch logisch, daß man sich nicht erst um die abschließende Dokumentation kümmert und dann vielleicht um die Räume für die Veranstaltung.
Da die einzelnen Punkte der Checkliste für die verschiedensten Veranstaltungstypen gedacht sind, müssen am Anfang einer Abschnittsbearbeitung die Zettel aussortiert werden, die auf Ihren vorgesehenen Veranstaltungstypus nicht zutreffen.
Ein nützlicher Tip: Sortieren Sie nicht einfach einen Zettel mit der Bemerkung aus „Das ist ja eigentlich klar. Das lassen wir wieder den Mayer machen...". So spricht nur ein Innovationsmuffel! Besprechen Sie die scheinbar ganz klaren Zettel auch. Vielleicht fällt jemandem etwas Neues ein oder vielleicht ist der Punkt in Wirklichkeit doch nicht so ganz klar. Gehen Sie erst zum nächsten Punkt über, wenn alle das Gefühl haben: da haben wir wirklich mal Nägel mit Köpfen gemacht!
Das ist überhaupt einer der großen Vorteile dieser ganzen Zettelwirtschaft: Sie haben gleichzeitig mehrere Punkte im Blick, die ja auch oftmals voneinander abhängen. Und sie verzetteln sich aber nicht, wenn jeder immer den Zettel nach oben legt, zu dem er etwas sagt.

		Ziel und Inhalt
(1)	Ziele, Absichten	Was wollen wir mit dem Vorhaben erreichen? (Hauptziel, Nebeneffekte) Wird das Ziel politisch akzeptiert, ist es durchsetzbar? Sind wir persönlich vom Ziel überzeugt? Paßt es in die Konzeption unserer Institution?
(2)	Thema, Titel	Gibt es ein Hauptthema, mehrere Unterthemen? Ein Sonderthema (z. B. zur Hervorhebung einzelner Tage einer mehrtägigen Veranstaltung)? Ist ein Motto sinnvoll? Haben wir zunächst einen Arbeitstitel – was ist der werbewirksame Titel?
(3)	Teilnehmer: Besucher, Zielgruppe/n	Wen wollen wir erreichen? Wen noch? Aus welchen Gruppen werden sich die Teilnehmr zusammensetzen? Wieviele werden kommen, sollten kommen? Mindest- und Höchstzahl? Auswahl nötig? Welche Kriterien?
(4)	Erwartungen	Welche Wünsche und Bedürfnisse können wir bei den einzelnen Teilnehmergruppen vermuten? Müssen alle Erwartungen, die wir vermuten, erfüllt werden? Wie hoch ist in welchen Situationen die Frustationstoleranz?
(5)	Angebotsstruktur	Welche Grundstruktur wollen wir hauptsächlich unserem Angebot geben: Programmangebot zum Konsum? Mitmachmöglichkeiten? Eigentätigkeit der Teilnehmer (vielleicht in Gruppen?)? Bildung, Unterhaltung, Information?
(6)	Einzelne Programmteile	Welche einzelnen Punkte sind vorgesehen? Ist zu einzelnen Teilen eine Zusammenarbeit mit anderen Personengruppen oder Institutionen sinnvoll? Sollen bestimmte Gruppen besonders integriert bzw. berücksichtigt werden? Freiteit- oder Abendprogramm nötig?
(7)	Ablaufstruktur	Sollen Veranstaltungsteile nach- und nebeneinander stattfinden? Ist beim Ablauf der Spannungsbogen und genug Abwechslung berücksichtigt? Pausen, Rahmen, Reserve?

Dauer, Termine, zeitliche Koordination aller Teile des Vorhabens Wie sieht die optimistische und wie sieht die pessimistische Zeitkalkulation aus? Sind zeitliche Gewohnheiten (Kinder!) der Teilnehmer berücksichtigt?	(8) Zeitplan
Müssen die Teilnehmer zu bestimmten Aktivitäten oder Veranstaltungsteilen besonders motiviert werden? Welches sind vermutlich die attraktivsten Teile und welche sind das Gegenteil? Wie erreichen wir bei Vorbereitung und Durchführung eine Teilnehmer-Mitarbeit?	(9) Motivation, Beteiligung

Materielle Planung

Übernachtung nötig? Welche Möbel und Raumsituationen werden gebraucht, wer kann was besorgen? Was leicht vergessen wird: Verpflegung, Toiletten, ggf. Umkleidemöglichkeiten, Empfangs- räume...	(10) Räumlichkeiten, Erreichbarkeit klären.
Welche Geräte/Medien sind notwendig: Beleuchtung, Beschallung, AV-Medien, Stromanschlüsse, Podeste, Vorhänge, Blumen, ...? Welches Arbeitsmaterial: Papiere, Musik, Begleitlektüre, Ausstellungsgegenstände, Tafeln, Werkszeug...	(11) Geräte, Material
Welche Unkosten werden entstehen (Gebühren, Honorare, Verpflegung, Übernachtung, Fahrtkosten, Mieten, Kopien, Versicherungen, Steuern, ...)? Welche Einnahmen sind zu erwarten (Eintritt, Publikationsverkauf, Verpflegungsverkauf, Losverkauf, Spenden...)?	(12) Kostenrechnung, Finanzen
Wenn bei der Überschlagsrechnung ein Defizit entsteht – wie kann es gedeckt werden? Zuschußgeber? Was läßt sich mit Eigenmitteln finanzieren? Wie lassen sich Kosten senken? Was geschieht mit Überschüssen?	(13) Geldquellen

(14) Rechtsangelegenheiten	Wer schließt welche Verträge ab? Sind Anmeldungen (Amt für Öffentliche Ordnung, Gesellschaft für Musik-/Film/usw.-Rechte, Feuerwehr, ...) notwendig? Unfalleversicherungen, Geräteversicherungen.
	Personelle Planung
(15) Koordination	Wer ist Organisationsleiter/in? Wer macht die Geschäftsführung (und Finanzüberwachung)? Wer ist für Geräte und Material verantwortlich?
(16) Mitarbeiter-Verantwortung	Welche Mitarbeiter/innen sollen oder wollen welche Aufgaben erfüllen? Hierzu ist eine präzise Liste zu erstellen und ggf. zu aktualisieren! Sollen Helfer u.a. eventuell noch geschult oder ausgebildet werden?
(17) Gast-Mitarbeiter	Wer soll als Gast-Mitarbeiter verpflichtet werden (Künstler, Arbeitsgruppenleiter, Politiker, Amateure, Kinderbetreuung, Referenten, Techniker, Fahrer...)? Welche Reserve-Leute sind möglich? Wer betreut die Gast-Mitarbeiter?
	Informationsplanung
(18) Werbung, Einladung	Wie soll zur Veranstaltung eingeladen oder wie soll für das Projekt geworben werden? Was sind die effektivsten Informationsmittel? Wie soll die Presse informiert werden? Wie kann bei der Werbung nochmal "nachgefaßt" werden?
(19) Träger-Information	In welchen Gremien muß für die Veranstaltung geworben werden? Ist eine Schirmherrschaft nützlich? Mit welchen Maßnahmen werden Politiker, Verwaltungen, Zuschußgeber laufend informiert?
(20) Teilnehmer-Information	Wie erfahren Besucher, Gäste (usw.), wann sie was erlben oder tun können? Sind An- und Abfahrtwege bekannt? Müssen evtl. Hausordnungen bekanntgegeben werden? Wie gibt es die Information, wo Anlaufstellen für Notfälle/Probleme sind?

Wie werden die Teilnehmer von einer zur nächsten Aktion gelenkt bzw. hingewiesen? Wer macht Überleitungen? Begrüßung, Rahmen-Conference? Diskussionsleitung, Zusammenfassung? Präsentation von Arbeitsergebnissen? Verabschiedung?	(21) Teilnehmer-„Lenkung“
Wer soll wie eine Dokumentation des Vorhabens machen? Mit Fotos, Videoaufnahmen, Pressespiegel, Aussteller-Katalog, Veröffentlichung der Referate, Protokolle, ...? Kann das eine eigene Gruppe durchführen?	(22) Dokumentation

Problem-Management

Welche Probleme können während der Durchführung auftreten? Wer oder was kann ausfallen? Ist der Erfolg von einem bestimmten Wetter abhängig oder beeinflußt?	(23) Schwierigkeiten
Mit welchen Maßnahmen können wir im einzelnen den möglichen Problemen (siehe 23) begegnen? Liste machen! Ist Ordnungsdienst, Notfallhilfe, ärztliche Versorgung gesichert?	(24) Gegenmaßnahmen

Planung der Nachbereitung

Welche Möglichkeiten der Reflexion sollen für die Teilnehmer ermöglicht werden? Gibt es Erinnerungsstücke für die Teilnehmer (z. B. Fotos)? Auswertungsgespräche zusammen mit Mitarbeitern, Gastdozenten, Künstlern? Bericht bei Vorgesetzten und Gremien?	(25) Auswertung
Wie werden Öffentlichkeit und Fachpresse über die Erfolge und Wirkungen von Veranstaltungen bzw. eines Projekts informiert? Wird eine Dokumentation (Buch, Fotos, Videoaufnahmen, Ausstellung?) erstellt? Dankschreiben an Sponsoren und Mitwirkende?	(26) Öffentlichkeitsarbeit nach Projektdurchführung
Wie wird das bewerkstelligt: Reinigung, Abfallbeseitigung, Rücktransport von Geräten und Material, Weiterverwendung von Anschaffungen, ...?	(27) Technische Nacharbeit

(28) Administrative Nacharbeiten

Wer ist dafür zuständig und ist der Ablauf (Termine, Formulare usw.) klar – für: Honorar- und Reisekostenabrechnungen; Abrechnung und Bilanzierung der Gesamtmaßnahme; Verwendungsnachweise und -berichte für Geldgeber erstellen

Bericht vom Planungsprozeß einer Riesen-Spielaktion „In 80 Minuten um die Welt"

Ein Spielprojekt zusammen mit einem Fortbildungskurs der Akademie Remscheid an einem Vormittag in einem deutschen Internat für italienische (Gastarbeiter-)kinder in der Nähe von Köln. Das katholische Erzbistum Köln unterhält in Pulheim ein „Kolleg" – Kindergarten, Schule und Internat vor allem für italienische Kinder. Drei Schüler-Jahrgänge, rund 120 etwa 11-Jährige, waren unsere „Zielgruppe".

Die Auswahl des Themas und der zugehörigen Stationen und Spiele sowie die Organisation des ganzen Ablaufs waren die entscheidenden strategischen Planungspunkte für die Fortbildungsgruppe. Die Entscheidungen an diesen Planungspunkten müssen stimmen, damit die Spielaktion gelingt. Und die Aktion muß gelingen, damit die ganze Fortbildung mit einem gemeinsamen Erfolg abschließen kann. Nur ein positives Schlußerlebnis stabilisiert die individuellen Lernerfolge der vier ersten Fortbildungswochen.

Drei Planungsmethoden wurden vom Dozenten entwickelt, um den Erfolg, d. h. eine gute spielpädagogische Arbeit, der Gruppe zu sichern:

Was mögen wir und was mögen die Kinder?

1. Wahl des Themas nach zwei Kriterien:

Mit einem Brainstorming werden Themen gesammelt und dann in einem besonderen Verfahren bewertet: Jeder kann zweimal 5 Punkte verteilen – nach eigenem Interesse und nach dem Kriterium, was wohl gut von den Kindern aufgenommen wird. Gewählt wird nach entsprechender Diskussion das Thema, das bei beiden Kriterien die meisten Punkte erhalten hat.

Dieses Verfahren erfordert ein Hineindenken in die Interessenlage der Kinder und ermutigt zugleich zu den eigenen (Erwachsenen)Vorlieben zu stehen. Differenzen zwischen beiden Gesichtspunkten werden bewußt und damit einer Diskussion zugänglich.

2. Planungsschritte konkret anwenden

Aufgrund des Themas ‚Weltreise' und der großen Kinderzahl war uns die Ablaufstruktur nicht mehr freigestellt: wir haben uns für das Spielkarussell entschieden: 7 Stationen, am Anfang sollten alle mit Auflockerungsspielen in 7 reisegruppen eingeteilt werden, die dann von einzelnen ‚Reiseleitern' zu Spielstationen geführt werden. Nach einer Viertelstunde Spielprogramm an der Station wurde die Reisegruppe mit einem Transportspiel (z. B. auf Decken vorwärtsrutschen = Ruderboote) zur nächsten Station (im Uhrzeigersinn) geschickt. Alle Reisegruppen sollten Länder besuchen können (also viermal wechseln). Das bedeutete viermal riesiges Gedränge, warten, Spiele pünktlich beenden usw. Jede der 7 Weltreise-Stationen wurde von zwei Spielpädagogen/innen betreut, die nach diesem Schema ihr kurzes (15 Min.) Programm entworfen haben:

So plant man Spielaktionen in 5 Schritten:

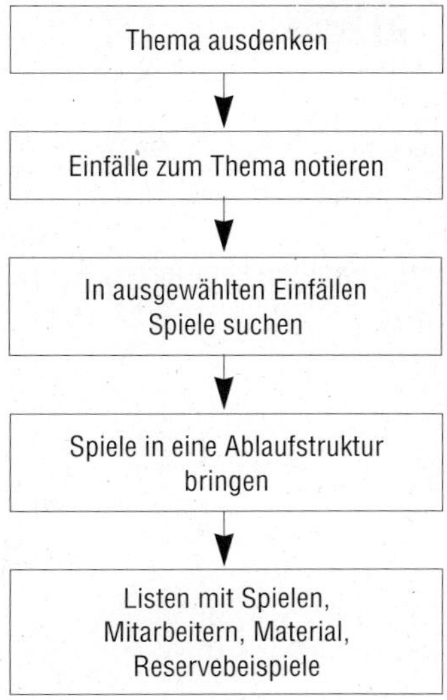

a) Thema ausdenken (z. B. mittels Brainstorming); b) Einfälle zum Thema aufschreiben; c) Zu einigen Einfällen Spiele entwickeln oder auswählen; d) Spiele in eine Struktur arrangieren; e) Listen von Mitarbeitern, Reservespielen und Materialien aufstellen (Auch an eine/n Koordinator/in denken).

Bei der konkreten Planung sind die „Eckdaten" der konkreten Aktion zu berücksichtigen: Mit einer ca. 20 Kinder großen Gruppe sollte eine Viertelstunde lang eine kleine zusammenhängende, sinnvolle Spielkette gespielt werden. Inhaltlich sollten die Spiele etwas mit dem Land, in das die Gruppe gereist war, zu tun haben.

Ruhige und – vor allem für diese Altersgruppe notwendige – bewegte Spiele sollten es sein. Damit sie sich spielerisch auch einwenig austoben konnten.

Und eine kooperative Spielstruktur sollte gegeben sein, denn wir wollten natürlich die so neuartig zusammengesetzten Gruppen nicht im Wettkampfspiel gegeneinanderhetzen, sie sollen ja gerade ein gutes Auskommen miteinander auch im Spiel lernen!

Und wegen der Sprachbarrieren mußte sich jedes Spiel durch Vormachen und nur ganz wenige Worte erklären lassen.

3. Flankierende Maßnahmen

Der „didaktische Teufel" steckt im Detail!

Die wichtigste Phase, die auch am stärksten die Flexibilität der Kursteilnehmer fordert, ist das Diskutieren möglicher Probleme und das Sammeln von Ideen für flankierende Maßnahmen. Beispielhaft an dieser Spielaktion.

Was alles hätte passieren können:

Spielpädagogen werden krank und dadurch müssen mehr Kinder an weniger Stationen „verkraftet" werden. Lehrer oder andere Helfer (Zivis, Mütter) hätte kurzfristig einspringen müssen. Nicht passiert.

Die italienisch-sprachigen Kinder verstehen unsere detailliert ausgefeilten Spielgeschichten nicht, werden ungeduldig und fangen an, sich zu prügeln. Kaum passiert.

Entgegen der Jahreszeit und unserer Erwartung ist draußen strahlender Sonnenschein, die Kinder strömen ins Freie und wir sitzen mit unseren eindrucksvollen Dekorationen alleine im freigeräumten Speisesaal. Nicht passiert.

Was alles hätte schiefgehen können?

Zu wenig abwechslungsreiche oder zu langweilige Spiele ausgedacht, die Kinder stehen auf ganz andere Sachen, machen zwar halbwegs aber ziemlich lustlos mit. Nicht passiert – ganz im Gegenteil, die Kinder ließen sich toll mitziehen und waren begeistert.

Die Kinder akzeptieren unsere zufällige Einteilung in die Reisegruppen nicht, sammeln sich doch wieder in den gewohnten Cliquen und die Chance zum sozialen Lernen ist vertan. Nicht passiert. Bis auf ein Mädchen ließen sich alle auf die neue Gruppierung ein und kamen auch miteinander im Spiel zurecht.

Auf das kooperative Grundprinzip bei den geplanten Spielen reagieren die Kinder abweisend und unverständig, weil sie solche neuen Spiele nicht gewöhnt sind und gerade auch in der Schule bereits im 5., 6. und 7.Jahrgang unter Konkurrenzdruck stehen. Nicht passiert. Alle Spiele wurden angenommen, wenngleich ein gewisses Wettbewerbsverhalten untereinander zwischen manchen Kindern deutlich zu bemerken war.

Nun wissen wir, welche Katastrophen alle nicht eingetroffen sind. Gewiß nicht zufällig, sondern vor allem, weil die Spiele auch für die Situation und Absicht angemessen ausgewählt worden waren. Und weil man vorbereitet war. Planung macht Sinn, weil Erfolg wahrscheinlicher wird.

Über Cliquen- und Klassen- sowie vor allem über Nationengrenzen hinweg haben die Kinder kooperativ miteinander gespielt. Eine solche Spielaktion ist in den Rahmen einer Erziehung gegen Vorurteile, Ausländerhaß und Aggressionen in Gruppen zu stellen.

Praxistip:
Ideen für Spielaktionen
Einige Videodokumentationen von durchgeführten Spielaktionen können beim Robin-Hood-Versand ausgeliehen werden.
Unsere Zeitschrift „gruppe & spiel“ veröffentlicht laufend Ideen, Planungen und Berichte von Spielaktionen.

Welche Orte und Bedingungen fördern, welche behindern Spiel?

17

- Spielökologie
- Spielplanung
- Spielbedingungen
- Spielplatz
- Schule
- Ausbildung
- Fortbildung
- Phantasie

Örtliche, zeitliche und soziale Bedingungen lassen Spiele zustande kommen oder auch nicht, beeinflussen ihre Dauer, den Spaß, den die Spieler haben können und die Erfahrungen, die sie beim Spiel machen.
Sie werden mir vermutlich zustimmen: für ein zünftiges Skatspiel braucht man drei Menschen, die Lust und Zeit haben, vielleicht eine verrauchte Kneipe, ein neues Blatt, einen Tisch, der was aushält, ein paar Bier und vielleicht noch ein paar Groschen, wenn um Geld gespielt wird. Was eher hinderlich ist: Kiebitze, die Sperrstunde, ein fehlender dritter „Mann"…
Aber welche Atmosphäre, welche Orte, welche Bedingungen brauchen phantasievolle Gruppenspiele?

Bedingungen für Phantasie
Eine Musik wie von Robotern gemacht, dröhnt aus den Lautsprechern. Die Gruppe von Jugendlichen hört aufmerksam der Musik der Band ‚Kraftwerk' zu. Aber sie lauscht nicht andächtig und versunken, sondern hellwach und konzentriert: Es geht bei diesem Spiel nämlich darum, einen Tanz zu erfinden, der zu der Musik paßt und den man wohl im Jahr 2000 tanzen könnte …
Phantasie gehört zum Spiel wie der Whisky zum Irish Coffee: ohne ihn wäre es eigentlich kein Irish Coffee und ohne Phantasie eigentlich kein Spiel, obwohl es viele phantasielose Brettspiele und Spielautomaten gibt. Spiel besitzt eine zweite Wirklichkeit, eine Annahme: das Kind stellt sich nur vor, daß der glattgestrichene Sand eine Autobahn ist. Diese ‚Als-ob'-Realität sich auszudenken, allein dazu gehörte schon eine gute Portion Phantasie, aber dann passiert in dieser Spielwelt, in diesem Phantasieland noch eine ganze Menge und im Rollenspiel nehmen andere Kinder die Vorstellung auf, tun eigenes dazu, funktionieren einen Stuhl zu einem Auto um. Und wehe dem, der daran zweifelt …
Das Spiel wird von der Phantasie vorangetrieben und das Spiel fördert die Phantasiefähigkeit der Kinder. Ob Kinder befriedigend spielen können, hängt auch von ihrem Vorstellungsvermö-

Literaturtip:
Ludwig Duncker: Die Kraft der Imagination. In: Neue Sammlung. Heft 3/94. Erhard Friedrich Verlag, Seelze-Velber.

Wer und was beeinflußt das Spiel der Kinder?

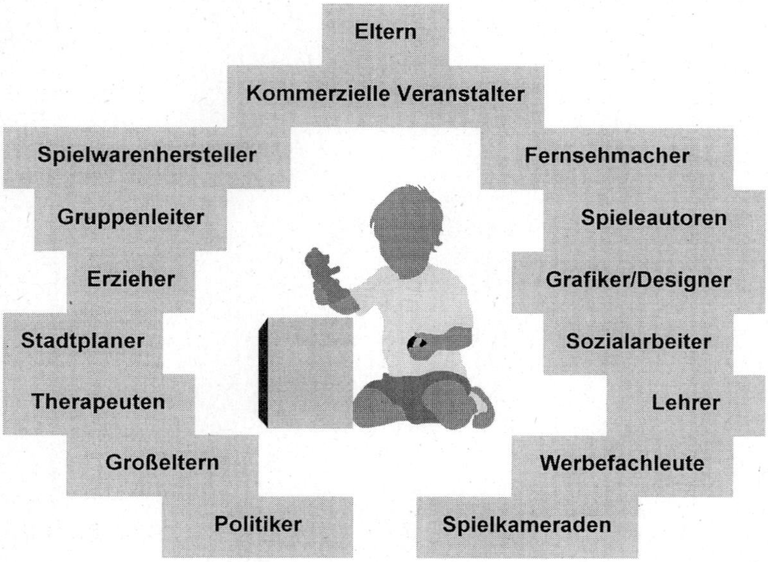

Direkt oder vielfältig vermittelt wirken diese Personengruppen auf das Spielverhalten von Kindern und Jugendlichen ein. Objektiviert dargestellt beeinflussen also die Angebote der Konsumgüterindustrie, familiales Erziehungsverhalten, Wertvorstellungen der Peergroup, Angebote der Unterhaltungsindustrie, die Inhalte der Medienprogramme, die Erzieher/innen und Pädagogen u.v.m. das Spiel. Dahinter stehen wiederum Einflüsse aus der wirtschaftlichen und technologischen Entwicklung, Veränderungen der Sozial- und Familienstrukturen, der Wohnverhältnisse und der Erziehungsnormen.
Kulturelle Trends und ökonomischer Strukturwandel wirken sich auf die Spielmöglichkeiten, -formen und -inhalte aus. Dieses Sozialisationnetz formt auch die Spielfähigkeit, die Phantasietätigkeit und Vorerfahrungen der Spielenden - situative und aktuelle psychosoziale Bestimmungsgrößen kommen hinzu.
So ist ein Wirkungszusammenhang zwischen der ästhetischen Gestaltung unserer Umwelt allgemein und speziell der Konsumgüter bis hin zum Spielzeug sehr naheliegend. Grafiker bestimmen die Gestaltung eines Brettspiels, Werbefachleute und der Handel pushen es in den Markt und bestimmen, was Kinder mögen und massenhaft spielen. Ihr Geschmack, ihr ästhetisches Lernen vollzieht sich u.a. anhand der von der Industrie für sie geformten Spielgeräte, Spielzeuge, Brett- und Computerspiele. Spielpädagogik kann diese Zusammenhänge erforschen, aufklären und beratend wirken.

gen und dem schöpferischen Handeln nach diesen Phantasievorstellungen ab.

Es gibt soziale Verhältnisse und Dispositionen, die die Phantasietätigkeit fördern und welche, die sie behindern:

Phantasie fördernde Faktoren

Phantasie fördernde Faktoren:
- Akzeptieren von spontanem, nonkonformem, intuitivem Verhalten;
- Neugier und Risikobereitschaft;
- Zutrauen zu sich selbst, relative Angstfreiheit (sich sicher fühlen!) und ein positives Selbstkonzept;
- Ganzheitliches Denken ohne die Scheuklappen von Schulfächern und Wissenschaftsdisziplinen;
- Bestätigung erfahren haben bei der Umsetzung von Phantasie in kreatives Handeln;
- Ironisch-satirische, unernste Einstellung zu sich, Personen, Sachen, Zuständen ...;
- Unvoreingenommenheit gegenüber Ungewohntem;
- Verstärkung des schöpferischen, diskursiven Denkens; Alternativangebote; unperfekte Zustände;
- Träumen, meditieren, Zeit und Muße haben ...

Phantasie behindernde Faktoren

Phantasie behindernde Faktoren:
- Zensur, Verbot, Einschränkung, Konformitätsdruck;
- Chaos, Rahmenlosigkeit, Beliebigkeit;
- Einseitige, selektive Wahrnehmung;
- Negative Bewertung durch andere, ‚Killerphrasen', Desinteresse meiner Umwelt an meinen Einfällen;
- Resignation, Hoffnungs- und Ziellosigkeit;
- Angst behindert Neugier, stimuliert höchstens die Angstphantasien;
- Gehorsamkeitserziehung;
- Planungs- und Versorgungsperfektionismus ...

Manchmal wundert man sich, daß die Kinder tatsächlich unter den herrschenden gesellschaftlichen Zuständen, auf unseren üblichen Spielplätzen, mit den wunderschönen Plastikspielwaren und bei dem ‚phantasievollen' Fernsehangebot noch Phantasie entwickeln können ... Aber spätestens den meisten Jugendlichen wurde diese Fähigkeit (u.a. in der Schule) ausgetrieben: sie überlassen sich passiv den Phantasiekonserven in Film, Musik, Fernsehen. Phantasie entwickeln zu können, und dann Vorstellungen mit kreativem Handeln in die Realität umsetzen zu

können – diese Fähigkeiten gehören zu den Kompetenzen eines selbstbestimmten, aktiven, angstfreien Menschen. Um dieses Erziehungsziel zu erreichen, ist eine phantasievolle Spieltätigkeit und die konstruktive Konfrontation der Phantasie mit der Realität, ihren Bedingungen, Forderungen und Einschränkungen notwendig.
Die Spielpädagogik kann mit phantasiefordernden Spielen und Kreativierungsmethoden verschüttetes schöpferisches Denken ein wenig freischaufeln.
Aber unter welchen Bedingungen, an welchen Orten? Betrachten wir einmal die Spielbedingungen an verschiedenen Orten: Spielplatz, Schule, städtischer Alltag.

Spielplätze
Da der größte Teil der Umwelt – speziell in städtischen Gebieten – für Kinder und Jugendliche nicht zum Spielen geeignet ist, werden Kinderspielplätze angelegt. Die Ausstattung der Plätze mit Pflanzen, Freiflächen, wildem Gelände, Geräten usw. ist zumeist weit von idealen Spielbedingungen entfernt. Das ist hinlänglich bekannt. Es lohnt sich dennoch für Schüler- und Studentengruppen, konkrete Untersuchungsprojekte vor Ort über die Qualität der vorfindlichen Spielflächen durchzuführen. Modell-Kinderspielplätze sind auf jeder Bundes- und Landesgartenschau zu sehen, an der allgemeinen Situation hat sich bis heute nicht viel geändert.
Zwei Formen pädagogisch betreuter Spielflächen sind entwickelt und in vielen Städten etabliert worden: das Spielmobil und der Abenteuerspielplatz:

Spielmobilarbeit
Das Spielmobil (ein alter Bus, ein Container oder ein größeres Auto) führt variable Gegenstände mit sich: Bälle, Kisten, Seile, Malutensilien, Federballspiele, Verkleidungskiste, Bücher, Ton, Schwungtuch, Reifen etc. Die pädagogischen Mitarbeiter bieten den Kindern die verschiedensten Spielmöglichkeiten an, wenn sie irgendwo auf einem Platz für einen Tag oder mehrere Station machen: vom Stadtspiel (Erkundungsspiel) über Spielaktionen bis hin zu Fahrradturnieren und Brettspielen. Das Spielmobil hat gerade dort besondere Aufgaben, wo die Spielmöglich-

keiten für Kinder sehr begrenzt sind – häufig in städteplanerisch vernachlässigten Stadtteilen mit großem ausländischen Bevölkerungsanteil. Ein Spielmobil verbleibt mehrere Tage oder Wochen auf einem Spielplatz oder fährt an bestimmten Wochentagen immer dieselben Plätze an.
Die pädagogischen Betreuer der Spielmobile sind Sozialpädagogen, Erzieher, Zivildienstleistende oder Praktikanten und Studenten.
Ziel der Spielmobilarbeit ist es, den Kindern mehr Spielmöglichkeiten zu geben, neue Erfahrungen zu vermitteln, die Umwelt bewußter zu erfahren und zu gestalten. Die Mitarbeiter/innen von Spielmobilen organisieren sich in Landes- und Bundesarbeitsgemeinschaften, die sich um Informationsaustausch, bundesweite Treffen und Fortbildung bemühen.
Natürlich können Spielmobile nur ein Tropfen auf dem heißen Stein sein: Ein Ersatz für freie Spielgelände, Abenteuerspielplätze oder feste Kinder- und Jugendeinrichtungen sind Spielmobile nicht. Auf die Kinder wirken sie manchmal als Paradies aus heiterem Himmel. Eine kontinuierliche Projekt- und Gemeinwesenarbeit ist nur bei wochenlangem Verbleiben am selben Platz möglich.

Abenteuerspielplatz
Abenteuerspielplätze sollen den Kindern eine für sie nicht mehr verfügbare Umwelt zurückgeben und gleichzeitig den Kindern neue Erfahrungsbereiche eröffnen. Auf diesen betreuten Spielgeländen können die Kinder mit den verschiedensten Materialien arbeiten: Werkzeuge, Holz, Feuer, Wasser, Erde, Matsch, etc.
Die Möglichkeiten auf Abenteuer-, Bau- und Aktivspielplätzen können grob in fünf Erfahrungsfelder eingeteilt werden, die alle nur relativ geringen Verhaltenseinschränkungen unterliegen:
• handwerklicher Bereich: Budenbau, Werkgruppen – Umgang mit den verschiedenen Werkzeugen und Materialien.
• Natur/Umweltbereich: Kleine Tieranlagen und der Bau von Stallungen ermöglichen den Kindern den Umgang mit Tieren, gerade auch dann, wenn die Kinder keine eigenen Haustiere haben.
• sozialer Bereich: Das Zusammenleben in der Gruppe, gemeinsame Spiele und das gemeinsame Arbeiten ermöglicht soziales Lernen.
• kreativ-schöpferischer Bereich: Themenangebote, wie Theater, Musik, Malen etc. geben den Kindern die Möglichkeit, sich kreativ und schöpferisch zu betätigen.

• sensomotorischer Bereich: Körperliche Aktivitäten, wie Sport, Regelspiele und Tanzaktionen.

Abenteuerspielplätze gibt es in der Bundesrepublik seit Ende der sechziger Jahre nach einer Idee aus Dänemark. Zusätzlich zu Räumen, in denen die Materialien und das Mitarbeiterbüro untergebracht sind, gibt es oft ein Spielhaus für Regentage und Winterbetrieb.

Abenteuerspielplätze sind bei den Anwohnern oft nicht sehr beliebt, weil diese sich vom Lärm belästigt fühlen. Steht für Jugendliche keine angemessene Einrichtung zur Verfügung, so gibt es für die Mitarbeiter und Kinder oft Auseinandersetzungen mit Jugendgruppen (Einbrüche, nächtliche Feten usw.). Erschwerend kommt auf manchen Plätzen eine häufige Fluktuation der Mitarbeiter (Zivildienstleistende, Mitarbeiter in Arbeitsbeschaffungsmaßnahmen) hinzu.

Trotz dieser Probleme, die den Schwierigkeiten von Jugendfreizeitheimen ähnlich sind, erscheinen uns vor allem dort, wo die natürliche Spielumwelt der Kinder zerstört wurde (Satellitenstädte), Abenteuerspielplätze als einzig praktikable Alternative.

Kein Beispiel vorbildlicher Spielpädagogik, aber Realität...

Schule und Unterricht als Spielorte

Eine Schulklasse. rechteckiger Raum, PVC-Fußboden. Aufgereihte Tische und Stühle. Aber jetzt ist Spielstunde. Das hat die Lehrerin versprochen. Unter großem Krach wird eine Fläche freigeräumt. Ein Kreis wird gebildet. Nachdem etwas Ruhe eingetreten ist, fragt die Lehrerin, welche Spiele sie denn spielen möchten. Viele Ideen. Dreißig Schüler/innen reden durcheinander: ‚Blinde Kuh‘, ‚Ich sitze im Grünen ...‘, ‚das Schlüsselspiel‘... Endlich gelingt eine erste Einigung. Es geht los.

Diese Schilderung stammt aus der Vertretungsstunde in einer 4. Klasse Grundschule.

Kein Beispiel vorbildlicher Spielpädagogik, dafür aber sehr praxisnah. Spielen ist in der durchschnittlichen Schule noch immer etwas Fremdes. In der Schule wird vom ‚Ernst des Lebens‘ gehandelt. In der Schule werden keimfreie Wissenshappen verabreicht – säuberlich in 45-Minuten-Schachteln verpackt.

Dreißig Schüler sechs Stunden in einem Raum, die still zu sitzen haben und antworten sollen, wenn sie gefragt werden.

Kurzum – in der Schule wird gelernt und nicht gespielt. Das Leben ist schließlich keine Spielerei, und die Schule soll auf das Leben vorbereiten und nicht dem Vergnügen dienen. So oder so ähnlich lauten die Begründungen für eine tote, sterile Schulatmosphäre. Aber manchmal, einige sagen: immer öfter, wird in einigen Schulen dennoch gespielt (sogar in Oberschulen).

Es lassen sich sechs verschiedene Formen der Nutzung des Spiels in der Schule bezeichnen.
Überprüfen Sie mal, welche Spielmöglichkeiten Sie als Schüler früher gehabt haben – in der Schule:
1. Spielen als Überbrückung oder Lückenfüller in Vertretungsstunden. Spielziel: Schüler angenehm beschäftigen.
2. Spielen im Sportunterricht und in der Pause auf dem Schulhof. Spielziel: Die Schüler sollen Bewegung haben.
3. Spielen als gemeinschaftsstiftende Maßnahme, besonders auf Klassenfesten und an Wandertagen. Spielziel: Netter Lehrer und nette Klasse machen zusammen etwas Nettes.
4. Spielen als Methode des schulischen Lernens (z.B. Übungsspiele im Englischunterricht). Spielziel: Darbietung eines zu vermittelnden Inhalts in einprägsamer und spaßmachender Form.
5. Spielen als eigenständiges Curriculum (z.B. Spielstundenreihen, Spiel-Arbeitsgemeinschaften). Spielziel: soziale Erfahrungen mit sich und anderen machen, soziale Fähigkeiten erweitern (vgl. hierzu Daublebsky, Warns).
6. Spielen als Kulturangebot über den Unterricht hinaus (früher: Laienspielschar; heute: Theatergruppe, Schulspiel, Kabarett). Spielziel: Ausdrucksfähigkeit und Literaturkenntnis bei Schülern verbessern.

Die räumlichen und organisatorischen Bedingungen der Schule behindern Spielsituationen, sogar in Berufsfachschulen, die künftige Erzieher ausbilden. Aber auch die Unsicherheiten von Lehrern („Spielpädagogik kam in meiner Ausbildung nicht vor!") und die Erwartungen der Eltern („Das Leben besteht nicht bloß aus Spielen!") verhindern viele Spielsituationen, in denen gerade die von der Schule oft vernachlässigten sozialen und affektiven Lernziele angegangen werden könnten.
Die Zunahme der Erziehungsfunktion der Schule und schulreformerische Vorschläge bringen immer öfter das Spiel als mögliche Lernmethode im Unterricht und in Projektwochen und als Element bei der Gestaltung des Schullebens ein. Fortschrittliche Deutsch-, Kunst-, Sport- und Religionslehrer haben längst den Wert spielerischen Lernens auch in der Sekundarstufe erkannt. Dennoch bilden Spielpädagogik-Seminare in Lehrerfortbildungseinrichtungen noch immer die große Ausnahme und findet Spiel noch immer fast nur auf Klassenfahrten, in Vertretungsstunden, im Sport und bei Klassenfeten statt.

Literaturtip:
Über 50 Beiträge zum Spiel in der Schule finden Sie im Jahresheft 1995 "Spielzeit" des Friedrich Verlages, Seelze-Velber.
Herausgeber: Ulrich Baer, Knut Dietrich, Gunter Otto.

„Das Leben besteht nicht nur aus Spielen!"

Generelle Hinweise zum Spielleiter/Spielleiterinnen-Verhalten finden Sie ausführlich im Kapitel 20.

Praxistips für Lehrer/innen, die in der Schule spielen

1. Das Auswählen der Spielvorschläge
Eigentlich ist die Sache ganz simpel: Richtig ausgewählt haben Sie ein Spiel dann, wenn es Ihre pädagogische Absicht verwirklicht, wenn es zu der spezifisch zusammengesetzten Klasse paßt und wenn es schließlich auch noch der Schulsituation entspricht.

2. Die Spiele erklären und anleiten
Eigentlich selbstverständlich, daß man ein Spiel in kurzen und gut verständlichen Sätzen erklärt. Wenn die Spielgruppe dabei im Kreis oder Halbkreis sitzt, erreichen Sie für Ihre Erklärung am ehesten die nötige Ruhe. Besonders bei der Arbeit mit Behinderten habe ich gelernt, daß die beste Erklärung das Vormachen, auch kurzes Anspielen mit einem Mitspieler, ist. Je jünger die Kinder sind, um so interessanter finden sie Ihre Spielkette, wenn Sie die Spielerklärung in eine kleine Geschichte einkleiden – so gestalten sich die Übergänge von einem Spiel zum nächsten auch reibungsloser.

3. Das Eingreifen im Spiel
Lehrer, die von außen ins Spiel eingreifen, um zu animieren oder um Prozesse pädagogisch wertvoll zu gestalten, kommen mir immer ein wenig wie ein Zirkusdirektor vor, der aber nie selbst am Trapez hing. Spüren Sie das Spiel, die Mitspieler/innen, die ganze Klasse, indem Sie selbst so oft es irgendwie geht mitspielen! Es braucht Übung, dabei die Übersicht zu behalten: im Spiel zu sein und gleichzeitig über der Situation beobachtend zu stehen. Aber so können Sie spielintern intervenieren, Außenstehende hineinlocken, Schwierigkeiten beseitigen oder bereden und auch das Zeitgefühl für das Beenden eines Spiels bekommen. Spielen Sie mit, können Sie auch wesentlich akzeptierter positives Verhalten verstärken, Spielhindernisse durch spontane Regeländerungen abschwächen oder stille, randständige Schüler/innen einbeziehen und spielerisch provozieren.

4. Problemsituationen
Einige wollen – egal, was vorgeschlagen wird – nicht mitspielen. Das kann sehr viele verschiedene Ursachen haben. Mag sein, daß diesen Schülern Spiel schon als eine zu „kindische" Beschäftigung vorkommt. Es kann auch sein, daß sie keine positive Beziehung zu demjenigen haben, der die Spielidee vorgeschlagen hat. Oder sie wollen sich nicht an einer gemeinsamen

Aktivität beteiligen … Vielleicht sagen sie, befragt, warum. Vielleicht auch nicht. Eines sollte man als Spielleiter in dieser Situation vermeiden: Der fixen Idee zu verfallen, alle müßten doch eigentlich daran Spaß haben. Ein paar Schüler können doch ruhig mal zusehen – sofern sie sich nicht abfällig über die Spielenden äußern, vielleicht kommen sie beim nächsten Spiel auf den Geschmack.

5. Spielstunden auswerten

Der Schweizer Schriftsteller Max Frisch hat einmal Erfahrungen als Einfälle zu Erlebnissen definiert. Beim Spielen haben die Schüler eine Menge Erlebnisse. Zu Erfahrungen werden diese Erlebnisse erst, wenn sie auch ins Bewußtsein gehoben werden, am ehesten geschieht das durch Reden. Ein Kreisgespräch über die gemachten Spiele wird jedoch nur stereotype Antworten hervorbringen, wenn ich es mit der Frage „Hat's denn Spaß gemacht?“ beginne. Sinnvoller: Wir schreiben alle Spiele untereinander nochmal an die Tafel, und jeder kann einen Stern für sein bestes Spiel und eine Zitrone für das schlechteste dieser Stunde dahintermalen. Wir diskutieren dann, warum bestimmte Spiele besonders beliebt sind und ob die unbeliebten trotzdem etwas „bewirkt“ haben.

Spiele auswerten entsprechend dem didaktischen Dreischritt:
1. Starkes Erlebnis
2. Einordnen in Bekanntes
3. Aneignung durch Anwendung oder Übung
(Hartmut v. Hentig)

6. Mit der Unsicherheit fertig werden

Als Lehrer/in zu spielen, bedeutet, sich auf ein Abenteuer einzulassen. Mit allen Risiken. Einige Hinweise zur Risiko-Minimierung:

– Eine gute Vorbereitung auf die Spielsituation nimmt am besten die methodische Unsicherheit: Alle Materialien bereithalten, einige Reservespiele im Kopf, und in Gedanken vorher noch mal die Spielregelpunkte durchgehen, die Sie am Anfang erwähnen wollen. Vor allem das gedankliche Durchspielen vorher – auch wenn die Klasse in einzelnen Situationen dann doch ganz unerwartet reagieren sollte – hilft ungemein.

– Nützlich ist es auch, sich vorher Möglichkeiten zu überlegen, wie die Eigenaktivität der Gruppe herausgefordert werden kann: Spielalternativen zur Wahl stellen, an die stilleren Schüler Spielrollen verteilen, Kleingruppenphasen einschieben, die Schüler nach Ideen für Spielvarianten fragen ...

– Sich überlegen, welche Schüler ich nicht so mag und welche mich nicht so gut leiden können. Dann sich vornehmen, besonders mal mit diesen Schülern zusammen zu spielen. Sie werden plötzlich an denen ganz neue Seiten entdecken.

Praxistip:
Weil immer das Argument mit den hohen Kosten kommt, haben wir hier die Ideen hervorgehoben, deren Realisierung nur wenige Ausgaben verursacht:

Spielökologische Forderungen und Ideen

Weil die Zubetonierung, Verstädterung und Verplanung der Landschaft nicht gestoppt wird und die Kinder ihre Spielmöglichkeiten heutzutage viel öfter auf Kaufhausrolltreppen, in Tiefgaragen oder Baustellen finden, haben Pädagogische Aktion München, Kinderbeauftragte in vielen Kommunen, das Deutsche Kinderhilfswerk u. a. spielökologische Forderungen entwickelt. Ich möchte eine Reihe von Forderungen und Vorschlägen ergänzen und hier unsortiert als Anregungen für Ihre Überlegungen wiedergeben:

Das kostet nur wenig.

- Industriebrache und andere Freiflächen als Kinderspielmöglichkeiten freigeben – Unfall- und Haftungsprobleme klären.
- Mehr Abenteuerspielplätze einrichten und zu Abenteuergeländen ausbauen.
- Mehr Finanzmittel für Ferienaktionen, pädagogische Betreuung, Spielmobile usw. bereitstellen.

Das kostet die Kommune nichts.

- Umsatzstarker Einzelhandel (Kaufhäuser, Verbrauchermärkte) sollte verpflichtet werden, Spielstuben und -plätze zur Verfügung zu stellen (zur Bereitstellung von Parkplätzen sind sie bereits verpflichtet).
- Kindermuseen einrichten und Stadtbücher für Kinder mit Vorstellung von Spielmöglichkeiten veröffentlichen (wie z. B. Stadtbuch München, Wien usw.).

Das kostet nur wenig.

- Spielausleihe in jeder öffentlichen Bücherei und in jedem Schulzentrum einrichten.
- Spielgeräte- und -materialetat in Jugend- und Kultureinrichtungen und Schulen erhöhen. Spiele als seriösen Bestandteil von Lehrmitteln betrachten.

Das kostet wenig.

- Schulhöfe zu Spielplätzen (zusammen mit Schülern) umwandeln.

Kaum Kosten.

- Schulhöfe dann auch nachmittags und in den Ferien als Spielgelände freigeben.

Das kostet nur wenig.

- Mehr Spielaktionen in Schwimmbädern und auf Sportplätzen erlauben und veranstalten.

Das kostet nichts.

- Spielpädagogik stärker in die Lehrerausbildung integrieren.
- Unzulässige Fremdnutzung von Spielplätzen besser überwachen (Hunde, Vandalismus).
- Mehr Spielstraßen und verkehrberuhigte Zonen einrichten.
- Mehr Flächen, Bauten und Gelände für die Nutzung aktueller Spiel- und Sportgeräte bereitstellen (z. B. Halfpipes für Skateboardfahrer, Rollerskateparcours)

Wenigstens einiges davon wäre doch schon mal was ...

Was und wie können wir mit besonderen Gruppen spielen?

18

- **Behinderte,**
- **Großgruppen,**
- **Erwachsene,**
- **Ausbildungsgruppen**

Großgruppen, Behinderte, Fortbildungsgruppen – alles besondere Gruppen.
Zunächst einmal gilt für mich meine Erfahrung, daß man eigentlich mit Behinderten, Menschen aus einem anderen Kulturkreis oder Senioren oder anderen besonderen Gruppen alles das spielen kann, was man mit Kindern auch spielen kann. Bei Spielauswahl, -eingabe und -begleitung ist nur auf die spezifischen Bedingungen, die die jeweilige Gruppe bzw. die einzelnen Spielteilnehmer mitbringen, Rücksicht zu nehmen.
Einige spezifische Erfahrungsberichte und Praxistips für die spielpädagogische Arbeit mit besonderen Gruppen habe ich hier in diesem Kapitel aufgeschrieben – ohne dabei allgemeine Gültigkeit, Vollständigkeit, Systematik oder Beweiskraft zu beanspruchen.

Spiel mit Behinderten

Ein abgedunkelter Raum, Gemurmel im Saal, alle schauen gespannt auf die Leinwand. Aber Dias oder Filme werden heute nicht gezeigt. Die Leinwand hängt mitten im Raum und hinter ihr tut sich Geheimnisvolles: geflüsterte letzte Anweisungen, Füße trippeln über ein hölzernes Podest, jetzt: ein Vorhang wird aufgezogen und gleißendes violettes Licht strahlt von hinten gegen die Leinwand. Eine Person tritt auf, ihr Schatten hat dicke rote Ränder auf der einen Seite, blaue Kanten auf der anderen. Musik, dazu ein Tanz, erst allein, dann mit Partner – schließlich zeigen die beiden uns eine furiose Bewegungsimprovisation. Vorhang zu. Dunkelheit. Stille. Das Staunen entlädt sich in begeistertem Applaus.
Ein Menschenschattenspiel mit geistig Behinderten und Betreuern, als Akteure und als Zuschauer.
Nur ein gelungenes Freizeitvergnügen oder steckt mehr dahinter?
Warum ist es überhaupt sinnvoll, Spiele mit Behinderten zu machen – sind nicht lebenspraktische Übungen für diese Gruppen wichtiger?
Die Förderung der kreativen Fähigkeiten von Behinderten könnte ein solcher Grund sein. Wer im Arbeitsleben nicht die übli-

Praxistip:
Eine Didaktik der Kulturarbeit mit Behinderten und Praxisberichte hat der Autor als Broschüre veröffentlicht. Ulrich Baer. Sieben Tage im Regenbogen. Remscheid 1995

chen Leistungsnormen erfüllen kann, soll dann wenigstens seine Bestätigung bei Kreativhobbies oder im Spiel finden dürfen? Diese Begründung greift viel zu kurz. Spielpädagogische Arbeit mit Behinderten würde dann nur der Kompensation körperlicher oder intellektueller Defizite dienen. Damit verkürzt man spielpädagogische Aktivitäten zu einer Ausgleichspädagogik, obwohl sie doch durch ihre persönlichkeitsbildenden Lernprozesse effektiv zur Allgemeinbildung beiträgt.
Und so greift auch die Reduzierung von Spiel mit Behinderten als reine Freizeitbeschäftigung (bloß um eine Alternative zu Sport und Fernsehen anbieten zu können) viel zu kurz, unterschätzt man doch dann völlig die Kommunikation und Kooperation stiftenden Erfahrungen im Spiel.
Drei große Zielbereiche lassen sich bei Spiel mit (geistig) Behinderten angehen:

- Verbesserung der Wahrnehmungs- und Ausdrucksfähigkeit und somit eine Förderung der Kommunikationsmöglichkeiten mit anderen Menschen, Sachen und Problemen.
- Entwicklung der sozialen Fähigkeiten, die für ein gut funktionierendes Zusammenleben mit anderen Menschen notwendig sind (Entscheidungen fällen, Verantwortung übernehmen).
- Verstärkung der sinnlichen Auseinandersetzung mit Themen und Problemen.

Welche Spiele und Aktionsformen eignen sich für die Arbeit mit Behinderten unserer Erfahrung nach am besten?

Man kann fast alle Spiele auch mit Behinderten machen.
Aber:
Die individuellen Bedingungen, die jeder mit in die Gruppe bringt, müssen vom Pädagogen sehr präzise wahrgenommen und berücksichtigt werden.

Als erstes überlegen wir, welche Spiele die Ziele besonders wirkungsvoll erreichen. Bei der Auswahl von Formen und einzelnen Spielideen stellen wir verblüfft fest, daß man fast alle nicht sprachbetonten Spiele anwenden kann – jedoch unter einer Voraussetzung: Die individuellen Bedingungen, die jeder mit in die Gruppe bringt, müssen vom Pädagogen sehr präzise wahrgenommen und berücksichtigt werden. Die Spiele, Malaktionen, Tänze und musikalischen Aktivitäten müssen den Voraussetzungen und Fähigkeiten der Gruppe entgegenkommen. Eine Binsenweisheit. Gültig für Seniorengruppen, Vorschulkinder oder ausländische Jugendliche genauso. Gerade geistig Behinderten kann oftmals mehr zugetraut werden als zunächst vermutet. Also: Die vorhandenen Spielkarteien und -sammlungen durchforsten und sich Variationen für die eigene Gruppe einfallen lassen und erproben.

Das Prinzip der tausend kleinen Schritte
Neben der Entwicklung von Varianten, die die spezifischen Voraussetzungen der Gruppenmitglieder berücksichtigen, ist die Vorgehensweise entscheidend: Die scheinbar komplexesten

Spiele können verstanden und bewältigt werden, wenn sie in viele winzige Schritte aufgelöst werden und durch Vormachen oder selbst Ausprobieren statt durch verbale Anweisungen vermittelt werden.

Die scheinbar komplexesten Spiele können verstanden und bewältigt werden, wenn sie in viele winzige Schritte aufgelöst werden.

Ein Beispiel soll das erläutern:
Ein Behinderter legt sich bäuchlings auf ein großes Trampolin, die ganze Gruppe steht am Rand und drückt sanft im gleichen Rhythmus auf das Spanntuch, so daß der Liegende vorsichtig auf- und abschwingt. Allein das Gewöhnen an den gleichen, sensiblen Rhythmus ist für etliche behinderte Teilnehmer eine großartige Übung in Kooperation.
Der nächste Schritt: Jetzt setzt sich der Behinderte und ein Betreuer (oder ein zweiter Behinderter) Rücken an Rücken mit untergehakten Armen auf das Spanntuch des Tampolins. Wieder werden sie durch das gleichmäßige Herunterdrücken des Tuchs von der ganzen Gruppe vorsichtig bewegt. An den Schultern werden beide gehalten, wenn sie drohen, das Gleichgewicht zu verlieren. Die außen Herumstehenden passen auf und spüren die Verantwortung, die sie für die beiden Spieler tragen.
Noch ein Schritt weiter: Nun hocken sich beide einander zugewandt auf das Trampolin und geben sich ihre ausgestreckten Hände. Ganz vorsichtig versuchen sie nun, sich selbst zu bewegen. Alle übrigen am Rand passen auf, daß sie nicht umkippen.
Die letzte Stufe: Die meisten trauen sich nun auch, zu zweit aufzustehen und gemeinsam auf- und abzuspringen. Wer dies nun immer noch steigern möchte, kann es mal probieren, mit seinem Betreuer abwechselnd auf- und abzuspringen. Und wer mag, der kann (unter Hilfestellung der anderen) auch allein springen.
Diese stufenweise Erarbeitung erzeugt dreierlei: Sicherheit auf einem Spiel- und Sportgerät, Erprobung von Risiko und Sprungerlebnis und die gegenseitige Verantwortung in der Gruppe.
Diese Erfahrung auf dem Trampolin wird dann vertieft in einer kleinen Spielaktion:
Mit geschlossenen Augen muß jeder einem über Hindernisse hinweg oder unter Hindernissen hindurchführenden Seil folgen („Urwald-Expedition"). Das Seil wurde auch über das Trampolin geführt. Alle, die sich „blind" am Seil entlangtasten, spüren plötzlich, daß der Boden (das Spanntuch vom Trampolin) nachgibt und federt. Alle erinnern sich an ihre Erfolge auf dem Trampolin, brauchen keine Angst zu entwickeln und zur Sicherheit nicht mehr die Augen zu öffnen, sondern vertrauen ihrem Tastsinn und meistern diese Spielaktion.

Einen eigenen Geschmack entwickeln

Ein weiteres pädagogisches Ziel bei der kreativen Arbeit mit Behinderten: Selbständige Entscheidungen fördern – sowohl beim Gestalten von Theaterszenen, bei Tanzimprovisationen wie bei der künstlerischen Bearbeitung von Materialien! Es dauert gewiß länger, den Behinderten zunächst die drei oder vier Alternativen z. B. beim Basteln von Masken, beim spielerischen Gestalten einer Collage mit Naturmaterial vorzuführen und dann den Entscheidungsprozeß mit jedem einzelnen durchzugehen. Aber das ständige Gewöhnen an Entscheidungen verbessert die Fähigkeit, nicht immer nur alles nachzumachen, sondern Nutzen und Wirkungen einzuschätzen, Werte und Normen einzukalkulieren und sogar einen eigenen Geschmack herauszubilden. Diese entscheidungsintensive Art, kreative Tätigkeiten zu bewältigen, stellt für viele Behinderte eine ziemliche Anstrengung dar und erfordert ihre volle Konzentration. Auch an diesem Beispiel wird deutlich, daß sich Spielpädagogik nicht in den Freizeitbereich abschieben lassen darf.

Das ständige Gewöhnen an Entscheidungen verbessert die Fähigkeit, nicht immer nur alles nachzumachen.

Zusammenarbeit ist besser als die beste Einzelleistung

Gerade für Behinderte ist das Prinzip der kooperativen Interaktion ein grundlegendes Kriterium für die Auswahl von Spielen, Übungen und Methoden: Schöpferisch tätig sein – das wird oft als Einzelleistung verstanden, die in Konkurrenz zu anderen Einzelleistungen steht. Gerade mit Behinderten sollten kooperative Spiele und Gruppenaktivitäten durchgeführt werden. Dabei kann gerade der häufig sehr stark mit sich beschäftigte und belastete Behinderte die Verantwortung für die anderen üben, mit denen er eine kooperative Spielaktion macht, ein gemeinsames Wandbild erstellt oder eine Theaterszene zusammen vorführt.

Mit Behinderten sollten kooperative Spiele und Gruppenaktivitäten durchgeführt werden.

Rollentausch mit dem Betreuer

Als sehr wirkungsvoll hat sich herausgestellt, wenn Behinderte ab und an die Rolle des Betreuers übernehmen, z. B. beim „Blind führen" auch mal den Betreuer, der die Augen geschlossen hält, über den Parcours zu leiten. Oder beim gegenseitigen Schminken auch mal das Gesicht des Betreuers als Malfläche nutzen kann. Natürlich geht das nicht ohne vorsichtige Vorübungen und in gut überlegt und fein abgestuften Schritten. Aber das Erlebnis von Vertrauen, das damit der Betreuer dem Behinderten entgegenbringt, fördert die Fähigkeit zur Übernahme von Verantwortung. Das Spiel stellt sich hierbei als besonders günstige Methode dar, weil negative Folgen auch im Spiel ja nur vorgestellt werden, also fiktiv (und damit ungefährlich) sind.

Im Spiel mit Betreuer/in die Rolle tauschen heißt, Verantwortung zu üben.

Quatsch machen können
Nicht zuletzt ist uns wichtig, daß ja gerade das Spiel wie keine andere Tätigkeit mit Lust, Spaß, Sinnlichkeit, Körperkontakt, Witz und Quatschmachen einhergeht. Die Bedeutung von Spaß und Albernheit für die persönliche Entwicklung von geistig Behinderten ist enorm: sie lernen dabei, Dinge zu ironisieren, auf mehreren Ebenen zu handhaben, Ernst und Unernst zu unterscheiden. Eine Aufgabe bei der Unterstützung der menschlichen Entwicklung: Spaß und Blödelei erleben und zulassen zu können, bedeutet, die Welt nicht nur eindimensional und unveränderbar zu sehen.

Spaß erleben und zulassen zu können, bedeutet, die Welt nicht nur eindimensional zu sehen.

Ein Praxis-Beispiel:
Spielaktion „Kirmes" in einer Einrichtung für geistig Behinderte:
Das waren die Schritte, in denen wir die große Kirmes geplant und vorbereitet haben, nachdem Ort, Zeit und Zielgruppe bekannt waren:
1. Das Rahmenthema aus einer Reihe von Ideen auswählen: Die Behinderten müssen mit der Idee etwas verbinden, der Pädagogengruppe muß es auch Spaß machen und es muß offen genug sein, um verschiedenartigste Tätigkeiten realisierbar zu machen. Zirkus, Reise, Jahrmarkt, Kaufhaus ... sind beispielsweise Themen, die ähnliche Aktionsstrukturen erlauben wie unser Thema „Kirmes".
2. Eine hilfreiche Technik, mit der man dann weiterkommt, ist das Brainstorming, das schnelle Notieren von Einfällen zum Thema, ohne zu bewerten. Wir haben alles aufgeführt, was es auf einer Kirmes gibt: von Achterbahn über Losbude bis Zuckerwatte. Innerhalb von fünfzehn Minuten hatten wir rund 50 Begriffe.
3. Im dritten Schritt wurden nun einige dieser Begriffe in Spielstationen verwandelt. Natürlich ist nicht alles gleich gut für unsere Zielgruppe, mit den uns zur Verfügung stehenden Möglichkeiten oder mit unseren pädagogischen Zielen machbar und umsetzbar. Doch durch das Brainstorming stand ein unglaublicher Fundus von Ideen zur Diskussion. Immer zwei Pädagogen haben sich die Gestaltung einer Spielaktion vorgenommen. Von allen wurde gemeinsam geschaut, ob auch verschiedene kulturpädagogische Bereiche, unterschiedliche Temperamente und Fähigkeiten und mehrere Animationsformen zusammengestellt wurden.
4. Jedes Spielpädagogen-Paar hat dann die Details seiner Station, also seines Standes auf der Kirmes geplant und vorbereitet. Abschließend wurde noch der gesamte Ablauf geklärt: Wie be-

grüßen wir die Gruppe? Wer malt die Namensetiketten? Wie können die Behinderten zugleich an einem Stand assistieren und aber auch alles mitmachen? Wie gestalten wir eine gemeinsame Schlußaktion? Wer koordiniert und springt bei Problemen ein? Welche Materialien sind vorhanden, welche müssen noch besorgt werden? Kann jemand eine Video-Dokumentation der ganzen Geschichte machen? Mit welchen Schwierigkeiten und Eventualitäten müssen wir rechnen?

Kurz und gut: Die Planung dauerte einen ganzen Tag, einschließlich Erprobung der Spiele, Entscheidungen zur Ablaufkonzeption und Materialzusammenstellung.

Und die Aktion verlief gut – im großen und ganzen. Für etwa 12 von 16 Behinderten war es das richtige Programm und ein differenziertes Erlebnis, eine große Erfahrung. Bei einem derart unterschiedlichen Spektrum der Behinderung war das ein angemessener Erfolg.

Es gab eine Wurfbude mit Pyramiden aus Dosen und Schaumstoffwürfeln. Die Geisterbahn mit Stoffbahnen, die einem übers Gesicht strichen, unheimlichen Geräuschen (nicht vom Cassettenrecorder, sondern von Behinderten und Mitarbeitern erzeugt!) und einem sich bewegenden Boden (Judomatte auf 15 Tennisbälle gelagert).

Beim „Auto-Scooter" wurden Fahrgäste auf Rollbrettern („Möbelhund") über eine kurvenreiche Strecke – markiert durch Tesakreppbahnen – geschoben. Ein Behinderter „überwachte" den Fahrbetrieb und kassierte Fahrchips (Korkscheiben).

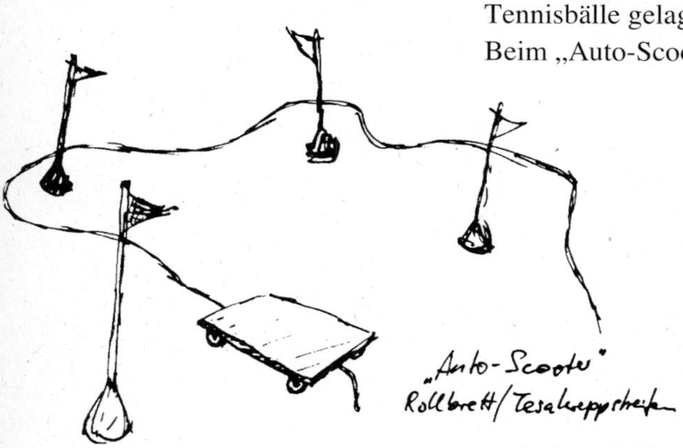

Ein Gauklerstand bot Spiele mit Seifenblasen, Luftballons, Tüchern und ähnlichem an. Ein „Irrgarten" war als Hindernisparcours gestaltet worden, wo man über verschieden hohe Kästen und durch Reifen steigen sollte und einen Balanceakt auf einer umgedrehten Langbank vollführen sollte.

Die „Rätselecke" bot Tastkartons mit Watte, Erbsen, Laub und anderem an; veranstaltete „Geschmackstests" mit süßen, sauren und scharfen Eßwaren, die ohne zu schauen erschmeckt werden sollten. Auch eine Batterie interessanter Düfte bot abenteuerliche Sinneseindrücke.

Besonders beliebt war das originelle Karussell: Eine Turnlangbahn wurde umgedreht auf ein Rollbrett gelegt und mit schweren Eisenschraubzwingen befestigt. Girlanden und Luftballontrauben verschönten das Karussell, und die Originalaufnahme

der Musik von einem Karussell erzeugte die passende Atmosphäre.
Wichtige Erlebnisse waren den Behinderten nach unserem Eindruck nicht nur die vielen unorthodoxen sinnlichen Erfahrungen, sondern auch das Erlebnis, mal einen nichtbehinderten Erwachsenen über die Auto-Scooter-Strecke zu lenken oder Kooperation untereinander zu entwickeln, was ja bekanntlich für Behinderte nicht gerade einfach ist, die genug mit sich selbst zu tun haben.
Sicherlich: Der Eindruck einer Reizüberflutung für die Behinderten lag nahe, für zwei, drei Schwerbehinderte waren die Spielstationen ungeeignet; die Einbeziehung der Behinderten beim Aufbau und Betrieb der Stationen hat nur recht begrenzt und mit sehr unterschiedlichem Erfolg geklappt.
Dennoch: Der Aufwand hat sich gelohnt – keineswegs nur für die Fortbildungsteilnehmer, die sich gute Kooperation bescheinigen konnten und ein anstrengendes und zugleich anspruchsvolles Übungsfeld für ihre (spiel)pädagogische Flexibilität durchlebten, sondern gerade für die geistig Behinderten: Es geht, es ist möglich, es ist nützlich – kulturelle Arbeit mit Behinderten bietet unvermutete Chancen und Impulse für eine phantasievolle Pädagogik, die Spaß und Fortschritt zugleich ermöglicht.

Kommentierte Videodokumentationen von den kulturpädagogischen Aktivitäten der Akademie Remscheid mit geistig Behinderten und Taubblinden verleiht der Robin-Hood-Versand an Pädagogen für DM 10,- pro Ausleihwoche (System: VHS), Stichwort „Behindertenarbeit".

Spiel in Großgruppen

Methodische Hinweise für die spielpädagogische Arbeit mit großen Gruppen

Die spielpädagogische Animation in Großgruppen (mehr als 25 Personen) unterscheidet sich erheblich von der Spielsituation in Kleingruppen. Die Großgruppe ist unübersichtlicher sowohl für den Spielleiter als auch für die Teilnehmer – ihre Teilnehmer fluktuieren wesentlich stärker, und häufig handelt es sich bei Großgruppenveranstaltungen um Einmal-Aktionen, also um nicht wiederkehrende Treffen der Gruppenmitglieder. Dadurch ergeben sich für den Spielleiter und für die Teilnehmer große Probleme der Orientierung, des Verständlichmachens und der Zusammenarbeit. Auf diese zusätzlichen Schwierigkeiten mit der Großgruppe muß ein Spielleiter methodisch reagieren. Zu einzelnen Problemen soll hier Stellung genommen und Tips gegeben werden.
Der Spielleiter hat in der Großgruppe das Problem, sich allen Gruppenmitgliedern gegenüber gleichmäßig verständlich zu machen.

In der Großgruppe existiert in der Regel eine hierarchische Kommunikationsstruktur: Alle Aktionen laufen über Anweisungen oder Vorschläge des Spielleiters, weil sich aus technischen Gründen nicht alle mit allen verständigen können. Um Spieleingaben machen zu können, muß sich der Spielleiter unter den üblichen akustischen Verhältnissen großer Räume in der Regel eines Mikrofons und einer Verstärkeranlage bedienen. Finden Spielaktionen im Freien statt, so benötigt der Spielleiter in der Regel ein Megaphon. Spielaktionen in Großgruppen dürfen nicht dadurch behindert werden, daß der Spielleiter schlecht mit dem Mikrofon umgehen kann: Er muß also seine Durchsagen vorher geübt haben. Je temperamentvoller und größer eine Gruppe ist, desto besser und präziser muß die Ansage übers Mikrofon erfolgen.

Praxistip:
Der Spielleiter sollte das Mikrofon im Abstand von 10 bis 20 cm vom Mund so halten, daß sein Atem möglichst nicht direkt ins Mikrofon pustet, weil sonst Störgeräusche entstehen, die nur mit einem Windschutz am Mikrofon zu vermeiden sind.

Falls man die Wahl zwischen mehreren Mikrofonen hat, so sollte ein Mikrofon mit Richtcharakteristik bevorzugt werden. Es wäre gut, wenn der Spielleiter auf einem Podest oder ähnlichem stehen könnte, um möglichst einen großen Überblick behalten zu können und im Blickkontakt mit der Gruppe ist. Die Körperhaltung sollte aufrecht und gerade sein. Daß man klar, deutlich und präzise sprechen sollte und möglichst keine großen Pausen läßt, versteht sich von selbst.

Die Stimme sollte weder so neutral wie ein Nachrichtensprecher sein, noch in das andere Extrem eines Marktschreiers fallen. Bei der Formulierung von Spielanweisungen ist darauf zu achten, daß möglichst präzise, klar und in kurzen Sätzen gesprochen wird. Sollte eine Spielanweisung, der Spielleiter merkt das an der Reaktion der Gruppe, nicht verstanden worden sein, dann sollte die Spielanweisung möglichst mit anderen Worten wiederholt werden. Es kann auch nützlich sein, daß Beispiele gegeben werden und evtl. eine Spielhandlung vorgemacht wird. Auf die Gesten braucht der Spielleiter nicht so sehr zu achten, weil von der Großgruppe meistens nicht alle gleichzeitig den Spielleiter ansehen und dadurch nur das Informationsgefälle bei den Gruppenmitgliedern erhöht werden würde.

Praxistip:
Auf drei Arten kann der Spielleiter die Wahrscheinlichkeit des Nichtmitmachens von Spielteilnehmern verhindern: Er muß vor Spielbeginn möglichst präzise die Erwartungen der Teilnehmer herausfinden, er sollte sofern möglich, möglichst spielbereite, gute Gruppenmitglieder gleichmäßig über den Raum verteilen, er sollte der Gruppe sagen, daß er bei seinen Vorschlägen nicht alle Erwartungen treffen kann und deshalb die Möglichkeit besteht, daß sich einige bei einzelnen Spielen an den Rand setzen und dann beim folgenden Spiel wieder mitmachen. Wenn der Spielleiter diese Möglichkeit anspricht, fühlen sich diejenigen, die nicht mitmachen, auch nicht so diskriminiert gegenüber den Mitspielern.

Die Wahrscheinlichkeit, daß Gruppenmitglieder bei einem Spiel nicht mitmachen, wächst in einer Großgruppe gegenüber Spielen in Kleingruppen.

Je größer die Gruppe ist und je seltener sie sich in dieser Zusammensetzung trifft, desto höher ist die Wahrscheinlichkeit, daß man nicht genau den Geschmack bzw. die Erwartungen bei den Spielvorschlägen trifft. Darum kann es leicht passieren, daß ein Teil der Gruppenmitglieder bei einem Spiel nicht mitmacht. Das muß der Spielleiter psychisch verkraften, das heißt er muß

es aushalten lernen, daß er die Wünsche nicht aller Gruppenmitglieder gleichzeitig befriedigen kann. Er darf das weder als Kränkung noch als Sturheit von Gruppenmitgliedern interpretieren.
Bei Spielaktionen in Großgruppen gibt es häufig eine große Fluktuation der Teilnehmer, das heißt einige kommen später, andere müssen früher weggehen.
Einen zusammenhängenden Spielblock gerade in offenen Großgruppen zu gestalten, bringt erhebliche Probleme mit der Fluktuation der Teilnehmer. Es ist dann schwierig, einen gemeinsamen Anfangspunkt und einen gemeinsamen Endpunkt, den alle miterleben wollen, zu setzen. Und bei einzelnen Spielen weiß man nicht, welche Zahl an Mitspielern gerade vorhanden ist. Das kann gerade bei der Aufteilung in Unterspielgruppen schwierig werden. Der Spielleiter darf sich also nur Spiele aussuchen, bei denen die Mitspieleranzahl relativ beliebig ist.
Der Spielleiter kann von der Regel ausgehen, daß die Spielaktion schlechter bewertet wird von den Teilnehmern, je größer das Durcheinander ist und je stärker der Spielleiter organisatorisch-dirigistisch eingreifen muß.
Je mehr Teilnehmer eine Großgruppe hat, desto schwieriger wird es für den Spielleiter, den Überblick zu behalten.
Der ständige Überblick über das Spielgeschehen ist für den Spielleiter wichtig, weil er dann feststellen kann, wann eine neue Spieleingabe erfolgen muß, ob die Spieler mit dem Spielverlauf zufrieden sind und ob er das richtige Anforderungsniveau gewählt hat.
Bei einer Großgruppe mit über 30 Teilnehmern sollte der Spielleiter nicht mitspielen, damit er den Überblick behalten kann. Während der Spiele sollte der Spielleiter seinen Mikrofonstandort verlassen und zwischen den Spielern umhergehen, aber für neue Spielanweisungen stets wieder auf dem gleichen Platz zur besseren Orientierung für die Teilnehmer zurückkehren. Es kann für den Spielleiter nützlich sein, ab und zu einzelne Personen (Meinungsführer, Untergruppensprecher, Bekannte usw.) zu fragen, wie sie das Spiel finden, bzw. wie weit die Untergruppen fortgeschritten sind.
In einer Großgruppe entstehen oft Schwierigkeiten mit der Koordination unterschiedlicher Teilgruppen.
Wenn eine große Spielgruppe in mehrere Untergruppen aufgeteilt wird, ist es leicht möglich, daß einzelne Gruppen früher fertig werden als andere.
Es ist nützlich, daß ein gemeinsames Anfangssignal (Spielaktion oder ähnliches) gesetzt wird. Der Spielleiter sollte sich Zu-

Praxistip:
Bereits bei der Planung einer Spielaktion mit einer offenen Großgruppe muß der Spielleiter vorher klären, wer neu Hinzukommende informiert und was möglicherweise mit Untergruppen passiert, aus denen einzelne Gruppenmitglieder früher weggehen.

Praxistip:
Der Spielleiter soll möglichst frühzeitig sich im Verlauf einer Spielaktion über Untergruppen, Cliquen und Meinungsführer klarwerden und diese gut im Auge behalten.

Praxistip:
Für die Spieler bzw. Spieluntergruppen ist es nützlich, wenn ihnen von vornherein klar ist, wieviel Zeit sie für eine bestimmte Spieltätigkeit zur Verfügung haben.

satztätigkeiten oder Verhaltensmöglichkeiten für früher fertige Spielgruppen bereithalten.

Für die Auswertung (gemeinsame Reflexion) von Spielen mit der Gruppe muß sich der Spielleiter vorher Gesprächsverfahren überlegt haben, die für Großgruppen angemessen sind.

Je größer eine Gruppe ist, desto schwieriger fällt es in aller Regel den Gruppenmitgliedern, frei über ihre eben gemachten Erfahrungen zu sprechen. Außerdem ist es für die Gruppenmitglieder außerordentlich frustrierend, wenn sie wegen der großen Zahl nicht oft genug „drankommen". Wenn über Spiele geredet wird in einem solchen großen Gesprächskreis, dann erhält der Spielleiter auch möglicherweise ein falsches Bild vom Erlebnis der Gruppe, weil nur die Mutigen und Redegewandten sprechen.

Praxistip:
Für Auswertungsgespräche sollte der Spielleiter die Großgruppe in Gruppen mit je ca. 5 Teilnehmern aufteilen und diese bitten, sich eine vereinbarte Zeitlang über die Spielerfahrungen zu unterhalten.

Es hat sich herausgestellt, daß es den Gruppen leichter fällt, über vorher vom Spielleiter präzise formulierte vorgeschlagene Fragen (1-3 Fragen) zu diskutieren. Der Spielleiter kann dann von Gruppe zu Gruppe gehen und sich jeweils für eine kurze Zeit am Gespräch der Gruppe beteiligen.

Es kann nützlich sein, für diese Gespräche eine gemeinsame Ausgangsbasis zu schaffen: Ein Meinungsbild zum Wohlfühlen während einzelner Spielabschnitte. Dieses Meinungsbild kann z. B. auch mit Pünktchen (Markierungsklebepunkte) ermittelt werden. Bei diesem Verfahren erhält jeder Spielteilnehmer eine begrenzte Anzahl von Klebepunkten, die er auf ein Plakat, wo die Überschriften der einzelnen Spiele verzeichnet sind, einzelnen Spielen zuordnen kann.

Der Spielleiter sollte bei Großgruppenspielen möglichst viele Mitarbeiter (auch ehrenamtliche) haben.

Ein Spielleiter fühlt sich mit Mitarbeitern (auch ehrenamtlichen Helfern) viel sicherer der Großgruppe gegenüber: er kann sich dann darauf verlassen, daß kleine Pannen vor Ort von den Mitarbeitern ausgebügelt werden, beispielsweise wenn hinten im Saal die Spielregel nicht ganz verstanden worden ist oder wenn die großen Kinder die kleinen umrennen. Oder wenn es um die Verteilung von Spielmaterial geht oder manche die Luftballons nicht verknotet kriegen ... Die Anzahl der Mitarbeiter richtet sich nach den räumlichen Gegebenheiten, der Gruppengröße und Spielart. Aber ganz grob kann als Richtwert 15 Mitspieler je Mitarbeiter angenommen werden.

Praxistip:
Mitarbeiter müssen vorher den Ablauf der Spielaktion genau kennen und auf mögliche Pannen hingewiesen werden. Evtl. für größere Aktionen kann man auch Reaktionsmöglichkeiten vorher im Rollenspiel durchspielen und Verhaltensweisen trainieren. Die wichtigste Qualifikation für einen Mitarbeiter ist übrigens nicht, daß er viele Spiele kennt, sondern daß er souverän mit unvorhergesehenen Situationen fertig wird.

Mit diesen Mitarbeitern empfiehlt sich unbedingt eine Nachbesprechung, weil so viel leichter ein Feedback aus dem Blickwinkel der Teilnehmer zu erhalten ist.

Spiel in Aus- oder Fortbildungsgruppen

Wie stellt sich die Eingabe von Spielen in Gruppenleiterschulungen von Jugendverbänden, in Seminaren zur Lehrerfortbildung, bei Studentengruppen, in Fachschulklassen bei angehenden Erziehern oder in Fortbildungskursen dar?

Gegenüber Spielaktivitäten mit ‚Endverbrauchern' unterscheiden sich die Spiele und Aktionen in Veranstaltungen mit ‚Multiplikatoren' um eine wichtige Tatsache ganz dramatisch: Die Spiele werden nicht um ihrer selbst als Spaß oder Gruppenaktivität gemacht, sondern bilden auch den Inhalt und Reflexionsgegenstand!

Selbst wieder spielen lernen und die Wirkung von Spielen in Gruppen am eigenen Leib erleben

Eines der entscheidenden Ziele in Aus- und Fortbildungsveranstaltung mit älteren Jugendlichen oder Erwachsenen ist, daß die Teilnehmer selbst wieder spielen lernen und die Wirkung von Spielen in Gruppen am eigenen Leib erleben sollen. Andererseits geht es aber genausogut darum, neue Spiele, ihre Anwendungsmöglichkeiten und das Verhalten als Spielleiter zu lernen. Das bringt zwei Probleme mit sich:

1. Es gelingt nicht allen gleich gut, von der Pädagogenrolle zunächst einmal Abstand zu gewinnen und sich ganz auf die angebotenen Spiele einzulassen.

Das zeigt sich an folgenden Reaktionen: Einige fragen zuerst immer danach, wozu dieses Spiel denn nützlich sein kann, für welche Zielgruppen es gedacht ist und daß sie sich eigentlich nicht vorstellen können, daß es mit ihren Schülern überhaupt machbar sei. Einige andere fragen mitten im Spiel sofort nach, wie man denn ein solches Spiel bei Kindergartenkindern einführt, wo man denn die dazu verwendete Musik herbekommt und ob es nicht noch vergleichbare ähnliche Spiele gibt.

Einige fragen immer erst, wozu das Spiel denn gut sei ...

2. Oftmals gibt es unüberbrückbare Interessengegensätze zwischen Teilnehmern, die vor allem ‚etwas für sich tun' wollen, also vor allem es erleben möchten, mal wieder fast wie damals als Kind spielen zu dürfen, nicht für den Gruppenprozeß verantwortlich sein zu müssen und Spiel wirklich genießen zu können. Andere wollen dagegen spielpädagogisch diskutieren, sich selbst als Spielleiter erproben, methodische Tips und Tricks austauschen und von eigenen Spielprojekterfahrungen berichten.

Diese Konflikte lassen sich nur dadurch bewältigen, daß man sie der Gruppe gegenüber benennt, bespricht und öfter das weitere Vorgehen abspricht.

Ein weiterer Unterschied zwischen Kinderspielgruppen und Spiel in Aus- oder Fortbildungskursen äußert sich in folgendem: Erwachsene in Kursen verhalten sich in vielen Fällen

Erwachsene in Kursen verhalten sich in vielen Fällen freundlicher, indirekter, disziplinierter, vorsichtiger

freundlicher, indirekter, disziplinierter, vorsichtiger (manche auch gehemmter) miteinander als Kinder und Jugendliche in Schulklasse und Jugendgruppe. Dadurch läßt sich die Spieleingabe und -durchführung oftmals nicht leicht übertragen. Jugendliche agieren und reagieren gewöhnlich viel direkter, temperamentvoller und phantasiereicher als Erwachsene, aber eben auch unruhiger, oftmals aggressiver und anstrengender. Ich wollte weder die eine noch die andere Gruppensituation beklagen, nur deutlich machen, daß sie unterschiedlich sind und demzufolge auch Spiele anders ablaufen und der Spielleiter sich darauf vorbereiten muß. Beide Gruppierungen haben ihre Vor- und Nachteile und bringen verschiedenartige, aber ähnlich große berufliche Befriedigung.
Eine besondere Situation entsteht allerdings, wenn sich die Fortbildungsgruppe aus Kollegen zusammensetzt. Dann spielt natürlich die gruppendynamische Situation vom Arbeitsplatz, die verschiedenen beruflichen Aufgabenstellungen und manchmal auch Kollegenneid oder Angst, die aufgrund unterschiedlicher hierarchischer Position begründet ist, eine erhebliche, oft störende Rolle. Ein Spielleiter in dieser Lage muß sich sehr sicher fühlen, gut vorbereitet sein, sich die Reaktionen von Kollegen vorher ausmalen können und sich insgesamt ausgesprochen souverän bei Spieleingabe und Interventionen verhalten können.

Wie beurteilt die Spielpädagogik Spielmittel und Kriegsspielzeug?

19

- Spielberatung
- Spiel und Aggression
- Spielzeug

Kinder brauchen Spielzeug ...
... weil es die Erwachsenengegenstände handhabbar verkleinert und damit für Kinder beherrschbar macht;
... weil durch die Vereinfachung der Funktion von Erwachsenengeräten diese durchschaubar werden;
... weil der Umgang mit ihm sicherer als mit Alltagsgegenständen ist (meistens);
... weil dadurch bestimmte Spiele mit Requisiten unterstützt werden (Rollenspiele).
Außerdem wird Kindern Spielzeug gekauft, ...
... damit die Quengelei aufhört;
... damit sich Sohn oder Tochter allein beschäftigen;
... weil es die Kinder ‚einem danken';
... weil sie es im Fernsehen gesehen haben.
Spielzeug läßt sich grob in fünf Kategorien einteilen:

- Spielmaterial zur Identifikation, zum Liebhaben,
- Spielgeräte zum Sichbewegen,
- Spielsachen zum Werken, Konstruieren, Gestalten,
- Spiele zum Regelspiel (Brettspiele),
- Spielzeug für Rollen- und darstellendes Spiel.

Spielmittel (so der offizielle spielpädagogische Begriff) werden nicht nach der Bedürfnislage der Kinder hergestellt und vertrieben oder nach pädagogischen Gesichtspunkten, sondern vorwiegend nach wirtschaftlichen, also profit-orientierten Zielen. Deshalb ist eine Beratung der meistens dem Angebot hilflos gegenüberstehenden Eltern sehr gefragt.

Spielzeugberatung nötig und gefragt

Unabhängige Arbeitsgruppen haben mit Listen und Ausstellungen Empfehlungen herausgebracht (vor allem Arbeitsausschuß Gutes Spielzeug in Ulm und auf dem Gebiet der Brettspiele die Kritikerjury „Spiel des Jahres").
Die Bewertungskriterien sind entscheidend abhängig von den dahinterstehenden weltanschaulichen und kulturellen Normen, Spiel- und Erziehungstheorien. Das wird besonders offenbar bei der Bewertung von Agressions- und Kriegsspielzeug, bei der Stellungnahme zu Spielzeug aus Plastikmaterial und bei Fragen der ästhetischen Gestaltung von Spielzeug und -geräten.

Beurteilungskataloge

Es gibt mehrere Versuche, allgemeingültige Beurteilungskataloge für Spielzeug und -material aufzustellen. Die am weitesten verbreitete Kriterienliste wurde vom Arbeitsausschuß Gutes Spielzeug erarbeitet, andere stammen von dem Psychologen Schüttler-Janikulla, von der Arbeitsgruppe Vorschulerziehung des Deutschen Jugendinstituts in München und vom Fortbildungsinstitut für die pädagogische Praxis Berlin. In einigen Punkten ergänzen sich diese verschiedenen Beurteilungshinweise, in einzelnen Punkten widersprechen sie sich auch.

Eine Zusammenfassung der wichtigsten Kriterien:

Äußere Eigenschaften:

- Das Spielzeug sollte sicher, haltbar, ästhetisch überlegt gestaltet und preiswert sein!
- Nicht einig ist man sich bei den Meinungen zu Größe, Menge und Material des Spielzeugs.

Funktionale Eigenschaften:

- Das Spielzeug sollte nicht unbedingt dem Alter, sondern dem Entwicklungsstand (Fähigkeitsstand, Spielgewohnheiten) entsprechen.
- Die Spielinhalte müssen verständlich sein und realistische Lernmöglichkeiten bieten.
- Das Spielen mit dem Material soll vielseitig, phantasiefördernd und kooperativ sein.

Praxistip:
Zu diesen Fragen gibt es Infos und Rat beim Arbeitsausschuß „Gutes Spielzeug", Heimstr. 13, 89073 Ulm

Ein Thesenpapier für die Elternberatung

Was ist gutes Spielzeug?

Ratschläge zum Spielzeugkauf

Kriegsspielzeug gewöhnt Kinder an Gewalt und die Verachtung des Menschenlebens.

Pädagogisch wertvoll ist Spielzeug besonders dann, wenn die Kinder damit aktiv, phantasievoll und vielfältig umgehen können.

Pädagogisch gutes Spielzeug hat meistens den orangen „spiel gut"-Punkt.

Altersangaben bei Spielzeug sind mit Vorsicht zu genießen. Besser ist es, die Kinder selbst ausprobieren zu lassen, wie sie mit den Spielsachen zurechtkommen.

Nicht immer nur alles kaufen: viele Spielsachen kann man selbst basteln (oft zusammen mit den Kindern!).

Und: Oft sind „wertloses" Material und Erwachsenen-Gegenstände das beste Spielzeug für Kinder.

Meistens wird Spielzeug nicht „zum Wohl der Kinder", sondern zur Erzielung hoher Gewinne und Umsätze hergestellt. Das gilt

besonders für modische Figuren (häufig zu bestimmten Fernsehsendungen) und für Serien-Spielzeug (mit dem Anreiz zum Nachkaufen und Sammeln).
Beim Einkaufen sollten Eltern sich viel Zeit nehmen und sich alles genau erklären lassen. Und schließlich auch etwa auf die schöne Gestaltung von Spielzeug achten, weil auch Spielzeug geschmacksbildend wirkt!

Kriegsspielzeug
Was ist eigentlich Kriegsspielzeug?
Kriegsspielzeug sind für Kinder hergestellte Nachbildungen von Personen oder Gegenständen, die in der Regel im Krieg eingesetzt werden. Also: Kleine Plastikarmeen, Ritterburgen, Zinnsoldaten, Aufziehpanzer, Quartette mit Bomberabbildungen, Pistolen von Knallkorkenrevolvern bis zur Wasserpistole, Plastik-Weltraumkreuzer für den zukünftigen galaktischen Krieg, Modellbausätze von Flugzeugträgern, auch der Nahkampfanzug für die Action-Puppe „Big Jim“, verschiedene Computerspiele.
Neben den Nachbildungen von Personen und Gegenständen, die etwas mit Krieg zu tun haben, gibt es auch Gesellschafts-

spiele, also Brettspiele, die kriegerische Handlungen simulieren. Dergleichen würde ich auch zum Kriegsspielzeug zählen. Beispielsweise: das Spiel „Risiko“, das nur daraus besteht, daß man während des gesamten Spiels ständig Länder oder ganze Kontinente erobert („befreit“ in der neuen Version!). Oder z. B. Flottenmanöver und U-Boot-Jagd gibt es auch in elektronischen Versionen mit entsprechenden Kriegsgeräuschen.
Aber hier wird die Abgrenzung bereits schwierig: Schach ist ursprünglich auch die Abbildung eines Krieges gewesen. Heute wird das Spiel aber so abstrakt, also ohne konkreten Bezug zum Krieg gespielt, daß diese Art von abstrakten Konkurrenzspielen nicht mehr dem Kriegsspielzeug zuzurechnen ist.
Ganz nahe verwandt ist dem Kriegsspielzeug das Aggressionsspielzeug, mit dem also aggressives Verhalten gegenüber anderen Menschen nachgeahmt werden kann. Beispiele: Kinderboxhandschuhe, Messer in vielen Varianten, Horrorpuppen, Spielautomaten mit Abschußsimulationen. Polizeiautos und Indianerkostüme gehören übrigens weder zu Kriegs- noch zu Aggressionsspielzeug, weil Polizisten und Indianer sich nicht unbedingt immer kriegerisch, gewalttätig oder aggressiv verhalten müssen.

Welche Wirkung hat Spielzeug überhaupt?
Erwachsene spielen, um Unterhaltung, Abwechslung, Geselligkeit und Erfolgserlebnisse zu haben. Kinder spielen, um Erlebnisse und Erfahrungen verarbeiten zu können, um sich unsere Wirklichkeit im Spiel begreifbar zu machen und um Neues im Spiel ungefährdet ausprobieren zu können.

Weil ein Kind im Spiel durch die ständige variantenreiche Wiederholung Denk- und Verhaltensweisen einübt, kommt es sehr darauf an, *welche* Denkinhalte und *welche* Handlungen dabei eingeübt werden.

Dabei kommt es natürlich darauf an, wie und in welchen sozialen Situationen mit dem Spielzeug umgegangen wird. Man kann polyvalentes und monovalentes Spielzeug unterscheiden: mit einem Baustein kann man eine Wehranlage oder ein Dorf bauen – die Steine können mehrere Bedeutungen erhalten. Plastiksoldaten dagegen kann man nur mit einem eindeutigen Inhalt versehen. Bei Kriegsspielzeug ist die Bedeutung, der Spielzweck vorgegeben.

- Mit Kriegsspielzeug kann man nur die Zerstörung von Gebäuden und die Vernichtung von Menschen spielen.
- Mit Kriegsspielzeug lernt das Kind die gewaltsame Lösung von Konflikten.
- Mit Kriegsspielzeug gewöhnen sich die Kinder an, Krieg als etwas Alltägliches und Normales anzusehen.
- Mit Kriegsspielzeug lernen die Kinder, das Leben von Menschen und den Wert des Individuums zu verachten.

Diese Wirkung dieses Spielzeugtyps widerspricht der UN-Menschenrechtserklärung, christlichen Wertvorstellungen und übrigens auch dem Grundgesetz der Bundesrepublik Deutschland.

Reagieren Kinder mit Kriegsspielzeug Aggressionen ab?
Über den Ursprung von Aggressionen gibt es im wesentlichen zwei Theorien. Diese müssen zunächst geklärt werden, bevor beantwortet werden kann, was mit den Aggressionen beim Spielen mit Kriegsspielzeug passiert. Die aus der Psychoanalyse stammende Katharsis-Theorie geht davon aus, daß jeder Mensch ein vorgegebenes Maß an aggressiven Trieben, Affekten und Instinkten besitzt. Durch das Ausleben der Aggressionen vermindert sich die innere Spannung und dann treten eine Zeitlang keine auf. Danach könnte man den Kindern Kriegsspielzeug zum Ausleben ihrer Aggressionen geben und sie würden dadurch ruhiger werden. Es gibt einige wenige Untersuchungen hierzu und jedesmal hat sich gezeigt, daß das Gegenteil eintrat: die Kinder mit Kriegsspielzeug waren anschließend aggressiver als die vergleichbare Kindergruppe, die mit neutralem Spielzeug gespielt hat.
Die andere Theorie zur Erklärung der Ursachen von aggressivem Verhalten geht davon aus, daß es gelernt wird, und zwar von Verhaltensvorbildern und durch Belohnung von ausprobierten Aggressionen. Aggression also als ein Ergebnis von Umwelteinflüssen. Zu dieser Umwelt gehören die sich streitenden Eltern ebenso wie der den Bewegungsdrang einengende Städtebau, dazu gehören Gewaltszenen im Fernsehkrimi genauso wie das Kriegsspielzeug. Spielzeug ist dabei also nur ein Faktor im ganzen Konzert der Umwelteinflüsse. Diese Theorie wird von den wenigen Spielzeuguntersuchungen bestätigt. Dasselbe Ergebnis haben übrigens auch alle neueren Untersuchungen zur Wirkung von Gewaltszenen im Film bzw. Fernsehen/Video.
Klar ist allerdings auch, daß durch ein Verbot von Kriegsspielzeug oder durch einen Kaufboykott die Aggressionsrate in unserer Gesellschaft nur minimal gesenkt werden würde.

Gewalt im Spielzeug und Gewalt in den Medien.
Prisma: Wie steht es um die abschreckende Wirkung von Gewaltdarstellungen?
Hurrelmann: Schlecht. Um verschiedene Annahmen, die in der Vergangenheit die Diskussion mitbestimmt haben, ist es recht still geworden: Kaum einer behauptet heute noch, daß Gewaltszenen eine abschreckende oder gar reinigende Wirkung hätten.
Prisma: Wann fallen Gewaltszenen im Fernsehen auf günstigen Nährboden bei den zuschauenden Kindern?
Hurrelmann: Wenn ein Kind keine Anerkennung und Zuneigung erfährt, sich unerwünscht fühlt. Weiter zeigen unsere Forschungen: Gewalt erzeugt Gewalt, Opfer werden zu Tätern. Wer selbst ständig Gewalt erfährt, wird anfällig für Gewaltszenen.
Prisma: Ganz offensichtlich nimmt dieses Problem heutzutage zu…
Hurrelmann: Richtig. Wir haben es immer häufiger mit Kindern zu tun, die kein moralisches Gewissen haben, die nicht wissen, daß Gewalt einen anderen Menschen verletzt. Das sind sozial fast verwahrloste Kinder, die die gängigen Standards für gut und böse nicht mitbekommen haben.
(Auszüge aus einem Interview der Fernsehzeitschrift prisma mit Prof. Klaus Hurrelmann, Bielefeld, 1994.)

Warum wünschen sich Kinder Kriegsspielzeug?
Kriegsspielzeug wird von Erwachsenen selten aus Überzeugung, viel mehr aus Nachlässigkeit gekauft oder verschenkt. Einerseits sind viele Eltern etwas hilflos, wenn sie beurteilen sollen, welches Spielzeug für ihre Kinder gut ist. Andererseits ist vielen Eltern nicht so wichtig, womit ihr Kind spielt, Hauptsache, es hört auf zu quengeln. Warum wünschen sich Kinder

Kriegsspielzeug wird von Erwachsenen selten aus Überzeugung, viel mehr aus Nachlässigkeit gekauft oder verschenkt

Kriegsspielzeug? Das können sehr viele verschiedene Motive sein: z. B. weil die Nachbarskinder sowas haben, weil man nur dann in der Clique was gilt. Oder weil man aus Sammelleidenschaft die Serie vervollständigen will, wenn ein Anfang schon gemacht ist. Oder auch, weil die Werbung in Katalogen und Geschäften verführerisch wirkt. Aber das sind die Gründe für jedes Spielzeug. Warum denn gerade Kriegsspielzeug?
Was hat Kriegsspielzeug besonderes, was macht es so attraktiv, daß sich selbst Erwachsene nur schwer seinem Bann entziehen können?

Die geborgte Macht stärkt das Selbstwertgefühl

Spielzeugwaffen und -soldaten, mit denen man sich identifizieren kann, machen uns mächtiger als gewöhnliche Leute. Man kann sich durchsetzen, hat ein ganz neues Selbstbewußtsein. Waffen sind ein Mittel zum Erfolg! Man wird jemand, vor dem andere Respekt haben müssen – zumindest sich fürchten müssen. Und das ist natürlich besonders für die Kinder ein erwünschter Zustand, weil sie oft als minderwertig, klein und dumm behandelt werden.
Daraus folgt, daß das beste Mittel gegen Kriegsspielzeug die Bestätigung und Anerkennung der Kinder ist. Sie ernst nehmen und sich viel mit ihnen beschäftigen, für sie dasein und ihr Selbstvertrauen stärken mit einem Wort: sie lieben.

Wenn kein Kriegsspielzeug, was denn dann?
Wir haben bereits herausgestellt, daß eines der wichtigsten Motive für Kinder, Kriegsspielzeug zu besitzen, die Aufwertung des Selbstwertgefühls durch Waffenbesitz und kriegerische Machtausübung ist.
Spielzeug, das an der Stelle von Kriegsspielzeug gekauft oder verschenkt werden soll, muß also diese Funktion erfüllen. Aber noch mehr:
Am Kriegsspielzeug fasziniert ja auch die Technik, der Spaß an der Funktion, am Beherrschen eines technischen Mechanismus. Das ist nebenbei gesagt auch ein Grund für die aktuelle Beliebtheit von Computer-Ballerspielen. Und drittens: beim Spielen mit Kriegsspielzeug ist ordentlich was los, da ist Action, Abenteuer, Gefahr und Risiko und ganz nebenbei kann man andere damit herrlich ärgern oder erschrecken.

Wenn man das Spielzeugangebot genau durchforstet, dann bleiben leider nicht sehr viele gute Spielzeuge und -geräte übrig, die alle diese Funktionen erfüllen.
Aber statt mit einem Panzer, kann man Abenteuer auch mit einem Range-Rover auf einer gefährlichen Urwaldexpedition erleben. Oder: Statt Menschen mit Kanonen zu vernichten und ei-

ne Burg einzunehmen, kann es auch sehr aufregend sein, mit dem Rettungshubschrauber Leute aus großer Gefahr zu befreien. Noch ein Beispiel: Statt mit Pistolen auf jemand zu zielen, kann man auch mit Schaumstoffrohren (eigentlich Wärmedämmung für Heizungsrohre) herrlich fechten. Und statt ‚Flottenmanöver' kann man auch mit dem Brettspiel ‚Alaska' seine Container ins Camp zurücktransportieren, ehe das gesamte Packeis schmilzt. Statt mit der knarrenden Weltraum-Laserpistole kann man auch mit einer simplen Trillerpfeife auf sich aufmerksam machen und den Eltern den letzten Nerv töten. Der Effekt ist allemal derselbe, aber der Spielinhalt ist ein ganz anderer, nämlich viel harmloser.

Alternativen zum Kriegsspielzeug sind möglich

Warum wird Kriegsspielzeug eigentlich nicht verboten?
1950 gab es die Initiative einiger Bundestagsabgeordneter für ein Gesetz, mit dem die Herstellung und der Vertrieb von Kriegsspielzeug verboten werden sollte. Diese Initiative scheiterte, offiziell fühlte sich kein Minister richtig zuständig – der Hintergrund des Scheiterns waren klare ökonomische Interessen der Spielwarenindustrie und des Handels. Die einflußreichsten Hersteller sitzen außer in ostasiatischen Ländern in Großbritannien und in den USA. Theoretisch könnte auch die Bundesprüfstelle für jugendgefährdende Schriften einschreiten, inzwischen können auch alle Jugendämter Anträge stellen. Einziger Erfolg bislang ist der Verbot einer Killerpuppe aus den USA, die stets tot in sich zusammensank, wenn man mit einen Infrarotgewehr auf sie zielte, um sich nach kurzer Zeit wieder aufzurichten, bereit, erneut erschossen zu werden. Und nach zahlreichen Protesten ist die Markteinführung eines US-Spielautomaten unterblieben, bei dem der Spieler als Autofahrer Punkte für das Totfahren von Fußgängern erhielt, ein großer Erfolg in den USA übrigens. Aber das sind Extreme, das alltägliche Kriegsspielzeug wird in den Monaten vor Weihnachten wieder überall zu haben sein.

Außer den wirtschaftlichen Interessen gibt es vielleicht noch einen anderen Grund, weshalb Kriegsspielzeug nicht verboten ist, und es auch nicht zu einem bundesweiten Boykott-Aufruf kommt: F. Beck: „Es hat wenig Sinn, gegen das Kriegsspielzeug zu Felde zu ziehen, wenn die Welt der Erwachsenen angefüllt ist mit Kriegsdrohungen." (F. Beck: Ist dies das richtige Spielzeug? In: Die Schulgemeinde 1961). Ist an diesem maka-

beren Argument nicht etwas Wahres? Nämlich folgendes:
Wer gegen Kriegsspielzeug ist, müßte gegen Krieg, gegen Militär, gegen Konfliktbewältigung mit Gewaltmitteln sein. Und wenn man diesen Gedanken konsequent weiterverfolgt, müßte man auch für Abrüstung statt Aufrüstung sein und für Kriegsdienstverweigerung statt Dienst in der Bundeswehr ...
Kinder lernen wichtige Orientierung durch die Einstellung ihrer Eltern. Und die müßte klar pazifistisch sein.

Liebe und Zuneigung imunisiert Kinder gegen Gewaltbereitschaft

Zusammenfassung
Gegen Horror-Spielzeug und -videos helfen nur drei pädagogische Strategien:
1. Klar bewerten!
Eltern oder Erzieher müssen ihre eigene Meinung den Kindern deutlich und konsequent (d. h. glaub- und modellhaft) gegenüber äußern! Gegen Kriegsspielzeug ist nur eine klare Friedenspädagogik überzeugend und gegen rechtsradikale Computerspiele überzeugt nur eine stringente antifaschistische Erziehung.
2. Medienmacht entthronen! Spielzeug und Video selbermachen.
Zusammen mit Kindern spielen und fernsehen und immer wieder darüber reden und dabei z. B. negative Helden verulken, positive Helden unterstützen.
Deutlich machen, daß die Medienprodukte gemacht sind, gespielt sind, nur fiktiv sind.
Die Distanz zu Fernsehsendungen, auch das Akzeptieren als „Märchen“, ist leichter als zu Aggressionsspielen, denn hier sind die Kinder zeitweise die mächtigen, tollen Helden – das ist ungleich wirkungsvoller. Am schwierigsten sind die Spielwaren im Medienverbund: Fernsehsendung, Comic, Spielzeugfiguren, T-Shirts – alles aus der gleichen Serie. Hier pädagogischen Widerstand aufzubauen, ist fast unmöglich.

Was nicht hilft:
Verbieten.
Glauben, daß es bald vorbeigeht.
Meinen, daß es Wichtigeres gibt.

3. Bedürfnis nach Aggressionsmedien überflüssig machen!
Kinder als Partner ernstnehmen (auch wenn es furchtbar viel Geduld erfordert). Abenteuer-Aktivitäten ermöglichen (auch wenn es viel Mühe macht). Friedliches Handeln vorleben! Das Selbstwertgefühl der Kinder stärken – das immunisiert gegen Unterdrückung und Gewaltbereitschaft.

Wie verhalten sich gute Spielleiter/innen?

20

- Spielleiterverhalten
- Animation zum Spiel
- Spieleingabe
- Spieldurchführung
- Spielplanung
- Spielauswahl

Aus drei Teilen besteht dieses wichtige Kapitel:
Zunächst wird ein Überblick über die wichtigsten Aufgaben und möglichen Handlungen der (männlichen oder weiblichen) Spielleitung gegeben.
Dann habe ich einige häufig an mich gestellte Fragen zum Spielleiterverhalten beantwortet.
In einem Expertengespräch, das ich vor einiger Zeit mit Edeltrud Freitag-Becker und Eckart Bücken geführt habe, werden viele Einzelhinweise für eine umsichtige Spielleitung gegeben.
Was denn nun eigentlich: Spielpädagoge, Gruppenberater, Spielleiter, Animateur, Spielmacher ...?
Wir haben uns darauf verständigt, denjenigen oder diejenige, der/die in der Gruppe ein Spiel vorschlägt und für seine Durchführung verantwortlich ist, als Spielleiter zu bezeichnen – das muß nicht identisch mit der Gruppenleitung sein.
Das Verhalten des Spielleiters beginnt bereits mit der Planung von Spieleinheiten oder -aktionen. Hat der Spielleiter Spiele für die Gruppe ausgewählt, erfunden oder verändert, die für den Stand der Gruppe (Interessen, situative Bedürfnisse, Defizite und Probleme) angemessen sind, den pädagogischen Zielvorstellungen entsprechen und die räumlichen, zeitlichen und materiellen Gegebenheiten (Bedingungen des Spiels) berücksichtigen, dann kann es losgehen!

Überblick über Regeln für das Verhalten von Spielleiterinnen und Spielleitern

(Nur wegen der sprachlichen Übersichtlichkeit verwenden wir hier durchgängig die männliche Funktionsbezeichnung)

Regeln für Spielleiter zur Planung von Spieleinheiten
Spielleiter sollten Spiele auswählen, die einerseits den Spielgruppen Spaß, Unterhaltung und Bestätigung bringen, ihnen andererseits aber auch neue geplante Erfahrungen vermitteln.
Spielleiter sollten bei der Auswahl von Spielen systematisch über die Wirkung der Spiele in der Gruppe und über mögliche Schwierigkeiten nachdenken.

Spielleiter sollten bei der Planung von Spielstunden die verschiedenen Vorerfahrungen der Gruppe mit dem Medium Spiel berücksichtigen. Insbesondere mögliche Spielhemmungen müssen einkalkuliert werden.
Spielleiter sollten bei der Planung auch die äußeren und inneren Bedingungen, unter denen die Spielveranstaltung stattfinden wird, einkalkulieren (Räume, Ausstattung, Rolle des Spielleiters in der Gruppe, Verhaltensrituale der Gruppe, Gruppenkonflikte?).

Die Schlüsselworte für gutes Spielleiterverhalten: Selbstsicherheit, Fröhlichkeit, Flexibilität

Regeln für Spielleiter zur Durchführung von Spieleinheiten
Spielleiter sollten durch verschiedenste Methoden (Gestaltung der Atmosphäre, thematischer Einstieg) zu den Spielen zunächst einmal animieren, da zumindest bei Jugendlichen und Erwachsenen nicht mit einer automatischen Spielmotivation gerechnet werden kann.
Spielleiter sollten ihre Spiele selbstsicher, präzise und verständlich ankündigen. Insbesondere ein überzeugtes, engagiertes Auftreten bei ungewöhnlichen Spielen ist notwendig.
Spielleiter sollten – jedenfalls in Anfangssituationen – den an sie gestellten Erwartungen entsprechen (im Kommunikationsstil, im Auftreten und im Führungsstil).
Spielleiter sollten möglichst oft (distanziert) mitspielen, d. h. zwar mitspielen, aber sich ihrer Rolle als Spielleiter stets bewußt bleiben, um die Fäden in der Hand zu behalten.
Spielleiter sollen bei Meinungsverschiedenheiten souverän reagieren können, d. h. Konflikte mit Gruppenmitgliedern nie als Angriff auf das eigene Selbstwertgefühl interpretieren.
Spielleiter sollten nicht unbedingt auf der Einhaltung ihres Programms beharren: Gerade das Medium Spiel verlangt Flexibilität und Lockerheit statt das Beharren auf einer vorgeplanten oder systematischen Vorgehensweise.

Regeln für Spielleiter zu Reflexion und Weiterarbeit
Spielleiter sollten andere Methoden und Materialien kennen, mit denen das Thema einer Spieleinheit weitergeführt werden könnte.
Spielleiter sollten jede pädagogisch geplante Spieleinheit für sich selbst oder besser noch mit der Gruppe zusammen auswerten.

Häufig gestellte Fragen

Ich möchte einige Fragen zum Spielleiterverhalten beantworten, die in meinen Kursen häufig an mich gestellt wurden:

Wie sollte ein Spielleiter Spiele eingeben, vorschlagen?

Er sollte von allen gut verstanden werden können und mit möglichst vielen Blickkontakt halten. Die Spielregelerklärung muß kurz und präzise sein. In Gesten und Mimik muß er zum Ausdruck bringen, daß es ihm auch Spaß machen würde, dieses Spiel zu spielen. Um diese Echtheit zu erreichen, sollte er ein Spiel, das ihm selbst keinen Spaß macht, trotz bester pädagogischer Motivation besser nicht vorschlagen. Wichtigster Ratschlag: Das Spiel selbstsicher eingeben!

Ganz ausführlich wird die Eingabe von Spielen in Gruppen in einem Expertengespräch erörtert, das im Anschluß an diesen Abschnitt abgedruckt wurde.

Was kann der Spielleiter gegen ‚Lampenfieber' bei der Spieleingabe tun?

Vorher einen Schnaps trinken (nicht ganz ernst gemeint, aber hilft manchmal trotzdem). Sich vorher in Gedanken die Gruppe vorstellen und ihre Reaktionsweisen im Kopf durchspielen; sich alternative Spiele überlegen; Material usw. vorher in Ruhe zurechtlegen; ruhig durchatmen und entkrampft stehen; sich nicht um ein ‚marktschreierisches, besonders animatives' Verhalten bemühen, also echt bleiben.

Soll der Spielleiter mitspielen?

Ja. So oft und soviel es technisch geht, d. h. manchmal muß er verzichten, weil ein Spiel eine bestimmte Teilnehmerzahl erfordert, oder er muß die Musik an- und abstellen oder bei einer Großgruppe den Überblick behalten. Aber sonst sollte er mitspielen, weil er damit ein nicht allzu distanziertes Verhältnis zur Gruppe gewinnt, weil er die ‚Spielzumutungen' auch selbst miterleben sollte, und weil er spielimmanent das Spiel und Verhalten der Gruppe fördern kann – ohne stets ‚von außen' zu intervenieren.

Wie animiert man zum Spiel?

Oftmals möchte man ja eine Gruppe zum Spiel überhaupt erst ermuntern. Drei Möglichkeiten: Ich selbst fange an, etwas oder mit etwas zu spielen und wenn das offen genug ist, daß andere leicht einsteigen können, dann machen die mit, wenn sie beobachtet haben, daß mir das Spaß macht. Das ist der animierende Effekt, den man beobachten kann, wenn an der Theke jemand Häuser aus Bierdeckeln anfängt zu bauen.

Überhaupt Material – der zweite wichtige Animationsweg: Manche Materialien sind wahre Selbstläufer: Eine Fühlkiste

Selbstreflexionsbogen

Betrifft: Spielpädagogische Fähigkeiten UB.

Fähigkeiten: Das Wichtigste ist nicht die Bewertung mit subjektiven, individuellen Noten, sondern das Nachdenken über die verschiedenen spielpädagogischen Fähigkeiten! Ulrich Baer	So gut kann ich das schon (Noten):* 1= ganz toll. 2= fast perfekt. 3= befriedigend. 4= es langt eben. 5= wirklich nicht berauschend. 6= Schwamm drüber.		
1. Spiel als Methode in den eigenen sozial- oder kultur- oder schulpädagogischen Rahmen einordnen können.			
2. Kommerzielle Spiele kritisch auf ihre Wirkung und ihren Nutzen hin untersuchen können.			
3. Genügend Quellen kennen, in denen Spiele gesammelt sind (Bücher, Karteien, Broschüren).			
4. Vermutungen über die Wirkung ausgewählter Spiele auf meine Gruppe anstellen können (wie die Spiele "ankommen").			
5. Genügend Spiele für die verschiedensten Gruppensituationen auswendig kennen.			
6. Kennengelernte Spiele für meine Gruppe abwandeln können.			
7. Bekannte Spiele verändern bzw. neue erfinden können.			
8. Die für bestimmte Spiele notwendige Stimmung oder Atmosphäre in der Gruppe und im Raum erzeugen können.			
9. Die Reihenfolge für Spiele für die Gruppe und meine Ziele richtig festlegen können.			
10. Zustand und Interessen der Gruppe für die Spielauswahl richtig einschätzen können.			

* = Maßstab: Meine eigenen relativen Ansprüche. Selbsteinschätzung!

Dieses Arbeitsblatt darf nicht zur Zensurengebung (z.B. in Fachschulen) mißbraucht werden!

Fortsetzung: Selbstreflexionsbogen

Betrifft: Spielpädagogische Fähigkeiten

Fähigkeiten:	Bewertung: (Noten)		
11. Wissen, wann eigene Spielhemmungen auftreten können und wie man sich dann am besten verhält.			
12. Spiele genau, verständlich und selbstsicher erklären können.			
13. Zum Spielen in lockerer Form auffordern und animieren können.			
14. Durch eigene Zurückhaltung und die Verwendung offener Spielformen die Selbstbeteiligung und Kreativität der Gruppe fördern können.			
15. Beim Spielen durch entsprechende Worte und Verhaltensweisen den Spielfortgang und die Beteiligung der einzelnen Mitspieler fördern können.			
16. Souverän reagieren können, wenn die Erwartungen der Gruppe nicht mit meiner Vorgehensweise übereinstimmen.			
17. Angemessen reagieren können, wenn Mitspieler aussteigen oder einzelne nicht mitmachen wollen.			
18. Spontan und flexibel auf sich ändernde Umstände oder Gruppensituationen eingehen können.			
19. Die Arbeitsteilung und verschiedenen Rollen bei mehreren Spielpädagogen absprechen und einhalten können.			
20. Verfahren zur Beobachtung des eigenen Verhaltens kennen und anwenden können			
21. Die mit Spielen gemachten Erfahrungen mit der Gruppe in einen weiteren pädagogischen Zusammenhang bringen.			
22. Andere methodische Möglichkeiten kennen, um die Ergebnisse des Spielens zu vertiefen.			
23. Die Grenzen der eigenen Fähigkeiten genau benennen können, wenn Spiele in psychologischer/therapeutischer Absicht angewendet werden.			
24. Methoden zur Auswertung von Spielen kennen und einsetzen können.			
25. Den pädagogischen und politischen Stellenwert der eigenen spielpädagogischen Tätigkeit einschätzen können.			

oder Soft-Flyer (Schaumstoff-Frisbees). Und der dritte Weg ist eine interessante Geschichte, also Spiele mit einem attraktiven Inhalt – möglichst mit Sex und Crime natürlich. Natürlich? Nein, nicht natürlich, aber die Menschen sind so, oder die Gesellschaft hat sie so gemacht ...

Wie fördert der Spielleiter das Spielverhalten?

Er kann Handlungen und Meinungsäußerungen positiv verstärken durch sein Hervorheben, Unterstützen, Aufgreifen, Loben, mit zustimmendem Nicken bewerten ... Er sollte bei der Rollenvergabe vor einem Rollenspiel darauf achten, daß schüchterne Spieler nicht an den Rand gedrängt werden, und er kann dafür sorgen, daß auch Spielvorschläge von Gruppenmitgliedern mit Randposition zur Diskussion gestellt werden. Mit dem Einsatz seiner eigenen Spielfähigkeiten muß ein geübter Spielleiter jedoch sehr vorsichtig umgehen, weil er durch seine besseren Voraussetzungen sonst leicht Spieler ‚an die Wand spielt'. Beim Spielen kann der Spielleiter stets für Varianten und Veränderungen der Spielregel eintreten und damit die Spielhandlung der Gruppe immer wieder zur Entscheidung vorlegen. Besonders dann, wenn der Spielleiter merkt, daß das Spiel die Gruppe über- oder unterfordert oder bei einzelnen Mitspielern Angst auslöst und Hemmungen eher zu- als abnehmen, sollte er sich für Spielveränderungen, Rollenumbesetzung, evtl. sogar Spielabbruch einsetzen.

Was macht der Spielleiter mit Vorschlägen aus der Gruppe, die seinem pädagogischen Konzept nicht entsprechen?

Vielleicht lassen sich solche Vorschläge durch kleine Umwandlungen doch einbauen? Wenn nicht, muß der Spielleiter entscheiden, ob die Verwirklichung eines Vorschlags aus der Gruppe für das Gruppenklima oder die konsequente Durchführung seines pädagogischen Konzepts wichtiger ist. Er sollte sich auch fragen, ob er die Ziele für alle einsichtig und nachvollziehbar besprochen hat oder ob der Vorschlag vielleicht auch ein kleiner Machtkampf eines Teilnehmers mit ihm ist.

Nicht immer ist alles Gute beisammen. Worauf kann ein Spielleiter überhaupt nicht verzichten, wenn er ein Spielprogramm halbwegs erfolgreich über die Bühne bringen will?

Auf eine gute Beziehung zur Gruppe. Das von ihm angeleitete Spielprogramm steht und fällt damit, ob ihn die Gruppe akzeptiert, ob er die Gruppe mag. Dann kann der CD-Spieler ausfallen und auch der Fallschirm völlig verknotet sein. Die Gruppe muß es schätzen, was er eingibt und dann kann auch mal etwas danebengehen. Es ist auch unwichtig, ob er in der Rolle eines Pädagogen, eines Animateurs oder eines ‚normalen' Gruppenmitglieds Spiele initiiert: die Vertrauensbasis zwischen ihm und der Gruppe ist das A und O. Das sage ich auch immer allen, die

behaupten, das ein soeben kennengelerntes Spiel von ihren Jugendlichen nicht mitgemacht werden würde.
Ob ein Spielleiter in seinem Verhalten ‚echt' ist, d. h. kongruent mit seinen Äußerungen, das merkt eine Gruppe sehr schnell. Spielen erfordert ‚echtes' Verhalten. Gut wäre es in dieser Situation, wenn der Spielleiter seine Funktion an ein Gruppenmitglied abgeben kann. Oder er unternimmt besser etwas anderes mit der Gruppe.

Was macht der Spielleiter, wenn er keine Lust hat zum Spielen?

Eine gute Kontrollmöglichkeit ist das anschließende Feedback von einem Co-Spielleiter oder die Aufzeichnung mit einem Tonbandgerät. Hilfreich sind auch Evaluationsmethoden, die in Auswertungen von Spielen beschrieben werden. Regelmäßige Fortbildungen, bei der auch Spielleitertrainings und Selbsterfahrungsübungen stattfinden, können ebenfalls zur weiteren Qualifikation beitragen.

Wie kann der Spielleiter sein eigenes Verhalten verbessern und kontrollieren?

Ich kann nur berichten, wie und wann mir witzige Einfälle zu einem Spiel gelingen. Der Prozeß ist generell nämlich ein sehr komplexer sozial-psychischer Vorgang, der von vielen Faktoren abhängt, die bei jedem auch noch verschieden sind. Vorbereitete kreative Ideen habe ich kurz vor dem Einschlafen oder beim Rasieren. Man kann sich auch dazu zwingen, darüber nachzudenken, wie man ein etwas langweiliges Spiel ‚aufpeppen' könnte – irgendwann fällt einem schon etwas ein. Eine gute Voraussetzung dafür ist sicherlich, daß man als Spielleiter damit Erfahrungen gesammelt hat, was Gruppen witzig finden. Aber die schnellen spontanen Einfälle bei einer Spielgeschichte, die kommen mir dann besonders schnell und passend, wenn ich selbst gut drauf bin, mich also sicher fühle und mir die Gruppensituation gefällt. Dazu müssen mir auch die Leute, mit denen ich spiele,sympathisch sein. Nicht alle, aber einige. Dann muß man nur noch Dinge in einen überraschenden Zusammenhang bringen. Ein Spielleiter sollte sich selbst im Tagesablauf beobachten: In welchen Situationen ist er witzig und einfallsreich?

Wie kommt ein phantasievoller Spielleiter zu seinen Ideen, z. B. für eine Geschichte, in die er das Spielprogramm einbettet?

Eine Eigenschaft oder ein Verhalten, das eine Kollegin von mir, Barbara Schultze, für eine der wichtigsten Eigenschaften von Rhythmiklehrern hält: Präsenz! Ein guter Spielleiter ist da. Soll heißen: er ist voll konzentriert in der Situation, nimmt die Elemente, die die Situation bestimmen, ganz genau wahr, nimmt die Gruppe und jeden einzelnen wahr. Präsenz bedeutet auch

Was unterscheidet denn nun einen guten von einem schlechten Spielleiter – Ihrer Meinung nach?

Präzision: Genauigkeit ohne Verkrampfung, Stringenz ohne Strenge und Emotionalität ohne Gefühlsduselei. Und diese Präsenz, die für jeden guten Gruppenleiter oder Künstler der darstellenden Künste gilt, verweben können mit spielerischer Lockerheit, also das stete Pendeln zwischen Ernst und Unernst. Das Kokettieren mit der Fiktion, ohne die Wirklichkeit von Raum, Zeit, Ziel, Gruppe und sich selbst zu vergessen. Das ist das Geheimnis einer guten Spielleitung.

Die Diskussion führten: Edeltrud Freitag-Becker, früher Lehrerin an einer Fachschule für Sozialpädagogik, heute freiberufliche Supervisorin; Eckart Bücken, Referent für kulturelle Bildung beim Amt für Jugendarbeit der evangelischen Kirche im Rheinland und Ulrich Baer.

Experten-Diskussion:

Spiele in die Gruppe eingeben

Ulrich Baer

Wenn wir jetzt über die spielpädagogische Animation reden, also die Aufgaben und Rollen des Spielleiters in Gruppen, dann gilt das für sehr viele Gruppen, sehr viele verschiedene Zielgruppen und sehr viele verschiedene Institutionen und Bedingungen, unter denen gespielt wird. Also sowohl in der Kinderspielgruppe, in einer Jugendfreizeitstätte, als auch in einer Schulklasse oder einer Gruppe im Jugendverband, bei Fortbildungen von hauptamtlichen Mitarbeitern oder draußen auf der Wiese bei Aktionen vom Sportbund.

Eckart Bücken

Beginnen wir mit dem Stichwort „Atmosphäre". D. h. wofür muß der Spielleiter eigentlich sorgen, was sind die richtigen Voraussetzungen für ein Spielprogramm? Ein weiteres Stichwort wird sein „Dramaturgie", also wie baue ich eine Spielfolge auf? Dann „Aktivierung" oder „Kreativierung" (bezogen auf die Mitspieler). Und schließlich auch: welche Probleme können auftreten oder was ist bei der Auswertung zu beachten, beim Reflektieren über das, was miteinander gemacht worden ist. Was ist eigentlich wichtig zu bedenken, bevor ich überhaupt anfange zu spielen? Was für Aufgaben hat da bereits der Spielleiter? Was muß er tun, an was muß er (oder natürlich sie) denken?

Ulrich Baer

Unterstellen wir mal, daß er die Spielstunde mit den Kindern grob geplant hat. Daß er also eine Vorstellung von dem hat, was man an dem Nachmittag machen könnte, anbieten könnte, anregen könnte, welche Spiele wozu – es geht also um die Ziele. Dann wäre die Frage wichtig, wie mache ich das? Dazu gehört sicherlich das, was Du eben sagtest, Eckart, nämlich: ich muß eine Atmosphäre erzeugen, eine Spielatmosphäre. Spielen verbietet sich eigentlich in einer Umwelt, wie wir sie normalerweise haben. Da kommt nicht gerade auf viel Spielfreude auf.

Edeltrud Freitag-Becker

Ich möchte das ein bißchen konkreter machen. Die inhaltliche Planung schließt bereits die Planung der Spielatmosphäre mit ein. Denn z. B. die räumliche Atmosphäre, also Gemütlichkeit, Schlucken von Außengeräuschen, sich tummeln können am Boden oder in Polstern ist im Grunde genommen ja eigentlich schon Spiegelbild dessen, was ich nachher an Spielen anbieten möchte. Bestimmte Spiele gehen nur in einer bestimmten Atmosphäre, für andere Spiele brauche ich wiederum viel Platz, viel Bewegungsfreiheit, für manche brauche ich Kuschelecken, Tische usw.

Ulrich Baer

Das ist ein wichtiges Element (nicht nur der Spielplanung, sondern der Vorbereitung jeder Veranstaltung): Wie ist der Raum ausgestattet und wie muß er ausgestattet sein für das, was ich vorhabe.

Edeltrud Freitag-Becker

Ja, und was kann ich möglicherweise mit der normalen Ausstattung des Raums zusätzlich noch initiieren?

Eckart Bücken

Was kann ich einbeziehen von dem, was da vorfindlich ist? Bilder oder Plakat an den Wänden, Vorhänge, ...

Ulrich Baer

Also ich merke auch, daß das Verhalten der Gruppe sehr stark davon bestimmt wird, wie die räumliche Ausstattung ist und wie die Gruppe den Raum findet – z. B. gemütlich oder gibt es da genügend Freifläche zum Toben?

Edeltrud Freitag-Becker

Ein wichtiges Stichwort zum Thema Ausstattung: die Spielgegenstände! Oft werden die Spielmaterialien draußen zusammengesucht, also außerhalb des Spielraumes, während der Spielraum an sich eigentlich schon eine Menge an Spielgegenständen, Spielmaterialien beinhaltet, die man benutzen kann. Alltagsmaterial, mit dem Raum spielen, mit Stühlen, Tischen, Papierkörben, was eben halt da ist.

Eckart Bücken

Aber es kommt etwas wesentlich darüber hinaus noch dazu. Es geht direkt um die Figur des Spielleiters. Der schafft ja durch sich selber Atmosphäre. Was muß er bedenken bei sich selber? Soll er auf die Leute zugehen?

Ulrich Baer

Der Spielleiter ist ein Modell für die Gruppe. Die Gruppe schaut auf ihn, bewußt oder unbewußt. D. h., wie locker er ist, wieviel Spaß er an dem Spiel hat, wie er sich darauf freut, das überträgt er auf die Gruppe.

Edeltrud Freitag-Becker

Das macht sich schon dadurch bemerkbar, wie er das Spiel eingibt bzw. vorstellt oder bereits anfängt zu spielen ohne große Erklärung vorweg, also wie er mit seiner beabsichtigten Spieleinheit selbst umgeht.

Ulrich Baer

Bis hin zur Mimik und welche Gesten er macht, und wenn er da so versteinert dasitzt mit runtergezogener Mine, so grau dasitzt würde ich mal sagen, um dies in Farbe zu übersetzen, in einem Anzug und sitzt so in sich gekauert, zusammengesunken, also daß sich da keine große Spielfreude überträgt, Begeisterung, das ist kein Wunder.

Eckart Bücken

Es gibt das sprachliche Element dabei. Wenn er sich vor die Leute stellt und sagt, also wir können ja eben mal dieses Spielchen machen, dann ist das nicht so gut. Also daß man schon Schwung wegnimmt, den man auf der einen Seite aufbauen will, aber sprachlich sich so zurückzieht. D. h. also auch da muß was bei ihm los sein.

Ulrich Baer

Jetzt gibt es natürlich ein Gegenargument. Manche sagen: Wenn ich selber an einem Tag keine so richtige Lust habe, und nun ist aber Spielstunde, und ich bin ja auch als Mitarbeiter dafür angestellt, daß ich jetzt mit den Kindern spiele, und jetzt habe ich aber schlecht geschlafen oder mir ist sonst was quer gelaufen, es regnet, und da soll ich dann schauspielern – oder was soll ich dann machen? Also wie echt bin ich dann noch? Merken es die Kinder eigentlich nicht, daß ich keine Lust habe, auch wenn ich noch so sehr den begeisterten Onkel mime.

Eckart Bücken

Ja, was mache ich dann, wenn ich nun wirklich keine Lust habe? Kann ich das in Spiele einbeziehen, meine Unlust?

Edeltrud Freitag-Becker

Ich muß mit mir weiterhin echt umzugehen, d. h. also auch meinen Unwillen oder meinen Mißmut stehen zu lassen und damit was zu machen. Vielleicht gehen dann bestimmte Spiele dennoch, aber die werden dann sicherlich nicht mehr so sehr spaßig und temperamentvoll sein. Es werden halt Spiele sein, die mehr meiner momentanen Spannung oder Anspannung entsprechen, zumindest gehe ich dann echt mit mir um. Das finde ich besser, als wenn ich etwas mache, was ich im Grunde selber nicht mehr nachvollziehen kann. Eine andere Möglichkeit wäre, den Teilnehmern ehrlich zu sagen, daß ich heute nicht in der Lage dazu bin, und ich biete ihnen etwas anderes an.

Eckart Bücken

Was weiß ich eigentlich über die Mitspieler, wenn ich spiele? Da ist doch sicher noch ein Problempunkt. Wie lasse ich mich informieren. Ich habe also meinetwegen jetzt die Aufgabe, mit 100 wildfremden Leuten zu spielen. Wie kann ich mich darauf einstellen, was brauche ich an Vorinformationen über die Gruppe, um ein Konzept erstellen zu können?

Ulrich Baer

Und um auch die Angst zu überwinden. Also mir geht es jedenfalls so, daß ich vor einer unbekannten Spielgruppe ... – ich habe neulich eine Spielaktion in einem Bürgerhaus gemacht, zur Eröffnung, wußte überhaupt nicht wer kam, wußte auch nicht wie viele; ich habe nur angenommen, es wird schon eine etliche Zahl sein – also da habe ich auch einfach Angst davor, daß irgendwas nicht klappt, daß Leute nicht mitspielen. Also da muß ich mir auch ein paar Gedanken machen, wie können die wohl reagieren, allein schon um meine Angst zu verlieren.

Edeltrud Freitag-Becker

Um bei dem Beispiel zu bleiben: Wichtig ist dabei auch zu wissen, was ist die Absicht des Initiators bzw. des Trägers, uns, Dich, mich zu engagieren – also was wollen die eigentlich? Laß ich mich auf dessen Vorstellungen ein, habe ich eine andere Idee, wie weit kann ich meine Absicht, meine Vorstellung mit denen des Trägers überhaupt auf einen Nenner bringen?

Ulrich Baer

Ja, die Schwierigkeit, ein Konzept zu machen, sehe ich wohl auch. Andererseits sehe ich dann aber auch viel stärker die Notwendigkeit, ein Konzept vorzugeben. Denn du kannst mit einer Riesenmenge von Leuten nicht noch lange absprechen, na ja was spielen wir denn jetzt mal. Dann ruft der eine aus der ersten Reihe etwas und dann spielt man das und das ist genauso zufällig, wie wenn du etwas vorschlägst. Also dann kann man besser etwas vorausplanen. Je größer die Zahl der Mitspieler ist, desto stärker brauchst du ein vorprogrammiertes Konzept, desto eher brauchst du ein Programm über einzelne Schritte, desto präziser mußt du dir auch Gedanken machen über die Vorbereitung.

Edeltrud Freitag-Becker Je größer und je unbekannter die Gruppe ist.

Ulrich Baer Je größer und je unbekannter; auch je unbekannter die Leute nicht nur dir gegenüber sind, sondern auch sie untereinander sind – je weniger sie sich kennen.

Eckart Bücken Wieviel bringt uns das Stichwort ‚Dramaturgie'? Wie sieht so eine Dramaturgie aus, und welches sind die Kriterien für mich, wenn ich ein Konzept vorbereite? Wir haben sicher schon einige genannt: Raum und was sind das für Leute, sind die miteinander bekannt hatten wir eben gesagt, Alter der Teilnehmer? Was gibt es darüber hinaus noch für Punkte, die zu bedenken sind und gleichzeitig damit verbunden auch, inwiefern bin ich dann an mein Konzept gefesselt? Oder: wie kann ich noch spontan was aufnehmen, was dann passiert mit Leuten?

Ulrich Baer Laß uns noch ein paar Punkte sammeln, was ich zu berücksichtigen habe.

Edeltrud Freitag-Becker Also für mich spielt eine wesentliche Rolle, inwieweit ich als Spielleiter in der Lage und auch bereit bin, mich gedanklich in die Position der Mitspieler hineinzuversetzen. Nicht nur, um meine eigene Angst bearbeiten zu können, sondern auch um vorab mögliche Ängste von Teilnehmern im Spielprogramm und Spielaufbau zu kennen und berücksichtigen zu können. Also das ist noch ein ganz wichtiger Punkt für mich.

Eckart Bücken Um auch Vorurteile oder Einstellungen dem Spiel gegenüber einkalkulieren zu können.

Ulrich Baer Ja, ganz schlicht eine Situation mit Jungs in der Spielgruppe: Wenn du da Spiele hast, die viel Körperkontakt beinhalten, und die sind 14, 15, 16 Jahre alt, das ist denen peinlich und dann blocken die garantiert ab, wenn sie so plutz-plautz damit konfrontiert werden.

Edeltrud Freitag-Becker Oder ein anderes Beispiel: Wenn eine Gruppe von Erwachsenen, die überwiegend in Fortbildungen und auf Tagungen an Tischen zu arbeiten gewöhnt sind, und ich fange mit einem Stil an, wo sie alle auf dem Boden rumkriechen müssen, dann ist das eine Konfrontation, die zu Beginn zu stark ist.

Ulrich Baer Was macht der Gruppe Angst, was ist für die Gruppe zu ungewöhnlich? Hier sich ein vorsichtiges Maß anzueignen, ist für

Spielleiter eine ganz wichtige Sache. Wobei ich häufig die Beobachtung mache, daß viele Spielpädagogen eher etwas zu vorsichtig sind und eher etwas zu wenig der Gruppe zumuten, weil sie selber kein Risiko eingehen wollen.

Edeltrud Freitag-Becker

Also sich und der Gruppe wenig zutrauen.

Ulrich Baer

Ja; vor allen Dingen sich wenig zutrauen. Am besten finde ich da immer (es ist so eine Art Standardreihenfolge), daß man mit Material anfängt, weil man dann etwas zum Festhalten hat.

Edeltrud Freitag-Becker

Es lenkt ab – auch ein Stück von mir.

Ulrich Baer

Ja genau. Und konzentriert sich auf das Material und nicht darauf, daß andere Leute einen beobachten. Also z. B. etwas mit Luftballons oder etwas mit einer großen Plastikfolie, mit Tüchern oder Stoffplanen, einem Seil, ein langes Seil, wo alle sich dranhängen können.

Edeltrud Freitag-Becker

Ein Satz zusätzlich zu den Materialien. Über Musik, die ja ebenfalls ablenkt und auch entspannt.

Ulrich Baer

Und auch einen Rhythmus, also eine Struktur der ganzen Sache gibt. Ich stelle immer wieder fest, daß es ja mehrere Sachen sind, die eine Gruppe am Anfang verunsichern, nicht nur die, daß man sich von den anderen beobachtet fühlt, sondern auch daß man nicht so richtig weiß, was soll ich denn jetzt machen. Ist das eigentlich richtig. D. h., je stärker am Anfang eine Situation auch vorprogrammiert ist, d. h., wenn eine klare, präzise, strikt eingegebene Spielregel da ist, desto eher fühlen sich die Leute am Anfang nicht verunsichert. Da hilft natürlich Musik, sie setzt auch Struktur. (Musiktips für Spielaktionen: siehe Anhang in diesem Buch).

Edeltrud Freitag-Becker

Ich glaube die Aktivierung halte ich eher aufrecht, wenn es mir gelingt z. B. Übergänge zwischen zwei Spielen auch als Spiel zu gestalten. Als Spielleiter baue ich auch selber z. B. Spannungsbögen ab oder unterbreche ihn unnötig, wenn ich zwischen mehreren Spielen formal reagiere, also von meiner spielerischen Haltung Abstand nehme, einen Einschub mache in dem Spiel, Regeln erkläre und systematisiere und dann wieder versuche, mal richtig „spielerisch" zu sein.

Ulrich Baer

„Jetzt haben wir dieses Spiel gemacht, und nun stellen wir uns mal alle in einen Kreis. Fränzchen, hörst du auch zu, ja? So, dann erkläre ich Euch jetzt mal das nächste Spiel." Also so eben genau nicht, sondern eine spielerische Überleitung zu entwickeln, eine Spielkette, eine ganze Spielgeschichte.

Eckart Bücken

Das ist gar nicht so leicht.

Ulrich Baer

Es ist nicht leicht. Sagen wir mal, es fällt einem dann leichter, in einem Spielfluß zu bleiben auch als Spielleiter, wenn man selber mitspielt. Dadurch hat man zwar mehr Schwierigkeiten, den Überblick zu behalten, aber in dem Moment, wo man selber drin ist, da macht das Spiel, die Handlung ja auch etwas mit einem selbst. Es wirkt ja zurück, und dann, wenn ich selber im Schwung bin, dann kriege ich den Schwung auch weiter, statt daß ich so tack, tack, tack ein Spiel nach dem anderen abhaken kann.

Edeltrud Freitag-Becker

Es hängt auch damit zusammen, wie ich den Spielaufbau geplant habe. Ob das Spiele sind, die ineinanderhaken, die also aufeinander aufbauen und ineinander passen und von daher sowohl die Spielgruppe als auch ich Spielübergänge leichter gestalten können, oder ob ich nach dem Zufallsprinzip Spiele nacheinander setze. Also mal dieses, mal jenes, die eigentlich miteinander sowohl vom Inhalt, wie von der Form, wie von der Zielsetzung nichts zu tun haben.

Ulrich Baer

Haben wir nicht einige Prinzipien und Regeln, von denen wir wissen, daß die leichter eine Spielkette aus einem Guß geben als eine Spielfolge, die abgehackt ist, und wo wir merken, mit ziemlicher Wahrscheinlichkeit wird das nichts? Ich denke z. B. daran, daß man in der körperlichen Anstrengung für die Gruppe abwechselt: ein Wechsel zwischen Spannung und Entspannung. Daß man anfängt mit einer Gesamtgruppe, wie wir es vorhin schon gesagt haben, daß man dann Zweiergruppen bildet, also Spielpaare, und dann eine Dreiergruppe oder eine Fünfergruppe oder so was und erst zum Schluß wieder eine Gesamtgruppe, wo alle was schon differenziert miteinander zu tun haben, also sozusagen das Gewöhnen aneinander möglich wurde durch einen vorsichtigen Aufbau.

Eckart Bücken

Gut wir haben jetzt eine oder zwei Stunden miteinander gespielt. Was passiert mit dem Teilnehmer, der jetzt etwas erlebt hat, gibt es eine Auswertung – ist die unerläßlich, ist die unbedingt erforderlich?

Ulrich Baer

Also ich würde statt ‚Auswertung' gerne ‚Reflexion' sagen, sprachliche Umsetzung. Mir geht es um eine Umsetzung der Erlebnisse, die ich jetzt gehabt habe beim Spiel auf z. B. die sprachliche Ebene, von mir aus auch auf die visuelle Ebene – etwas malen danach. Jedenfalls eine Möglichkeit zur Bearbeitung dieses eben gehabten Spielerlebnisses.

Edeltrud Freitag-Becker

Aber richtig ist doch, egal welches Mittel ich benutze, also ob Bild oder Sprache, daß es die Absicht ist, meine Erfahrungen, meine Empfindungen, meine Einsichten zu formulieren, umzusetzen und auch ein Stück öffentlich zu machen, anderen mitzuteilen. Um damit wieder mir und der Gruppe eine andere Chance zu geben, miteinander weiterzumachen oder zu vertiefen.

Eckart Bücken

Laßt uns doch mal versuchen, das konkret zu machen. Ein Beispiel. Wir haben also eine Gruppe, und das sind zwischen 15 und 20 Leute. Wir haben jetzt 1 1/2 Std. nach unserem Konzept gespielt. Wie mache ich jetzt eine Auswertung? Laß ich sie sich alle hinsetzen, im Kreis, und sage also, ‚fang du doch mal an'?

Ulrich Baer

Nein. Mit Kreissituationen habe ich die Erfahrung gemacht, daß da nicht sehr viel bei herauskommt, wenn man im Plenum, also in der Gesamtgruppe, spricht über das, was man erlebt hat. Es ist leichter, in einer Zweier-, Dreier-, Vierer- oder Fünfergruppe ein bißchen darüber zu sprechen, wie waren eigentlich die letzten 1 1/2 Std.? Was war da los, war da was anders als sonst hier in der Gruppe? Das wäre z. B. so eine Eingangsfrage. Hat es Spaß gemacht, und warum hat es Spaß gemacht? Wenn ich nur frage, ob es Spaß gemacht hat, dann sagen viele nur ja, ja. Punkt, und dann ist der Ofen aus. Immer gleich nach Gründen, nach dem WARUM fragen. Vermutungen äußern, das hilft.

Edeltrud Freitag-Becker

Also: Klare Reflexionsfragen eingegeben! Und nicht: „Na, wie hat es euch denn so gefallen?"

Eckart Bücken

Aber es gibt doch sicher noch Unterschiede. Da können wir nicht alles in einen Topf werfen. Eine andere Gruppe, sagen wir mal Jugendleiter oder Sozialpädagogen spielen miteinander, lernen dadurch etwas kennen, lernen auch Methoden kennen, die sie jetzt vielleicht selber umsetzen wollen. In diesem Fall hat der Abschnitt Reflexion sicher noch einen anderen Stellenwert.

Ulrich Baer

Na ja, die müssen sich ja auch darüber unterhalten, welche Wirkung hat das Spiel auf die Gruppe gehabt. Welche Wirkung hat das Spiel auf mich gehabt, welche Wirkung hat es auf die Gruppe gehabt, und wozu haben wir diese Spiele denn nun gemacht? Was muß ich beachten, wenn ich die Spiele mit einer Gruppe selber wieder einsetze woanders? Also mehr die Frage der Übertragbarkeit auf andere Situationen unter anderen Bedingungen mit anderen Gruppen. Das würde in einem solchen Auswertungsgespräch sicherlich stärker eine Rolle spielen, weil es ja eine Fortbildung oder Ausbildung ist.

Edeltrud Freitag-Becker

Das wären also zwei Pole. Also einmal so mehr der individuelle persönliche Erlebnis- und Erfahrungsbereich, das für sich selber besser Orten und für sich klar zu bekommen und zweitens der mehr didaktische und konzeptionelle Teil: klar zu bekommen, was hat der Spielleiter hier konzeptionell gemacht, was war Absicht, und was läßt sich möglicherweise davon übertragen, verändern und warum in meiner eigenen Situation?

Eckart Bücken

Na ja, Ihr sagt das jetzt so schön. Es gibt aber eine Reihe von Leuten, die halten überhaupt nichts davon. Die sagen Auswertung –wozu? Wir haben gespielt, und die Sache war gut und wozu noch mehr, wozu das zerreden oder zermalen – besser so stehen lassen. Was sagt Ihr dann?

Ulrich Baer

Ich finde immer wichtig, daß man dann deutlich macht, daß wenn man Sachen einfach nur so stehen läßt, daß man es dann eigentlich auch nur beim Erlebten stehen läßt. Also ich habe was mitgemacht, ich habe tolle Spiele gemacht und ein tolles Gruppenerlebnis gehabt. Punkt. Und die Verarbeitung, das Umsetzen in Erfahrung, das passiert dann allenfalls zufällig oder im Kopf der einzelnen Spieler, wenn die nach Hause gehen, wenn überhaupt.

Edeltrud Freitag-Becker

Ja, vor allen Dingen die Veröffentlichung meiner eigenen Erlebnisse, der Austausch mit den anderen, initiiert ja vielleicht jemand anderen nochmal an einem anderen Punkt auch bei sich nachzudenken.

Ulrich Baer

Und dieses Nachdenken ist schon wichtig. Es wird erst dann irgend etwas eine Erfahrung, d. h. eine übertragbare Einsicht, wenn ich mir zu dem, was ich erlebt habe, auch was einfallen lasse, also wenn ich Gedanken darüber habe und mir Gedanken darüber mache.

Testen Sie sich selbst:
Je nachdem, welchen Statements Sie zustimmen oder welche eher nicht von Ihnen sein könnten, können Sie Ihre eigenen Interessensschwerpunkte für eine Spielleiterfortbildung herausfinden.
Stimmen Sie einer Aussage für sich persönlich hundertprozentig zu, dann machen Sie hier zwei Plus-Zeichen: + +.
Stimmen Sie einer Aussage im großen Ganzen zu, dann machen Sie ein Plus-Zeichen: +.

Praxistip:
Adressen von Fortbilungseinrichtungen, die Kurse und Workshops zum Spielverhalten anbieten, finden Sie im Anschluß an dieses Kapitel.

A
„Zwar weiß ich, welche Spiele man in festen Kleingruppen machen könnte, aber für große, unstrukturierte Gruppen weiß ich zu wenig."

B
„Ich kenne viele Spielmöglichkeiten, was mir fehlt ist der Bezug zur pädagogischen Theorie."

C
„Wenn ich Spielvorschläge in Büchern oder Spielkarteien lese, dann weiß ich manchmal nicht so genau, wie ich diese Vorschläge dann in meiner Gruppe umsetzen soll."

D
„Ich kenne kaum Methoden, um Spielaktivitäten mit Kindern/Jugendlichen zusammen auszuwerten (zu reflektieren)."

E
„Schwierigkeiten sehe ich, wenn man die Kinder/Jugendlichen von den ihnen bekannten Spielen zu neuen Gruppenspielen zu sozialen Lernen hinlenken will."

F
„Ich kenne viele Spiele, weiß, wie man sie einsetzt, aber manchmal bin ich mir über die richtige Reihenfolge, also über den situations- und gruppengerechten Aufbau nicht im klaren."
G
„Manchmal braucht man Spielmaterial, mit dem sich die Kinder/Jugendlichen selbst beschäftigen können (z. B. Brettspiele, Kicker), aber da kenne ich nicht genug Neues."

H
„Bei der Eingabe von Spielen in die Gruppe fühle ich mich zuweilen nicht sicher genug."

I

„Wenn ich mit den Kindern/Jugendlichen spiele, dann läuft das eigentlich ganz gut, aber mir fehlt dabei die Einbindung in ein langfristiges Konzept bzw. Programm.“

J

„Ich weiß nicht immer genug Spiele für die verschiedensten Situationen bei Kinder/Jugendlichen.“

K

„Manchmal hätte ich Lust, selbst ein Spiel zu entwickeln, aber Zeitmangel, das dazu nötige Wissen fehlt oder ähnliche Gründe hindern mich dann daran.“

L

„Wenn in der Spielgruppe Kinder/Jugendliche aggressiv werden oder bei Spielen nicht mitmachen wollen, dann weiß ich häufig nicht, wie ich reagieren soll.“

Anhang

- Spielesammlungen
- Spielmaterial
- Musiktips
- Fortbildungen

Spielesammlungen

Ulrich Baer, Hajo Bücken, Wolfgang Bort und fünf weitere Pädagogen:

Remscheider Spielkartei

200 kooperative Spiele zum sozialen Lernen, zusammengestellt zu 24 thematischen Spielketten. Ökotopia Verlag Münster

Mit der Auswahl von ausschließlich kooperativen Spielen hat diese Kartei spielpädagogische Maßstäbe gesetzt.

Der Inhalt: Ein Drittel bewährte kooperative Spiele, etwa ein Drittel wurde verändert und rund ein weiteres Drittel sind extra für diese Kartei neu erfundene Spiele! Die Remscheider Kartei ist eine Allround-Kartei (ähnlich wie die Spiel+Spaß-Kartei aus Österreich).

Zwei Gründe sprechen für ihre spezielle Eignung für die Schule: die Spiele sind für Kinder ab etwa sechs Jahren, sie enthält also keine Kindergartenspiele, sondern vor allem auch viele Ideen für das Sekundarschulalter.

Und das ganz Besondere an dieser Kartei ist ihre Gliederung: Immer 8 Spiele (jeweils auf einzelnen Karten) wurden zu einem bestimmten Thema oder mit einer ausgewiesenen pädagogischen Zielsetzung zu einer Spielkette zusammengestellt. Die Reihenfolge dieser acht Spiele stellt einen erprobten Spielprogrammvorschlag dar, aber natürlich können die Spiele auch einzeln oder in jeder individuellen Kombination gespielt werden.

Die Themen der Spielketten (Kartei-Abschnitte): Ausdruck und Eindruck, Blind orientieren, Clique und Konflikte, Durchsetzen!, Einschätzen und auswerten, Frieden, Gefühle darstellen, Helfen, Ich und Du (Interaktion), Jetzt und Hier, Körperkontakt, Lust und Liebe, Meditation, Namen und Gesichter, Organisation und Team, Phantasie und Kreativität, Quatsch und Blödelei, Rolle und Selbstbild, Sehen und gesehen werden, Toben und tanzen, Umwelt und Natur, Vater, Mutter und ..., Warming up, Zusammenarbeit.

Beschrieben sind die einzelnen Spiele verständlich, ohne überflüssiges Beiwerk. Spieldauer, Gruppierung (z. B. Paare, Kreis) und Material werden zu Beginn tabellarisch aufgeführt. Man vermißt Angaben zum Spielort (z. B. Klassenraum oder Schulgelände) und zum Alter bei den einzelnen Spielen. Auf den Vorblättern zu den Spielketten finden wir diese Daten dann nebst einigen Sätzen zu den pädagogischen Zielen der Spiele.

Peter Riegl u.a.:

Spiel + Spass - Kartei

Produziert vom Ev. Diakoniewerk Gallneukirchen. Bezugsquelle in Deutschland: Robin-Hood-Versand

Eine große Kartei in mehrfachem Sinn: Für eine Spielkartei ein außergewöhnliches Format: DIN A5 quer - und sogar manche Rückseite der stabilen Kartenblätter ist beschrieben. Groß auch in der Beschreibung der Spiele! Ausführliche, detaillierte Informationen über jedes Spiel:

Spielabsicht, Material, Alter, Dauer, Gruppengröße, die Sozialform, Spieltempo (eine Kategorie,

die ein Spiel vortrefflich und sehr praxisnah charakterisiert!), Medium (Sprechen, Malen, Bewegen usw.). Das ist noch nicht alles! Neben einer klaren und detaillierten Spielbeschreibung (mit Anmerkungen und Variationen) finden wir in der Spalte „Besonderheiten" eine Einschätzung des Charakters jedes Spiels: Wieviel Zusammenarbeit oder Einzelleistung vorkommt. Die Klasse, ein Thema oder sich selbst erleben? Und den Grad des Kreativseins.
Eine wirklich vorbildliche Kennzeichnung der Spiele! Alle, die Spiele mit einer gehörigen Portion pädagogischer Verantwortung in der Schule einsetzen wollen, können sich an diesen Spielcharakteristiken auf einen Blick orientieren!
Ein Wort zur Gliederung:
Die Kartei ist aufgeteilt in 10 Abschnitte mit je 20 Karten. Das erweist sich in der Praxis als eine leicht überblickbare Größenordnung. Die Abschnitte unterscheidet man sofort, weil die Karten auf verschiedenfarbigem Karton gedruckt wurden.
Bereits an den Titeln der Abschnitte sind allerdings wieder die üblichen Probleme der Abgrenzung und Einsortierung der Spiele ablesbar: Kennenlernen, Für jeden Anfang, Mit Themen arbeiten, Auflockern, Wahrnehmen, Zusammenarbeiten, Gruppe erleben, Körper erleben, Situationen erleben, Spielaktionen.
Die Spielkartei-Autoren (Für den Inhalt verantwortlich: Peter Riegl) haben die Probleme der eindeutigen Zuordnung der Spiele zu solchen Abschnittsüberschriften natürlich erkannt und versuchen mit einer „Thematischen Stichwortliste", die dann je Thema auf 1 - 8 Spiele verweist, die Suche nach passenden Spielen einigermaßen komfortabel zu machen.
Eine sehr gute Kartei für Gruppenspiele mit Kindern, Jugendlichen und Erwachsenen.

Michael Baumgartner, Gisela Färber, Franz Michels:
SpikS - Spielkartei für Sonder- und Heilpädagogik
DIN-A6-quer-Karten im Ringordner; 180 Spiele und 2 Spielketten, 1 Mitspielaktion, Verlag modernes Lernen, Dortmund

180 Spiele und Übungen für die Arbeit mit Lernbehinderten, Sonderschülern und geistig Behinderten. Viele Ideen eignen sich aber auch für Körper- und mehrfach Behinderte und Blinde. Die Mehrzahl der Spiele sind so einfach strukturiert, daß auch die Arbeit mit Schwerstbehinderten davon profitieren kann. Die Autoren sind in der Behindertenarbeit tätig und haben die Qualifizierung zum Spielpädagogen an der Akademie Remscheid absolviert.
Aufgeteilt sind die Spiele in neun Rubriken:
Bewegen und Tanzen
Darstellen und Phantasieren
Einstieg und Aufwärmen
Geschicklichkeit und Zusammenarbeit
Körpernähe und Zärtlichkeit
Material- und Raumerfahrung
Ruhe und Entspannung
Spaß und Unterhaltung
Wahrnehmen und Handeln
Diese Einteilung gefällt mir besonders, weil sie die unterschiedlichen Funktionen und Wirkungen des Spiels in Gruppen berücksichtigt. Zu jedem Abschnitt werden 20 einzelne Spiele angeboten, sortiert nach einem von den Autoren eingeschätzten Schwierigkeitsgrad, der sicherlich nur einen sehr groben Anhaltspunkt liefern kann.
Die einzelnen Karten sind aufgebaut wie die Remscheider Spielkartei (links Angaben zu Material Gruppierung und Anmerkungen; rechts die Beschreibung des Spiels und manchmal noch einer Variante). Die Beschreibung ist klar, verständlich, ohne Schnörkel (aber wieder mit etwas zu kleiner Schrift). Pädagogische Hinweise gibt es leider nur auf den Vorblättern zu den neun Abschnitten. Das ist gerade bei einer Spielesammlung für eine

pädagogisch nicht gerade einfache und oft so sehr differenziert zusammengesetzte Schülergruppe etwas dürftig ausgefallen. Gerade für die Behindertenpädagogik wäre der eine oder andere Hinweis (z. B. Vorsichtsmaßnahmen, Animationstechniken, Lehrerverhalten, Vereinfachungsmöglichkeiten) sehr hilfreich gewesen.
Eine feine Zugabe liefert die Kartei: Zwei fertige Spielketten mit den Spielen auf einzelnen Karten („Der fliegende Teppich" und „Die Abenteuerreise ins ewige Eis") und auf drei Karten die Beschreibung einer Mitspielaktion.
Ein Wort zum ungewöhnlichen Äußeren der Kartei: Die einzelnen Karten befinden sich nicht in einem Pappkasten (wie bei allen anderen hier aufgeführten Karteien), sondern in einem plastiküberzogenen Ring-Ordner. Schön übersichtlich verbindet diese Methode die Vorteile einer Kartei (einzelne Karten) und eines Buches (durchblätterbar). Diese Gestaltung ist jedoch teuer, umständlicher herzustellen und nicht so umweltfreundlich.
Diese Kartei ist ein Muß für alle Pädagogen in der Sonderschul- und Behindertenarbeit!

Ulrich Baer:
666 Spiele
Taschenbuch, 440 Seiten, Fadenbindung, Kallmeyersche Verlagsbuchhandlung: Seelze-Velber 1994
Spielbeschreibungen für alle Gelegenheiten in der Schule und Jugendarbeit, für Schulfeste, für Eltern: Die besten Kennenlernspiele, die wildesten Actionspiele, die wirkungsvollsten Rollenspiele, die tollsten Spiele für Draußen, zur Entspannung oder für die Bearbeitung eines Themas...
Die Spiele sind in alphabetischer Reihenfolge abgedruckt und mit detaillierten Stichwörtern versehen, die jedes Spiel genau charakterisieren. Mit Empfehlungslisten für die häufigsten Spielanlässe wird die Auswahl aus dieser Fülle erleichtert!
Zahlreiche Varianten und hilfreiche Anmerkungen vervollständigen die Spielregeln.

Andrew Fluegelman, Shoshana Tembeck:
Die neuen Spiele
(New Games, Band 1 und Band 2), Verlag an der Ruhr: Mülheim/Ruhr 1991
Über 120 Spiele in beiden großformatigen Bänden, bei denen es nicht ums Gewinnen geht, sondern um Spaß, Kommunikation und Kreativität, Spiele für 2 und 200, für die ganze Klasse, für Schulfeste, im Sportunterricht und in der Pause.
Dies ist die berühmte Spielesammlung der kalifornischen Spielbewegung. Sehr gute Ideen für Bewegungsspiele ohne Leistungsdruck für große Gruppen.
Animierende Spielbeschreibungen mit großen eindrucksvollen Bildern. Kommentare zur Idee der neuen Spiele. Rezept für ein Spielfest. Wie man Spiele spielend leitet.

Gusti Reichel, Reinhold Rabenstein:
Bewegung für die Gruppe
Ökotopia Verlag: Münster 1982
Lockerungen – Kreativer Tanz – Kooperativer Sport – Kontaktspiele – Fest-Animation
In dieser großformatigen Ideen-Fundgrube finden Sie Bewegungsimpulse für Schulklassen wie für kleine und große Gruppen. Impulse, die Gruppen in Bewegung und Kontakt bringen, die Bewegungs- und Körpererfahrungen ermöglichen und die bei Festen und Veranstaltungen für Schwung und Engagement sorgen.

Ulrike Meyerholz, Susi Reichle-Ernst:
Einfach lostanzen
Zytglogge Verlag: Bern 1992
„Einfach lostanzen" ist vor allem ein praktisches Buch für einen aktuellen Bewegungsunterricht. Das Unterrichtswerk enthält eine Fülle von Aufgaben, die über vorbereitende Spiele zu Bewegungsimprovisationen und -gestaltungen führen. Alle Vorschläge sind auf die Musikstücke der beigefügten Begleit-CD abgestimmt. Klar strukturiert und poppig arrangiert schlüsselt die Musik ein-

fachste musikalische Gestaltungselemente auf: hart-weich, Pausen, Echo, Taktwechsel usw. Die 20 Musikstücke sind für dieses Buch extra komponiert worden. Die ganze Aufmachung dieses großformatigen Buchs ermöglicht eine unkomplizierte Handhabung im Bewegungsunterricht. Einzel-, Partner- und Gruppenaufgaben animieren Schüler ab etwa der 5. Jahrgangsstufe zum spielerischen Bewegen. Viele schöne Fotos machen Lust auf die Umsetzung in den eigenen Unterricht. Mit Begleit-CD.

Bernd Badegruber:

Spiele zum Problemlösen

Veritas Verlag: Linz/Österreich 1994

Band 1: für Kinder im Alter von 6 bis 12 Jahren

Band 2: für Kinder im Alter von 9 bis 15 Jahren

Mit den Ideen aus diesen Büchern können Sie ‚schwierige' Themen des Sozialverhaltens in der Klasse spielerisch thematisieren: z. B. Aggressionsabbau, Angeberei, Außenseiter, Dominanz, Einfühlungsvermögen, Fairneß, Geheimnisse, Klischees, Lärm ...

Diese Bücher bieten jeweils weit über hundert Spiele, die nach Bedarf in Kleingruppen oder in der ganzen Klasse gespielt werden können. Neben Helferspielen und Aggressionsspielen werden auch eine Reihe von erprobten Kooperationsspielen, Wahrnehmungs-, Bewegungs-, Partner-, Rate- und Rollenspielen vorgestellt. Hinweise zum Weiterspielen ermöglichen eine äußerst praktikable Vorbereitung und Durchführung von Spielserien und Spielstunden. Jedes Buch hat 118 Seiten und viele Illustrationen.

Helmolt Rademacher, Maria Wilhelm:

Spiele und Übungen zum interkulturellen Lernen

Verlag für Wissenschaft und Bildung: Berlin 1991

Fast 100 Spiel- und Übungsvorschläge. Mit kopierbaren Vorlagen, z .B. für ein Türkei-Brettspiel, ein Memory oder ein Quartett. Die Spiele sind für Schüler/innen ab etwa der 6. Klasse geeignet. Unterteilt ist die Fülle der Ideen in 10 verschiedene Arten von Spielvorschlägen: zum Aufwärmen, für den Einstieg und die Einstimmung, zum Kennenlernen, zur Erkundung von Stadt und Land, zum Erwerb von Hintergrundinformationen über die Herkunftsländer, über Probleme des Zusammenlebens, über Vorurteile und Selbst- und Fremdwahrnehmung, für Straßenaktionen.

Ulrich Baer:

Lernziel: Liebesfähigkeit

Spiele zur Sexualerziehung

Mappe mit Band 1 und 2 und dem Spiel „Uli's Beziehungskiste" von Peter Schröder

Verlag Robin Hood Versand: Remscheid 1993

Die Spiele wurden entwickelt, damit junge Menschen lernen können, die positiven Seiten von Sexualität und Beziehungen zu leben: Spaß und Lust, Sehnsucht und Erfüllung der Wünsche, Zuneigung und Freude, Sicherheit und Abenteuer gleichermaßen.

Alle Spielvorschläge können sofort in Gruppenarbeit und Unterricht eingesetzt werden - alle Aufgabenkärtchen, Spielpläne usw. sind abgedruckt und können fotokopiert werden. Um die Spiele an die schulische Situation, ein spezielles Thema und die Schülergruppe anzupassen, können Spielaufgaben ausgewählt und ergänzt werden - Anregungen werden dafür genug gegeben.

Harry Böseke:

Spiele mit Worten

Schreib- und Sprachspiele um Texte und Begriffe

Rowohlt Verlag: Reinbek 1992

Mit der Sprache spielen - das geht ohne große Vorbereitungen und ohne Material. Ob im Deutschunterricht oder in der Vertretungsstunde, im Schullandheim oder in der Theater-AG: Bösecke liefert mit diesem Taschenbuch (und auch seinem neuesten ‚Geschichtenzirkus') einen Sack voller pfiffiger Ideen für Sprech-, Schreib- und Hörspiele: Reim-, Text- und Dichterwürfel, Wörter versenken, Wörter im Spiegel und Wortsalat, Worthochsprung, Gedichte nach Gerüchen, unheimliche Wortcollagen und vieles mehr.

Erich Schriever, Ulrich Wehmeier:
Theaterwerkstatt
GPM-Verlag: Düsseldorf 1989
10 Zugangswege für Einsteiger und Fortgeschrittene im Bereich der Spiel- und Theaterarbeit. In den zehn Kapiteln unternehmen die Autoren den intensiven Versuch, handhabbare und umsetzbare Lern- und Erfahrungsmodelle für die praktische Theaterarbeit mit Schülern vorzustellen. Der Aufbau: Spielerischer Einstieg (Warming up). Bewegungstraining. Darstellungs- und Ausdrucksübungen. Szenische Improvisation. Jedes Thema bzw. Kapitel kann auf die Treffen einer Theater-AG oder ein Deutsch-Curriculum zugeschnitten werden oder auch zu einer intensiven, kompakten Projektarbeit über ein bis drei Wochen führen.

Morry van Ments:
Rollenspiel: effektiv
Ein Leitfaden für Lehrer, Erzieher, Ausbilder und Gruppenleiter
Ehrenwirth Verlag: München 1985
Das Buch gibt eine gute, leicht verständliche Anleitung zur Einbeziehung des Rollenspiels in den gesamten Erziehungs-, Unterrichts- und Ausbildungsprozeß. Mit Hinweisen zur Auswahl und eigenständigen Entwicklung von Rollenspielen sowie Leitung und Auswertung von Rollenspielen.

Klaus Hoyer:
99 Luftballonspiele
AOL-Verlag: Lichtenau 1994
Kleines ‚Hosentaschenbuch' mit vielen Ideen für Spiele mit einem zwar sehr bekannten, aber immer wieder beliebten Material für Turnhalle, Pausenhof, Schullandheim usw.: Kennenlernspiele, Tanzspiele, Gruppenspiele, Zaubertricks, Spiele mit Spezialballons. 110 S. Illustriert. Vom gleichen Autor und im gleichen Verlag sind „111 Riesenmikado-, Stab- & Stockspiele"und „88 Erdball- und Fallschirm-Spiele" erschienen. Überraschende Einsatzmöglichkeiten für diese ungewöhnlichen Spielmaterialien! Das kann man sich nun wirklich gar nicht alles selber ausdenken...

Spieltheoriebücher

Benita Daublebsky
Spielen in der Schule
Vorschläge und Begründungen für ein Spielcurriculum. Klett Verlag: Stuttgart 1980
Hervorragende Darstellung von Spielstunden. Ein Standardwerk nicht nur für das Spiel in der Schule, sondern für alle didaktisch-methodischen Fragen, die sich für Lehrer/innen als Spielleiter/innen bei der Durchführung von Spielstunden ergeben. Viele einfühlsame Hinweise auf die Wirkung von Spielen in der Klasse, auf Schülergruppen und einzelne Schüler/innen. An den Erfahrungsbericht der Autorin schließen sich noch einige Aufsätze (u.a. von Lothar Krappmann) zur theoretischen Einordnung einer spielpädagogischen Gruppenarbeit in Unterricht und Schule an.

Jürgen Fritz
Theorie und Pädagogik des Spiels
Juventa Verlag: Weinheim 1993
Dieses Einführungsbuch gibt Impulse, über Spiel und Pädagogik vertieft nachzudenken, sich mit den wichtigsten Forschungsergebnissen und theoretischen Konzepten leicht verständlich vertraut zu machen.

Karl J. Kreuzer (Hrsg.)
Handbuch der Spielpädagogik
Band 1 - 4. Schwann Verlag: Düsseldorf 1983
Noch immer stellt dieses vierbändige Werk die ausführlichste theoretische Darstellung der Spielpädagogik dar.
Der Band 2 befaßt sich in 28 wissenschaftlichen Aufsätzen mit dem Spiel im frühpädagogischen und schulischen Bereich.

Ulrich Heimlich:
Einführung in die Spielpädagogik
Klinkhardt Verlag: Bad Heilbrunn
Anhand mehrerer Praxisprojekte in den pädagogischen Handlungsfeldern Kinderkrippe, Hort, Sonderkindergarten, Grundschule und Sonderschule werden Orientierungen vorgestellt, die einen angemessenen pädagogischen Umgang mit dem kindlichen Spiel beinhalten. Gleichzeitig werden Forschungsergebnisse auf ihre Praxiswirkung hin untersucht und in konkrete spielpädagogische Handreichungen übertragen.

Material für Spiele und Aktionen

Gerade ältere Kinder, Jugendliche und Erwachsene zu Spielaktivitäten zu motivieren, geht am leichtesten mit animierendem Material oder witzigen Themen. Darum haben wir einige originelle Materialien zusammengestellt, die sich nach unserer Erfahrung vorzüglich für die Nutzung bei Spielaktionen eignen. Zu diesem Bereich gehört auch eine spezifische Auswahl von CDs bzw. Musikkassetten, denn passende und eingängige Musik unterstützt jedes Bewegungsspiel: Darstellungs- und Bewegungshemmungen werden leicht überwunden, Spielaktionen erhalten mit Musik die passende Atmosphäre, und Musik prägt das Tempo und den Rhythmus eines Spiels mit. Die ganze Fülle unserer Materialempfehlungen wurde dadurch etwas übersichtlicher, indem alles, was man oft braucht und einfach mitnehmen kann, in einen „Spielkoffer" oder „Utensilienbox" gepackt wurde. Ungewöhnliches Spezialmaterial wurde in einem Extra-Abschnitt zusammengefaßt, weil sowas meist auch getrennt aufbewahrt wird, wegen der Kosten auch nicht zu Verbrauchsmaterial zählt. Großgeräte für Spiel in einer großen Halle, auf dem Freigelände oder bei einer Ferienmaßnahme usw. wurden ebenfalls in einem gesonderten Abschnitt gesammelt. Und schließlich die Musik: Beispiele für CD-Typen für die unterschiedlichsten Spielsituationen finden Sie im letzten Materialabschnitt.

Tips für kostenloses Spielmaterial:

- Plastik-Sektkorken und in Scheiben geschnittene Flaschenkorken oder Kronenkorken als Spielfiguren, Chips u. ä.
- Einseitig nicht bedruckte Bierdeckel als Spielfelder, Aufgabenkarten usw.
- Gesammelte Illustriertenbilder für Collagen, Bilderspiele, Kennenlernspielplakate und für Spielplanausschmückung bei selbsterfundenen Spielen.

• Kleidungsstücke zum Szenischen Spiel (vor allem gar nicht einmal komplette Kostüme, sondern charakteristische Accessoires wie Taschen, Hüte, Brillengestell, Gürtel, Schals und Tücher, Handschuhe...).
• Tapetenrollen, Papierreste aus Druckereien, Plastikfolien (Renovierungs-Abdeckfolien) zur Dekoration und für Malspiele
• Bei Renovierungen, Wohnungsaufräumaktionen und Umzügen fällt oft viel Sperrmüll an, der sich hervorragend für Rollen- und Theaterspiele eignet, z. B. alte Telefonapparate, Schreibmaschine, Stehlampe, Vasen, Spiegel (ganz kostbar für Schminkaktionen), Teppichreste ...
• Bleiband aus Vorhängen und überhaupt alle Tuchreste und Stoffe...
• Große, feste (etwa 5 m lange) Papprohre, auf denen Teppiche aufgerollt im Teppichmarkt angeboten werden, gibt es dort kostenlos. Aufpumpbare LKW-Reifenschläuche u. dgl. für eine „Bewegungsbaustelle“.

Was Sie im Spielkoffer haben sollten

Eine kleine **Grundausstattung** mit Spielmaterial muß leicht mitnehmbar sein. Wir schlagen hier einen preiswerten, aber stabilen Foto-Alukoffer oder eine Nylon-Fototasche vor. Geeignet ist auch ein Plastik-Werkzeugkoffer. Beides bringt nicht viel Eigengewicht mit und besitzt flexible Unterteilungen, um den vielen Kleinkram halbwegs geordnet griffbereit zu haben.

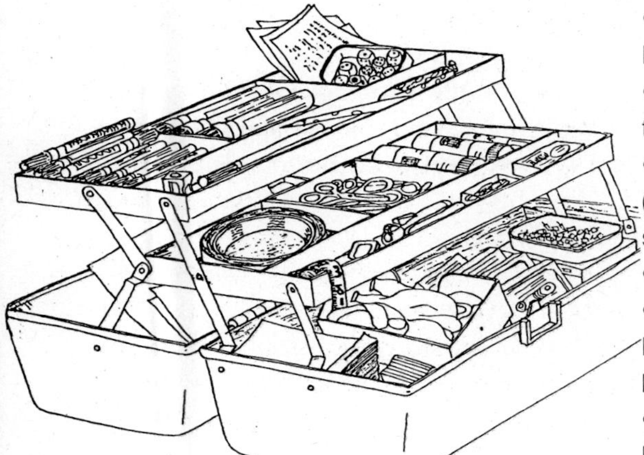

Womit sollten Sie die vielen kleinen Fächer einer solchen Utensilienbox füllen?
Die Anzahl der Materialien haben wir danach angegeben, was man für eine Aktion mit einer großen Gruppe höchstens benötigt. Betrachten Sie die folgende Auflistung als Einkaufsliste bzw. Merkposten für das Wiederauffüllen:
• 100 einfache Rund-Luftballons, einige Luftballons in Längsform, einige Riesenluftballons
• Schachtel mit 15 Zahlen- und einigen Farbwürfeln und Mimürfeln (was das ist: siehe weiter unten!)
• Schachtel mit vielen verschiedenartigsten Spielfiguren (z. B. Spielpüppchen, Sektkorken, kurze dicke Gewindeschrauben mit Muttern, ...)
• 1 Packung Pfeifenputzer
• Kreide zum Spielflächenmarkieren
• je 30 Zettel oder Kärtchen (DIN A 7) in mindestens fünf verschiedenen Farben (z. B. für Spielaufgaben für mehrere Kleingruppen)
• 30 Kugelschreiber / Bleistifte
• 30 dicke Filzstifte und/oder 5 Schachteln Wachsmalstifte
• je 1 Schachtel Büroklammern (z. B. zum Zettelanstecken), Markierungsnadeln, Streichhölzer
• je 1 Rolle Bindfaden, Blumendraht, Tesakreppband, Textilklebeband
• 5 x Skatkarten
• mindestens 5 Bastelscheren und 5 Klebestifte
• 30 unbedruckte Bierdeckel oder ähnliche Pappbögen
• mehrere Bögen verschiedenfarbige Klebepunkte und -etiketten
• je 1 Dose Schminke von jeder Grundfarbe (weiß, schwarz, rot, gelb, blau) – falls nicht sowieso ein Schminkkoffer beschafft wird
• ca. 5 Musikkassetten oder CD
• 1 Trillerpfeife, Glocke, Triangel, Hupe oder ähnliches (damit sich ein/e Spielleiter/in bei lautstarkem Durcheinander gut bemerkbar machen kann)
• mehrere kleine Tücher und/oder Markierungsbänder

Ungewöhnliche Spielmaterialien – für Sie entdeckt

Wenn Gruppen selber Spiele erfinden
... helfen Blanko-Spielkarten, damit Aufgaben-, Bild- und Gruppen-Karten gleich professionell wirken. 55 Karten in Spielkartengröße, vorn und hinten unbedruckt weiß – mit schön abgerundeten Ecken, wie man sie eben nicht selbermachen kann.

Für Schminkaktionen
Gute Theaterschminke sollte es schon wegen des langen Hautkontakts sein. Schminke gibt es in zwei Sorten: Fett- (für's Theaterspielen) und Naßschminke (für Spielaktionen). Von beiden Sorten sollte man nur die Grundfarben-Dosen (weiß, schwarz, rot, blau, gelb) nehmen, weil die Farben sehr gut mischbar sind. Empfehlenswert ist es jedoch, vom Weiß zwei Dosen zu nehmen, weil das häufig großflächiger und zum Aufhellen anderer Farben genutzt wird.
Jede Dose kostet um 10 DM und reicht für viele Aktionen. Damit Gesichter gut aussehen, werden noch Haar- oder Borstenpinsel, Schwämmchen, normaler Babypuder und vielleicht Glimmer, Sternchen u. dgl. gebraucht. Es gibt übrigens auch UV-Leuchtschminke für Schwarzes Theater oder Spielaktionen in einer Disco, wo es UV-Licht gibt.

Wurfscheiben, die jeden Kopf und alle Fensterscheiben heil lassen
„Soft Flyer" - ein leichtes Schaumstoff-Frisbee, gut geeignet für ungefährliche Spiele in der Klasse, der Pausenhalle oder auf dem Gang. Die Stückkosten liegen unter fünf Mark.

Sanfte Spiele mit wilden Kerlen? Dafür das passende Material
Japan-Papierbälle: Aus farbigem, fast transparentem Papier mit Loch zum Aufpusten. Schön für Tanzaktivitäten, Entspannungs- und Rhythmik-Spiele und Sportunterricht: die Bälle können immer neu aufgepustet werden, sind ganz leicht und scheinen zu schweben, können auch einander zugespielt werden. Durchmesser 13 cm oder 21 cm (je eine oder zwei Mark). Für Weltreise-Spielaktionen gibt es die Papierbälle auch mit aufgedrucktem Globus. 24 cm Durchmesser (je drei Mark).
Massage-Bälle: Ein Ball wie ein Igel mit harten Kunststoff-Noppen. Herrlich für die Körper- und Handmassage! Ein sehr geeignetes Material – auch gerade bei Schülern mit Körperkontakthemmungen! Von 8 bis 10 cm Durchmesser.

Apropos Weltreise-Spielaktion: Der Regenmacher
Ein Schüttelrohr aus Südamerika mit einem besonderen Klang. Winzige Körnchen Lavagestein rieseln durch ein hohles Kaktusholz (50 cm lang: 30 DM; 1,5 m lang: 100 DM). Ein besonders lang anhaltendes Geräusch wie ein Regenschauer!

Für den gespenstischen Masken-Tanz
„Neutral-Masken" sind weiße Plastikmasken für das Theaterspiel, Pantomime, Maskenspiele oder Tanzaktionen. Man schwitzt scheußlich darunter, aber die Wirkung ist faszinierend! Sie können angemalt und auch mit Dekorationsmaterial beklebt werden. Je nach Größe kostet eine Maske um die 7 DM. Aus dem gleichen Material sind auch Halbmasken (mit und ohne große Vogelnase) erhältlich.

Verblüffende Wirkung bei Rollenspiel, Pantomime und Theaterszenen
Die **Viktorianischen Halbmasken** verändern jedes Gesicht total. Hier können Schüler Darstell-Hemmungen gut dahinter verstecken (was ja ein möglicher vorsichtiger Einstieg in darstellendes Spiel sein kann). Es gibt Sets mit je acht Masken: Matrose, Koch, Chinese, Seeräuber, Teufelin, feine Dame ... Ein Satz kostet an die dreißig Mark.

Würfel, die Sie noch nie gesehen haben

Kleine & Dicke Mimürfel

Die berühmten „Mimürfel“ von Spieleerfinder Hajo Bücken: Da finden sich 12 ganz ungewöhnliche Würfel in einer Pappdose. Auf jedem Würfel sind 6 verschiedene Gesichter grafisch dargestellt: Mimiken von lachend bis wütend. Und ein kleines Heft mit 20 Ideen, die man mit diesen tollen Würfeln spielen kann: Geschichten erzählen, Pantomimen machen, Kennenlernspiele. Für Schüler aller Schulstufen. Gibt es in normaler Würfelgröße (12 DM) und mit 25 mm Kantenlänge für 25 DM.

Für sehr viele thematische Spiele ist Bildmaterial nötig. Hier unsere besten Quellen.

„Oh-Karten“

176 Karten – die Hälfte mit farbigen kleinen Aquarellbildern und die anderen mit Begriffen, aus denen sich zahlreiche Assoziationsspiele gestalten lassen. Bild- und Wortkarten kann man in 7744 verschiedenen Möglichkeiten kombinieren. Rund 60 DM die gut in die Phantasiefähigkeit Ihrer Schüler/innen investiert sind. Diese und auch Varianten (Ecco-, Habitat-, Saga-Karten) bilden einen Anstoß für Gruppen, über Vorlieben, Gefühle und Träume miteinander ins Gespräch zu kommen.

„Task“ Strichmännchen-Bildkarten

Auf 60 kleinen Karten sind immer zwei Strichmännchen abgebildet, die etwas miteinander tun. In der Gruppe kann man mit ausgewählten Bildern Geschichten erfinden, Szenen spielen und raten oder Erlebnisse austauschen. Etwas über zehn Mark.

„Schnippelbuch“ Nr. 1 und Nr. 2 von der Pädagogischen Aktion in München: Das Illustrationsmaterial für Festplakate, Elternbriefe, Collagen, Schülerzeitungen und die Gestaltung von Spielen. Je 500 A4-Seiten mit tausenden von Abbildungen zum Ausschneiden oder Kopieren: Tiere, Menschen, Landschaften, Geräte, Fahrzeuge, Piktogramme...

Fallschirm, Schwungtuch und andere Großspielgeräte

Riesentücher oder Fallschirme für tolle Bewegungsspiele im Freien oder im Disco-Raum

Dieses für Großgruppen besonders gut geeignete Spielmaterial ist recht teuer. Am vielfältigsten läßt sich ein großes quadratisches Schwungtuch einsetzen (z. B. auch für die Raumdekoration). Um mit einer Schülergruppe in Klassenstärke gut spielen zu können, ist allerdings schon ein Tuch mit 7 x 7 m oder ein großer Fallschirm (7,5 m Durchmesser) angebracht. Bei einfarbigen Schwungtüchern müssen Sie mit diesen Kosten rechnen: 4,5 x 4,5 m ca. 300 DM, 7,5 x 7,5 m ca. 700 DM.
Empfehlenswerte Quelle für Schwungtücher: Schäfer-Versand. Manchmal gibt es auch gebrauchte Fallschirme (je nach Ausmusterung bei der Bundeswehr) – erkundigen Sie sich am besten beim AOL-Versand.

Die Erde ist rund ...

... und ein Erdball (mit und ohne Aufdruck der Kontinente) 1 m (ca. 250 DM) oder 2 m (ca. 900 DM) im Durchmesser. Solch ein Ball ist sehr stabil und wird am besten im Freien genutzt.
Für Spielfeste reichen allerdings oft auch schon die allerdings empfindlichen Riesenluftballons, die man leicht mit einem Luftmatratzenblasebalg aufpumpen kann. In vielen Größen erhältlich. Für Ihre Preisorientierung: 1 m Durchmesser ca. 15 DM.

Bei einer Spielgruppe mit 30 Mitspielenden muß immer alles ganz groß sein ...

... so auch die Würfel: Der große, dicke Schaumstoffwürfel mit einer Kantenlänge von 16 cm fasziniert alle Schüler. In verschiedenen Farben mit großen gelben Punkten. Prima für jedes Spielfest.

Kriechtunnel
Ein Stofftunnel, rund 60 cm im Durchmesser und etwa drei Meter lang – IKEA bietet welche konkurrenzlos günstig an! Bei jeder Spielaktion auch für Ältere ein großer Spaß!

An ein Torwand-Schießen und Streetball denkt man von allein, aber ...
... beispielsweise fallen einem die etwas mehr traditionellen Großspielmaterialien vielleicht nicht auf Anhieb ein. Deswegen hier einige Geräte, die auf Spielfesten wahre „Selbstläufer" sind: Stelzen, ein Riesen-Mikado, das Elefanten-Pedalo (siehe Abbildung), die Balancierscheiben.

Das Elefanten-Pedalo
und Jonglier-Keulen, Zieh-Taue, Springseile und „Möbelhunde" (Rollbretter als Spielgerät). Sportartikel-Versender sind hier die beste Adresse für alle Einzelheiten und Preise.

Versandadressen

Robin-Hood-Versand
Küppelstein 36, 42857 Remscheid
Tel.: 02191 / 794-242 Fax: -243

AOL-Verlag
Waldstr. 17-18, 77839 Lichtenau
Tel.: 07227 / 9588-22 Fax: -95

Sport-Thieme
Helmstedter Str. 40, 38368 Grasleben
Tel.: 05357 / 181 81 Fax: 18 19 0

Schäfer-Versand
Großer Kamp 6-8, 32791 Lage
Tel.: 05232 / 659 82 Fax: 676 91

Sport Ehrhard
Postfach 11 63, 91541 Rothenburg
Tel.: 09861 / 406-0 Fax: -50

Heiße Musik für coole Spiele – Musiktips

Musik unterstützt Spiele, Tänze und Aktionen. Mit Musik erzeugt man die passende Spielatmosphäre. Und mit ihr steht und fällt so manche Aktivität. Mit der richtigen Musik halte ich die Gruppe gut zusammen, denn Musik verbindet und fasziniert – oder schreckt auch ab. Musik erleichtert den Einstieg in die Spielwelt, denn sie prägt die Stimmung entscheidend mit, ruft Bilder und Assoziationen wach. Jeder Diskjockey weiß, daß Musik auch das Sozialverhalten der Jugendlichen beeinflußt. Und so muß die Musik halt passen, um nicht zum Spielprogramm konterkarierend zu wirken. Der Musikmarkt ist unüberschaubar und unterliegt natürlich auch den kommerziellen Trends – besonders diejenige Musik, die bei Kindern und Jugendlichen gut ankommt. Die passende Musik zur Spielaktivität auszuwählen, das ist schon eine kleine Kunst. Man muß den Geschmack von vielen aus der Gruppe treffen und die Spielsituation soll unterstützt werden und dann muß man die passende Platte auch noch schnell greifbar haben. Aus meiner Praxis möchte ich Ihnen ein paar Tips geben, wie Sie diese Sache leicht und professionell zugleich bewältigen können. Weil die Auswahl immer subjektiv ist, und außerdem u. a. von aktuellen Angebotstrends mitbestimmt wird, notiere ich hier auch die spiel- und musikpädagogischen Auswahlkriterien, die mir über die folgenden aktuellen Empfehlungen hinaus sinnvoll erscheinen und allgemeingültiger als die Titelbeispiele sind.
Herausgesucht wurde Musik für vier Spielanlässe, die entweder davon leben, daß dazu passende Musikstücke gespielt werden oder die zumindest ohne Musik nur halb so schön durchführbar sind.

Musik für Tanz- und Bewegungsspiele
Viele Bewegungsspiele, die kooperativ mit der ganzen Klasse gemacht werden können, begin-

nen mit Durcheinanderlaufen im Raum – hier ist Musik immer ein gutes Hilfsmittel. Es muß dann gar nicht unbedingt danach getanzt werden, sondern einfach nur gehen oder laufen, aber zur Musik. Dann wird die Musik kurz für eine Spielanweisung unterbrochen („Musikstop") – alle hören der Spielleitung aufmerksam zu, allein schon deshalb, weil plötzlich die Musik verstummt ist. Das verschafft auch bei einer großen, vielleicht unruhigen oder wilden Gruppe die nötige Aufmerksamkeit und Konzentration.

Solche Musik muß aktuelle, rhythmisch sehr einfache Musik sein, damit auch Schüler/innen mit Tanzhemmungen besonders leicht mitmachen können. Achten Sie auch darauf, daß der Titel kein (langes) Vorspiel besitzt – sonst steht die Klasse immer „dumm rum", bis es dann endlich nach einer halben Minute losgeht!

Das kann ruhig etwas aus der aktuellen Hitparade sein, wenn der Rhythmus schön einfach ist. In dieser Kategorie sind also solche Sammelalben zu bevorzugen, die von Plattenkritikern schnell als „für die breite Masse" abqualifiziert werden. Die Briten nennen solche Musik „Middle of the Road" – Durchschnitt. Und als Spielleiter/in muß man sich halt auf den durchschnittlichen MitspielerIn einstellen. Schließlich sollen gerade im Spiel keine unnützen Hürden aufgebaut werden. „Musikpädagogisch wertvoll" kann man später umso leichter werden, je niedriger man die Eingangsschwelle legt.

Günstig ist es jedenfalls, auf die Fernsehwerbung für sogenannte „Sampler" zu achten. Hier werden aktuelle CD's zu günstigen Preisen firmenübergreifend angeboten. Die Top-Tanzhits einer Saison oder eines Jahres werden auf solchen Discs zusammengefaßt.

Beispiel-CD's für diese Kategorie:

• Trini Lopez: „Goodies"
Bellaphon CD-Nr. 288-07-003

• „20 Reggae Classics"
Trojan CD-Nr. TRL 222

• Santa Esmeralda: „Don't let me be misunderstood" (16 Minuten – reicht ohne Unterbrechung für jedes Bewegungsspiel!) Phillips CD-Nr. 870 526-2

• „BRAVO-Hits Nr. XX" (Jeweils aktuelle Zusammenstellung von gut tanzbarer Popmusik) Penthouse z: B. Hits Nr. 8 haben die CD-Nr. 7243 8 30856 2 0

Musik für Reise-Spielketten (Worldmusic)

Egal, ob eine „Reise in 80 Minuten um die Welt" oder ein „Ausflug zu fremden Planeten" oder eine interkulturelle Spielaktion gespielt wird, eine musikalische Unterstützung für einzelne Teile der Aktion braucht jede derartige Spielrallye.

Zu einzelnen Musikstücken können Kleingruppen einen kleinen Phantasietanz entwickeln, der dann mit allen geübt oder auch vorgeführt wird.

Oder man hört zunächst in ein Musikstück hinein und stellt dann in der Gruppe Lebewesen dar, die in diesem Phantasieland wohnen, herumlaufen und sich begegnen.

Sehr gut eignet sich diese Musik für alle Malaktionen nach Musik. Dazu hört jede/r der Musik erstmal mit geschlossenen Augen und in ruhiger Haltung zu. Dann wird das Musikstück ein zweites Mal gespielt und jeder malt dazu mit Wachsmalstiften gegenständlich oder auch abstrakt auf einem Blatt. – Es wäre auch die Variante günstig, daß alle von verschiedenen Seiten auf ein ganz großes Blatt Papier oder Tapete malen, teilweise ineinandergreifend, teilweise kooperativ. Zu jedem Musikstück könnte auch eine kleine Ausstellung für eine „Tourismus-Börse" zusammengestellt und gebastelt werden.

Natürlich gehören in diesem Bereich auch alle Volkstanzplatten und die typische Folk-Musik, aber das sind alles derart bekannte Musikstücke, daß der neugierig machende Attraktivitätswert anderer Musik fehlt. Deshalb sind hier vor allem Platten aus der neuen Kategorie „Worldmusic" zu empfehlen – das ist traditionelle Musik aus Schwarzafrika, aus dem arabischen Raum, aus Lateinamerika und Asien, die neu abgemischt, oft ein wenig „verpopt" und international vermarktet wird. „We are the World!"

Beispiel-CD's für diese Kategorie:

- Peter Gabriel: „Passion"; Virgin/Realworld, CD-Nr. RWCD 1
- AGB: „Tänze für die Gruppe" (12 trad. Gruppentänze mit Tanzbeschreibungen); AGB, A-1140 Wien, Waidhausenstr. 8/1, Tel.: 0043/1/91 41 051
- „Globestyle Worldwide Your Guide" („A Globestyle Records CD Compilation"); Globestyle, CD-Nr. CDORB 018
- „The Power of One" (Filmmusik zu „Im Glanz der Sonne") Warner Communication CD-Nr. 7559-61335-2

Musik zu Entspannungs- und Konzentrationsspielen

Gerade hier werden auf dem Musikmarkt eine Fülle von elektronischen Harmonieklängen angeboten, die ist eigentlich weder zu überblicken noch zum Aushalten. Kaufen Sie speziell hier nicht die Katze im Sack! Hören Sie die Musik vorher an – am besten mit geschlossenen Augen. Versetzen Sie sich in die Lage der Schüler, die später mal zu dieser Musik Atemübungen oder Entspannungsspiele machen wollen.

Das wichtigste Auswahlkriterium: Ihnen muß die Musik gefallen – nein, nicht nur gefallen, Sie müssen von der Musik begeistert sein. Dann überträgt sich Ihr Interesse vielleicht auch auf die Klasse. Nichts ist so subjektiv wie die Geschmacksentscheidungen über Meditationsmusik.

So habe ich hier weder Andreas Vollenweider noch Eberhard Schoener oder Paul Horn ausgewählt, auch wenn einzelne Titel beeindruckende Kompositionen sind. Stattdessen empfehle ich Ihnen die eher extremen Platten der Sanften Welle.

Beispiel-CD's für diese Kategorie:

- David A. Clark: „Terra Inhabitata". White Cloud (Vertrieb: MVD, Oberweg 21 c, 82008 Unterhaching)
- Paul Winter: „Earthbeat"; Living Music CD-Nr. LD 0015
- Clannad: „Magical Ring"; RCA, CD-Nr. ND 71 473
- Ondekoza: „Best One"; Victor (Japan), CD-Nr. VDR 28059

Musik für Theaterspiel und Zirkus

Die vierte Kategorie unserer Musikauswahl für Spielaktivitäten umfaßt vor allem jene Situationen, wo Musik für die Spiele vor allem eine atmosphärische Untermalung darstellt. Das können viele Formen des szenischen Spiels sein: Kabarett (politisch oder weniger politisch) lebt von musikalischen Nummern. Zirkus ist ohne Zirkusmusik kein Zirkus. Eine Verulkung von Fernsehshows oder Filmen benötigt die passsenden Titelmelodien. Hier sollten Sie sich eine große Auswahl vorrätig halten: Stummfilm- und Slapstickmusik für Clownsgeschichten; Naturgeräuscheplatten (findet sich in den Schallplattenabteilungen oft bei Meditationsmusik) mit Wind-, Wasser-, Tiergeräuschen; Werbespotmusik-, Filmmusik- und TV-Musik-Sampler.

Beispiel-CD's für diese Kategorie:

- Julius Fucik: „Einzug der Gladiatoren"; Teldec, CD-Nr. 8.42337
- „Memories: 20 Original-Musiken aus legendären Kultfilmen", Magazine Music, CD-Nr. 66.666-2
- Philip Glass: „Powaqqatsi"; Elektra/Nonesuch, CD-Nr. 979 192-2
- Pierre Huguet, Olivier Tostain: „Forests of the Amazon" (komponierte Originalgeräusche); Sittelle CD-Nr. 23105

Fortbildungsangebote zur Spielpädagogik

In vielen Kursangeboten ist eine deutliche Trennung zwischen Spielpädagogik und Theaterpädagogik nicht auszumachen. Ob die von Ihnen gewünschten Schwerpunkte vorkommen, müssen Sie den detaillierten Aus- und Fortbildungsbeschreibungen entnehmen.
Eine fast komplette aktuelle Auflistung der Studien- und Weiterbildungsmöglichkeiten finden Sie in der Broschüre
„Aus-, Fort- und Weiterbildung für Spiel- und Theaterpädagogen in der Bundesrepublik Deutschland", hrsg. von der Bundesarbeitsgemeinschaft Spiel und Theater e.V., Falkenstraße 20, 30449 Hannover, Tel.: 0511 / 458 17 99.

An verschiedenen Hochschulen, Universitäten, Pädagogischen Hochschulen und Fachhochschulen kann für die Bereiche Spiel- und Theaterpädagogik eine Weiterbildung, ein grundlegender Studiengang oder ein Zusatzstudium wahrgenommen werden. Einige Kulturwerkstätten, Landesarbeitsgemeinschaften und Theaterpädagogische Zentren bieten regional Fortbildungen und Spielleiterausbildungen an.

Akademie Remscheid für musische Bildung und Medienerziehung
Küppelstein 34; 42857 Remscheid;
Tel.: 02191 / 794-0

Amt für Jugendarbeit der Ev. Kirche
Erich Schriever
Iserlohner Str. 25; 58239 Schwerte;
Tel.: 02304 / 755-194

Rheinische Arbeitsgemeinschaft Spiel und Theater Köln e.V. (RAST)
Kurfürstenstr. 1; 50678 Köln; Tel.: 0221 / 32 34 82

Bundesarbeitsgemeinschaft Darstellendes Spiel in der Schule
Hauptstr. 51; 86497 Horgau;
Tel.: 08294 / 16 57

Kath. Arbeitsgemeinschaft Spiel und Theater (KAST)
Lenauweg 1; 55127 Mainz;
Tel.: 06131 / 77 64

Landesarbeitsgemeinschaft Spiel und Kultur (SpuK)
Reichenbachstr. 12; 80496 München

Spielpädagogische Kurse veranstalten auch die Landesvereinigungen für kulturelle Jugendbildung in Baden-Württemberg, Brandenburg, Berlin, Mecklenburg-Vorpommern, Niedersachsen, Nordrhein-Westfalen, Sachsen, Sachsen-Anhalt, Schleswig-Holstein, Thüringen. Adressen über:
Bundesvereinigung Kulturelle Jugendbildung
Küppelstein 34; 42857 Remscheid;
Tel.: 02191 / 794-390

Zeitschriften, Informationsdienste, Beratungsstellen

gruppe & spiel
Zeitschrift für kreative Gruppenarbeit
Jede Ausgabe enthält ein „Spiel zum Sofortspielen", das ohne weitere Vorbereitung in der Gruppe eingesetzt werden kann.
Mitherausgeber: Ulrich Baer.
Kallmeyer'sche Verlagsbuchhandlung,
Postfach 10 01 34, 30917 Seelze-Velber,
Tel.: 0511 / 40 00-478

Aktuelles über Brett- und Computerspiele:
Die Zeitschrift **„Spielbox“** – erhältlich im guten Zeitschriftenhandel - berichtet speziell über Brettspiele. Wer hierzu aktuelle Informationen und Empfehlungen braucht, sollte mal einige Ausgaben anschauen.

Hilfreich ist auch der jährlich aktualisierte **„Spielereport“** der Arbeitsstelle für Spielforschung der Fachhochschule Dortmund, Postfach 10 50 18, 44047 Dortmund. (Prof. Rainer Korte) Sehr viele neue Brettspiele werden ausführlich vorgestellt und bewertet!

Informationen über ausgewählte Brettspiele liefert auch der Ratgeber **„Spiel mal wieder!“**, herausgegeben von der AGJ, Oberau 21, 79102 Freiburg

Eine kenntnisreiche und detaillierte Beratungsarbeit über Brettspiele leistet das
Deutsches Spiele Archiv,
Dr. Bernward Thole, Ketzerbach 21 1/2, 35037 Marburg, Tel.. 06421 / 62 728
Hier bekommen Sie auch alle Informationen zur Empfehlungsliste „Spiel des Jahres“ (Kritikerauswahl und -preis)

Aktionen für Schülergruppen und Informationen für Lehrer/innen gibt es auch hier:
Deutsches Spielemuseum, Peter Lemcke, demnächst in Chemnitz (früher Hamburg).

Inzwischen liegen auch einige kommentierte **Empfehlungslisten über gewaltarme Computerspiele** vor:
Pädagogische Beurteilungen von ausgewählten Videospielen, hrsg. vom Jugendamt Köln (Wolfgang Fehr) und der Fachhochschule Köln (Prof. Jürgen Fritz)
Neben einem detaillierten Aufsatz über die Computerspiel-Typen und ihrem Zusammenhang mit der Lebenswelt Jugendlicher, werden über 30 aktuelle Spiele beschrieben und bewertet.
Jugendamt Köln, Schaevenstr. 1b, 50676 Köln

Eine jährlich aktualisierte **Liste gewaltfreier Computerspiele** ist auch erhältlich beim Senator für Jugend und Sport, Abt. Jugendschutz, Am Karlsbad 8-10, 10785 Berlin

Wer alle Spielehersteller und alle sonstigen Adressen rund um's Spiel braucht, schlägt in einem Taschenbuch nach:
Spiel '95
Taschenbuch für Spieler, Spieleautoren, Spielefachhändler und Spielehersteller und die Spielepresse
Merz Verlag; Alberichstr. 15-17; 53179 Bonn

Alle wichtigen Informationen zum Thema **Spielzeug** – manchmal braucht man sie ja für einen Elternabend – finden Sie in Empfehlungslisten und zahlreichen Broschüren beim Arbeitsausschuß Gutes Spielzeug; Heimstr. 13; 89073 Ulm.

Eine Zeitschrift, die vor allem über Spielraumgestaltung und offene Spielsituationen berichtet:
Spielraum und Freizeitwert
Verlagsadresse: Rolf von der Horst; Alte Schule; 29308 Winsen-Bannetze

Die Zeitschrift **Spielmittel** berichtet fünfmal im Jahr über Spielzeug und Kindererziehung.
W. Nostheide Verlag; Schützenstr. 30; 96047 Bamberg

Spielreferent/innen

Falls Sie eine Fortbildungstagung zu einem spielpädagogischen Thema organisieren möchten, können Sie sich an Spielpädagog/innen wenden, die als Fortbildungsreferent/innen engagiert werden können. Einige Beratungsstellen, Theaterpädagogische Zentren, Spielpädagogen-Ausbildungsstätten (siehe oben) vermitteln Ihnen qualifizierte Personen. Die Akademie Remscheid hat eine kleine Datenbank als Buch und Diskette (läuft unter DOS und Windows) mit Spielpädagogik-Referenten und weiteren Adressen herausgegeben: „dataKULTUR". Dort finden Sie auch zu jeder Anschrift eine kurze Selbstdarstellung der Referenten. Vereinbaren kann man mit einigen auch eine Kombination aus Fortbildungskurs und modellhafte Spielaktion mit Jugendgruppen.
Die beiden für das Spiel wichtigsten Anschriften aus unseren deutschsprachigen Nachbarländern (dort vermittelt man auch weitere Adressen):

Arbeitsgemeinschaft für Gruppenberatung (AGB)
mit Büros in Linz und Wien:
Reindlstr. 10; A-4040 Linz; Tel.: 0732 / 70 09 48
Waidhausenstr. 8/1; A-1140 Wien;
Tel.: 0222 / 914 10 51

Basler Arbeitsgemeinschaft für Pädagogik und Spiel, Ina Kunz
Postfach 89; CH-4007 Basel

Aktuelle Ideen auf einem Spielmarkt sammeln!

Jährlich werden in verschiedenen Regionen SPIELMÄRKTE veranstaltet, wo Spielmaterialien, Brettspiele und Spielesammlungen ausprobiert und gekauft werden können. Gruppenspiele können in Workshops kennengelernt und in Diskussionsveranstaltungen kann ihr Einsatz in Schule, Jugendarbeit, Kinder- und Erwachsenengruppen reflektiert werden.

Das größte Forum für das Spiel im pädagogischen Raum stellt seit 14 Jahren der **Spielmarkt der Akademie Remscheid** dar. Er wird jährlich, immer am Donnerstag und Freitag nach Karneval veranstaltet. In jedem Jahr gibt es ein Sonderthema.
(Info: Akademie Remscheid, Tel.: 02191 / 794-0)

In **München** veranstaltet die Pädagogische Aktion alle zwei Jahre die **Tage des Spiels** – neuerdings mit mehreren Veranstaltungen über einen größeren Zeitraum im Sommer oder Herbst.
(Nähere Auskünfte: PA Spielkultur,
Tel.: 089 / 26 09 208)

In **Potsdam** veranstaltet die Ev. Mittelstelle für Werk und Feier in jedem Frühjahr einen Spielmarkt. Auch dieser Markt offeriert viele Ausstellungsstände von Spieleerfindern, Spielverbänden und -herstellern. Kurz - Workshops werden stets zu einem Schwerpunktthema angeboten.
(Auskünfte: Tel.: 03334 / 320 51)

In **Wiesbaden** veranstaltet die Kath. Fachstelle für Gestaltung in jedem Jahr im November einen Spielmarkt mit Ausstellungen und Workshops.
(Infos unter Tel.: 0611 / 59 84 44)

Die **Internationalen Spieltage** in **Essen**, meist Ende Oktober, haben einen etwas anderen Charakter als die vorgenannten Spielmärkte: sie sind die einzige deutsche Spielemesse für das Publikum.
(Informationen und genauer Termin beim Organisato: Merz Verlag, Tel.: 0228 / 34 22 73)

Sachregister

Gerhard Winkel

Umwelt und Bildung

Denk- und Praxisanregungen für eine ganzheitliche Natur- und Umwelterziehung

16,5 x 24 cm, 424 Seiten, mit ca. 140 Abbildungen, geb.. ISBN 3-7800-5261-X
DM / sFr 49,- öS. 382,-

1. Umwelt- und Naturerziehung betrifft den ganzen Menschen.
Sie findet statt in bestimmten **Altersphasen** mit altersgemäßen Fragen und Interessen.

2. Umwelterziehung ist ideologischen Anfeindungen ausgesetzt. Gerhard Winkel entwickelt die allgemeine **Zielvorstellung** des **pflegerischen Verhaltens** gegenüber der eigenen Gesundheit, den Rohstoffen und anderen Ressourcen, den Arten und Landschaften.

3. Die Herausbildung von Werten und Normen wird in Zusammenhang mit der **Sinnesschulung**, einer **allgemeinen ethischen** und **künstlerischen Erziehung** dargestellt.

4. Der Beitrag der Naturwissenschaften wird am Beispiel **Ökologie** und **Evolution** dargestellt.

5. Gerhard Winkel legt in diesem Buch eine Zusammenfassung einer **30-jährigen Erfahrung** mit Natur- und Umwelterziehung in Praxis und Theorie vor.

6. Umwelt und Bildung erhebt den Anspruch, ähnlich wie in den 80er Jahren das Schulgarten-Handbuch, heute **neue Impulse für die Natur- und Umwelterziehung** zu setzen. Der Erfahrungsbreite des Autors entsprechend erhält die Nutzerin und der Nutzer des Buches hunderte **konkreter Vorschläge** für die Bereiche der Aufgabenfindung in altersadäquaten Phasen, der Sinneschulung, der Beschäftigung mit Mythos, Kultus und Ritus, der Künste, der Naturwissenschaften und der Konfliktbehandlung.

In jeder Buchhandlung oder über den Verlag erhältlich.

666 Spiele
Für jede Gruppe.
Für alle Situationen.

Ulrich Baer, 440 Seiten, brosch., 11,8 x 19 cm

Die einzigartige Sammlung kooperativer Spiele und Gruppenmethoden für alle Spielsituationen in Kinder-, Jugend- und Erwachsenengruppen.
Alle Spiele sind in der Arbeit der Akademie Remscheid erprobt worden. Mit ausführlichen Empfehlungslisten für Spielsituationen, Kurztexten zu den jeweiligen Spielen und Stichwörtern zum Einsatz der Spiele.
Spiele für alle Gelegenheiten, für Jugendliche im Zeltlager, Vertretungsstunden in der Schule, Geburtstagsfeiern, das Selbstfindungswochenende in den Schweizer Bergen, Patienten in der Reha-Klinik, dem „thematischen" Gruppenabend in Jugendgruppen, für die Arbeit mit Konfirmanden, für die Clique im Jugendzentrum.
666 Gelegenheiten, Spaß und Freude mit anderen zu haben, ohne pädagogischen Zeigefinger, die soziales Leben unterstützen.
Ulrich Baer ist langjähriger Dozent für Spielpädagogik der Akademie Remscheid und Mitherausgeber der Fachzeitschrift „gruppe & spiel".

DM/sFr 22,80 / öS 178,- **ISBN 3-7800-6100-7**

Kooperative Abenteuerspiele. Praxishilfe für Schule und Jugendarbeit

Rüdiger Gilsdorf , Günter Kistner, 220 Seiten,
17 x 24 cm, mit vielen Abbildungen

Kooperative Abenteuerspiele, die in diesem Buch zusammengestellt sind, bieten für die Arbeit mit Jugendlichen eine äußerst erfolgreiche Möglichkeit, erlebnispädagogische Aktionen mit sozialem Lernen in der Gruppe zu kombinieren.
Die Spiele verlangen immer eine gemeinsame Bewältigung von Situationen. Jede Abenteuerspielsequenz ist eine Herausforderung – aber nicht nur für die zusammen eingesetzten körperlichen Kräfte, sondern vor allem für die gemeinsam entwickelte Intelligenz und Pfiffigkeit der Gruppe.
Einleitende Erklärungen im Theorieteil geben der Spielleitung Tips für die Vorbereitung, Durchführung, Präsentation und Nachbereitung der Aktionen.
Der Aufbau der Praxishilfe führt von einfachen zu komplexen, anspruchsvollen Spieleinheiten; drei Beispielaktionen zeigen interessante Varianten und die Möglichkeiten kooperativer Abenteuerspiele. Ein Buch, das von Praktikern für die Praxis zusammengestellt wurde.

DM/sFr 29,80   öS 233,-   ISBN 3-7800-5801-4

edition: gruppe & spiel

Immer ein paar gute Ideen für kreatives Arbeiten mit der Gruppe

Kulturelle Bildung soll ... befähigen, sich mit Kunst, Kultur und Alltag phantasievoll auseinanderzusetzen.
Sie soll das gestalterisch-ästhetische Handeln in den Bereichen bildende Kunst, Film, Fotografie, Literatur, elektronische Medien, Musik, Rhythmik, Spiel, Tanz, Theater, Video und anderem fördern.
Kulturelle Bildung soll die Wahrnehmungsfähigkeit für komplexe soziale Zusammenhänge entwickeln, das Urteilsvermögen junger Menschen stärken und sie zur aktiven und verantwortlichen Mitgestaltung der Gesellschaft ermutigen.
(Bundesjugendplan)

KULTURELLE BILDUNGSARBEIT dient der Persönlichkeitsentwicklung und hat eine gesellschaftspolitische Dimension. Als Bindeglied zwischen der Gesellschaft, ihren Problemen und großen Zukunftsaufgaben einerseits und dem Individuum, seiner Lebensgestaltung, seiner Suche nach Sinn und Befriedigung andererseits, kann das Konzept der "Zukunftsfähigen Lebensweise" dienen.

„LEBENSWEISE" ist die individuelle Art, das Leben zu gestalten und dabei eine eigen Form des Umgangs mit anderen Menschen und mit der Natur zu entwickeln. „Lebensweise" ist aber auch die von vielen geteilte Art der Lebensgestaltung, die dann zukunftsfähig ist, wenn sie sensibel für die Bedürfnisse der folgenden Generationen wird, wenn sie beispielsweise zur Kenntnis nimmt und zu ändern versucht, daß zur Zeit die natürlichen Ressourcen der Erde von den Menschen einzelner Nationen in Nord und Süd ungleichgewichtig verbraucht werden.

ZUKUNFTSFÄHIG ist eine Lebensweise dann, wenn sie beispielsweise berücksichtigt, daß ökologisches Denken und Handeln zu Hause beginnt, daß Ökologie als Wissenschaft und Handlungskonzept nicht nur die industrielle Umweltverschmutzung eindämmen muß, sondern auch die Verschwendung im privaten und öffentlichen Haushalt.

Was Ökologie mit kultureller Bildung zu tun hat? Kulturelle Bildungsarbeit bietet die Chance, Wissen anzuwenden, persönliche Einstellungen nicht nur zu reflektieren, sondern sie gegebenenfalls konstruktiv zu verändern.

Was Vernunft geleitete Einsicht oft nicht schafft, nämlich Verhalten zu beeinflussen, das kann kultureller Bildungsarbeit gelingen, weil sie die Möglichkeit besitzt, Gegenmodelle konkret zu erproben.

aus: Leitlinien und Arbeitskonzepte der Akademie Remscheid